KB057024

넥스트
커머스
Next Commerce

넥스트 커머스

Next Commerce

· · · · · · · · ·

국경 없는
크로스 보더 커머스 시대의
경쟁과 생존

박종일 조인후 김영준 김학용 길진세 엄지용 이현재
최철용 양준균 전상열 김현성 은종성 이기혁 Will Lee 지음

클라우드나인
CLOUD 9

국경 없는 커머스 시대가 열리다

1996년이 되자 한국은 인터넷 시대가 열렸다. 그때부터 온라인으로 상품을 구매하는 이커머스 사업자가 나타났고 약 30여 년의 시간이 흘렀다. 롯데, 신세계 등의 기존 오프라인 유통 기업이 온라인으로 영역을 확대했고 인터파크, 옥션 등은 순수 온라인 유통 서비스를 선보였다. 당시 이커머스 형태는 커머스 플랫폼에 브랜드와 판매자(셀러)가 제품을 등록하여 판매하는 오픈마켓 개념이었다. 해외에서는 이베이, 국내에서는 지마켓 등이 대표적인 플랫폼 역할을 했다.

아이폰의 등장은 이커머스에 변화를 불러일으켰다. 2007년 해외에서는 아이폰의 등장으로 모바일 커머스가 등장했다. 국내에서는 2009년 아이폰이 뒤늦게 상륙하며 티켓몬스터(티몬), 위메프, 쿠팡 등의 소셜커머스가 스마트폰의 급속한 보급을 자양분 삼아 공동구매, 핫딜, 지역 기반 커머스 등으로 기존 오픈마켓 위주의 이커머스 시장을 변화시켰다.

기존의 오픈마켓 플랫폼과 신흥 강자인 소셜커머스 플랫폼의 경쟁으로 이커머스 시장은 무한경쟁의 시대로 돌입했다. 본격적으로 대규모의 자금이 시장에 투입되는 '규모의 경쟁'이 시작된 것이다. 해외에서는 아마존이 멤버십과 배송 서비스 등을 앞세워 온라인의 강자 이베이와 오프라인의 유통 공룡 월마트를 넘어서며 본격적으로 온오프라인의 최강자의 자리에 올라섰다. 국내에서는 6조 원이 넘는 대규모의 적자를 감내하며 물류 네트워크를 구축한 쿠팡이 지마켓과 이마트 등을 넘어서고 미국 뉴욕거래소에 상장하여 시가총액 50조 원을 돌파한 한국 최대 유통 기업이 됐다.

온라인과 오프라인의 경계가 모호해지며 대규모의 투자와 규모의 경제를 이룬 독점적인 1등 기업들이 이 시장을 장악하는 것으로 30여 년 커머스 시장의 춘추 전국 시대가 마침표를 찍는 것처럼 보였다. 그러나 우리는 그때까지 성장을 미처 눈치채지 못한 기업들이 있었다. 설령 알고 있었다고 해도 그들의 잠재력을 과소평가했을지도 모른다. 바로 중국의 커머스 기업인 알리바바, 핀둬둬, 쉬인 등이다.

중국 커머스 기업의 성장이 본격화되며 전 세계 최대 커머스 기업인 아마존이 처음으로 사업 성장에 제동이 걸렸다. '아마존 킬러Amazon Killer'로 불리는 테무는 빠른 속도로 아마존의 안방 시장인 미국에서 점유율을 올리고 있다. 한국에서는 쿠팡이 2023년 창사 이래 첫 흑자를 기록하며 자타가 공인하는 '쿠팡 천하'가 될 것처럼 보였지만 알리익스프레스의 한국 시장 진출로 짧았던 추억으로 남을 수 있는 상황에 놓여 있다.

중국은 어떻게 전 세계 커머스 시장을 변화시킬 수 있었을까? 그리고 우리는 그들의 위협에 어떻게 대응해야 할까? 이 책의 저자들은 커머스 현업에서 쌓은 경험과 인사이트를 독자분들에게 전하고자 한다.

세계의 공장, 중국

어느새 우리가 사용하는 제품의 상당 부분은 '메이드 인 차이나Made in China'다. 1945년 제2차 세계대전 종식 이후 전 세계는 미국과 소련을 중심으로 한 냉전 체제에 들어섰다. 중국도 중화인민공화국 체제를 구축한 마오쩌둥이 집권하던 시기에 폐쇄적인 경제 체제를 유지했다. 그러나 마오쩌둥 서거 이후 중국의 최고 지도자가 된 덩샤오핑은 1978년 12월 개혁개방 정책을 발표했고 이듬해인 1979년 미국과 수교를 시작했다. 이로써 중국은 세계 경제에 한 축인 '세계의 공장, 중국'의 지위를 차지하게 됐다. 당시 세계 최대의 인구를 보유하고 있던 중국은 저렴한 인건비를 바탕으로 농업 위주의 산업 구조를 급속도로 제조업으로 탈바꿈하게 된다.

덩샤오핑 시대 이전까지 중국은 대약진운동과 문화대혁명을 거치며 공산국가로의 이념적 체제 수립에 집중한 나머지 먹고사는 문제인 경제 상황은 매우 어려웠다. 덩샤오핑은 이러한 중국의 경제 상황을 쥐에 빗대며 검은 고양이든 흰 고양이든 쥐만 잘 잡으면 된다는 '흑묘백묘론黑猫白猫論'을 주창했다. 경제 상황을 개선하는 데 이념은 중요하지 않다는 것이다. 당시로서는 파격적인 정책이었다. 여기에 1985년 "부자가 될 능력이 있다면 먼저 부자가 되어라. 그리고 다른 이들을 도우라."라는 '선부론先富論'까지 더해졌다. 이는 공산주의의 근본 개념인 모든 인민은 평등하다는 '만민평등'과 배치되는 급진적 정책이었다.

그 후로 마치 거대한 저수지의 둑이 열리듯 중국은 미국을 비롯하여 전 세계 국가와 수교를 확대했다. 저수지의 물이 무너진 둑을 타고 흐르듯 중국의 수많은 공산품이 전 세계 구석구석을 '메이드 인 차이나'로 채워나갔다. 전 세계 소비자는 값싼 중국 제품을 자연스레 받아들였다. 2005년 미국 경제지의 기자가 '메이드 인 차이나 없이 살아보기'라는 실험을 했다가 견디지 못하고 중단할 정도였다. 그만큼 중국 제품은 전 세계에서 필수적 지위를 차지했다.

'메이드 인 차이나'의 공세는 여기에서 그치지 않았다. 전 세계를 안방 시장처럼 넓히면서 그들의 기술력도 급속도로 올라서는 걸 보면서 미국을 비롯한 서방 국가는 위기감을 느끼며 중국을 견제해야 한다는 인식을 공유했다. 결국 2018년 미국의 트럼프 정부는 중국산 제품의 관세를 높이는 무역장벽을 세우고 이후 중국의 하이테크 기업인 화웨이 등에 대한 추가적인 제재를 가했다. 아울러 세계의 공장 역할을 중국이 아니라 멕시코, 베트남 등으로 전환하고자 했다. 그러자 중국의 개혁개방 이후 초고속 성장을 이루던 중국 기업들은 눈앞에 세워진 무역장벽을 마치 만리장성과 같이 넘을 수 없는 벽처럼 느꼈고 중국의 영향력이 급속도로 약해지는 것처럼 보였다.

그러나 무역장벽이 막은 '메이드 인 차이나'는 그대로 거꾸러지지 않았다. 다른 곳에서 출구를 마련하면서 다시금 중국 공산품은 전 세계로 빠르게 전파됐다. 이것이 바로 중국의 커머스 기업인 알리바바, 핀둬둬(테무), 쉬인이 만든 '글로벌 온라인 유통'이라는 새로운 물길이다. 이 물길이 트이며 다시 미국을 비롯하여 유럽과 한 국까지 중국의 새로운 무역과 유통 방식으로 인해 새로운 고민에 빠졌다.

세계의 시장, 중국

우리는 중국을 그저 값싼 노동력으로 저렴한 제품을 만드는 공장 으로만 보았던 것은 아닐까? 공장의 역할은 제품을 생산하는 것일 뿐이기에 그 공장의 고객이라 할 수 있는 전 세계 유통 기업과 브랜 드 기업이 주문하지 않는다면 공장은 자연스레 문을 닫게 될 것이 다. 그러나 중국 기업들의 영향력은 우리가 생각했던 것보다 더 넓 고 강하다는 것을 인식해야 한다.

매년 봄과 가을에 중국의 남부 지역인 광둥성의 광저우시에서 전 세계에서 가장 큰 무역 박람회인 캔톤페어Canton Fair가 열린다. 캔 톤페어에는 중국을 비롯하여 미주, 동남아, 한국 등 약 3만 개의 제 조 기업이 참여한다. 전 세계 200개국에서 20만여 명의 바이어들 이 매년 이곳을 찾는다. 최근 개최된 캔톤페어의 전시 공간 면적은 약 150만 제곱미터에 이른다. 이는 축구경기장 200개보다 넓은 규 모다. 1957년에 처음으로 개최된 이후 2024년 봄까지 136번째 열린 만큼 캔톤페어의 규모와 역사는 전 세계에 유례없는 것이다. 캔톤페어를 통해 중국 제조 기업은 전 세계 유통 기업과 브랜드에 자사의 제품과 생산시설을 알리며 여전히 '세계의 공장은 중국'임 을 되새기고 있다.

캔톤Canton이라는 용어는 캔톤페어가 열리는 광둥성의 영어식 표현에서 유래했다. 캔톤, 즉 광둥성은 역사적으로도 중국 제품을 전 세계로 유통하는 주요 거점이었다. 기원전 130년부터 동양과 서양의 무역은 실크로드를 따라 이뤄졌다. 광둥성의 광저우는 해상 실크로드의 중심지 역할을 했다. 중국의 도자기와 차 등이 유럽으로 전해졌기에 해상 실크로드는 '도자기의 길'이라 불리기도 했다.

해상무역의 중심지인 광둥성의 광저우는 청나라 시기 중국의 유일한 대외 무역 지역이었다. 이를 두고 '광둥 무역 체제Canton Trade System'라고 한다. 당시 청나라 정부는 대외 무역을 통제하기 위해 상점 13곳에만 대외 무역을 허가하는 '광둥십삼행廣東十三行' 제도를 운용했고 이들은 중국을 세계의 시장으로 만들었다.

2001년 「아시아 월스트리트 저널」은 근현대 1,000년 동안의 세계 부자 50명을 발표했다. 아시아인 중에서는 아시아와 유럽을 정복한 몽골제국의 칭기즈칸, 원나라를 세운 쿠빌라이칸, 그리고 중국 청나라 시대의 무역상인 광둥십삼행 중 오병감伍秉鑒을 꼽았다. 청나라 시대 대표적인 무역상이었던 오병감은 당시 화폐로 쓰인 백은白銀을 약 2,800만 냥 소유했다. 이는 청나라 정부의 연간 재정 수입의 절반에 해당한다. 당시 미국 최고 갑부에 비해 4배에 이르는 자산이었다. 광둥십삼행 중에는 오병감 외에도 반진승潘振承 등이 영국, 미국, 스페인, 네덜란드, 덴마크 등 서양 국가와의 무역으로 커다란 부를 쌓았다.

당시 영국은 동인도회사를 통해 청나라와 무역을 했다. 그런데 청나라에서 생산된 도자기와 차 등이 유럽으로 팔려 가는 만큼 일종의 무역 적자가 갈수록 커졌다. 영국은 이를 해소하고자 인도에서 생산된 값싼 아편을 청나라에 판매했고 결국 이는 1840년 아편 전쟁이라는 비극으로 이어졌다. 제1, 2차 아편전쟁을 통해 청나라는 영국과 프랑스 등 서구 열강의 무력 앞에 무릎을 꿇었고 홍콩과 마카오를 내줘야 했다. 동시에 아시아의 강자 자리에서 내려와야 하는 처지가 됐다.

청나라 광저우에 오병감, 반진승 등의 무역상이 있었던 것처럼 200여 년이 지난 현재 중국에는 커머스 기업인 알리바바의 마윈, 핀둬둬(테무)의 황정, 쉬인의 도널드 탕 등이 등장하여 전 세계 유통 시장을 흔들고 있다. 청나라 시대 중국의 도자기와 차 등이 전 세계 시장에 파고들었다면 지금은 '세계의 공장' 중국에서 만든 제품이 '세계의 시장' 중국의 커머스 플랫폼을 통해 전 세계로 파고들어 마치 평행이론처럼 보이기도 한다.

마지막 숙제, 기술

'메이드 인 차이나'라는 용어에는 '값싼 중국산 제품'이라는 함의가 담겨 있기도 하다. 그래서 알리익스프레스, 테무, 쉬인과 같은 커머스 플랫폼의 제품 역시 싸고 저렴한 혹은 너무 싼 나머지 마음에 안 들면 버리면 된다는 인식이 있다. 그래서 많은 사람이 중국 커머스 기업들의 성장은 '품질 낮은 저렴한 가격'이라는 한계를 넘지 못하고 더 큰 위협이 되지 않을 것이라 치부하기도 한다. 그러나 중국 커머스 기업들은 마지막 숙제인 기술 영역마저 잠식하고 있다.

전통적으로 자동차 산업은 '제조업의 꽃'으로 불린다. 자동차 한 대는 3만여 개의 부품이 필요하고 금융과 사후서비스AS 등이 연결되는 전후방 산업으로서 미국, 일본, 독일 그리고 한국의 전체 산업에 매우 중요한 역할을 담당한다. 최근 자동차 산업은 커다란 변화를 겪고 있다. 전기자동차 산업의 성장 때문이다. 전기자동차는 기존의 내연기관차에 비해 부품 수가 최대 50% 줄어들었으며 핵심 연료마저 석유가 아니라 배터리를 사용하다 보니 에너지 산업에까지 영향을 미친다. 전기자동차 기업의 대표라 할 수 있는 미국의 테슬라는 이러한 변화를 주도하며 기존의 자동차 산업을 흔들고 있다. 그러나 테슬라마저 위기설이 돌며 주식 가치가 떨어지고 대규모로 직원 감원이 이뤄지고 있다. 바로 중국의 전기차 제조 회사인 비야디BYD, 상하이자동차, 지리자동차 등이 무섭게 성장하고 있기 때문이다. 제조업의 꽃인 자동차 산업에서 첨단 기술의 집약체인 전기자동차 영역마저 중국 기업들이 잠식하고 있다.

중국의 기술 영역 진출은 비단 전기자동차 산업에 그치지 않는다. 한때 레저와 방송 촬영 등에서 사용되던 무인기 드론은 러시아·우크라이나 전쟁에서 '지상전 최강자'라는 탱크를 잡아내는 첨단 무기가 됐다. 100억 원에 육박하는 탱크가 50만 원짜리 드론으로 파괴되는 등 현대 전쟁의 '게임체인저'가 된 것이다. 드론의 활용처는 전쟁과 촬영용 외에도 농업, 물류, 재난구조 용도로 폭넓게 사용되고 있다. 전 세계 드론 시장 1위는 중국의 다장DJI이라는 회사가 차지하고 있다.

자동차나 드론과 같은 제조 기술이 아니라 커머스 산업에서 기술 기업을 살펴보자면 단연 미국의 아마존을 첫째로 꼽을 수 있다. 온라인 커머스를 기반으로 성장한 아마존은 아마존웹서비스AWS를 비롯하여 최근에는 인공지능 기술까지 그 영역을 넓히고 있다. 중국의 커머스 기업들은 기술 기반의 생태계를 구축하며 아마존을 바짝 뒤쫓고 있다.

아마존에 아마존웹서비스가 있다면 알리바바에는 알리바바 클라우드가 있다. 또 아마존에 물류 서비스인 FBA가 있다면 알리바바에는 차이냐오 물류 회사가 있다. 이 외에도 알리바바는 기술 기반의 금융·결제 서비스, 영상·엔터테인먼트 서비스, 헬스 등 다양한 첨단 사업을 보유하고 있다. 언젠가는 '메이드 인 차이나'의 뜻이 값싸고 품질 낮은 제품이 아니라 첨단 기술의 제품과 서비스라고 인식되는 날이 올 수도 있는 것이다. 이것이 실현된다면 이를 사용하는 소비자에게는 좋은 일이지만 국내 제조 기업은 물론 서비스, 커머스 기업들에도 커다란 재앙이 될 것이다.

중국 커머스 플랫폼의 진출, 이제 시작

중국 커머스 기업의 대표 격인 알리바바가 1999년에 설립됐는데 한국 진출은 설립 25년 만에 본격화됐다. 핀둬둬(테무)와 쉬인은 아직 한국에 정식 사업자를 등록하지도 않는 상황이다. 즉 이들의 한국 진출은 이제 시작일 뿐이며 앞으로 나타날 변화는 더 넓고 치명적일 수 있다.

이 책에는 새로운 변화를 받아들여야 하는 이유와 배경을 설명하고 일부 대응 방안을 소개하고자 했다. 그러나 부족함이 더 많다. 아직 우리는 중국 커머스 기업들에 대해 잘 알지 못한다. 그들 역시 시시각각 변화하고 성장하고 있기 때문이다. 따라서 이 책을 그 변화를 미리 파악하기 위한 시작점으로 이해해주시기를 독자분들에게 부탁드린다. 아울러 앞으로 펼쳐질 변화에 대해 함께 고민하고 대응 방안을 찾는 과정에 함께 해주시기를 희망한다.

2024년 5월
저자들을 대표하여 박종일

차례

1부

경계를 넘어서는
크로스보더 시대의
커머스 전쟁

1장

국경 없는
커머스 전쟁 시대 개막

박종일
브랜즈컴퍼니 대표

전 커넥팅랩 포럼 대표를 역임했고 대우증권 스마트금융부, KT 마케팅전략실 등에서 근무하였다. 현재 이커머스 기반의 제조·유통 기업인 브랜즈컴퍼니의 대표를 맡고 있다. 쿠팡, 네이버 등 국내 커머스 플랫폼을 비롯해 알리익스프레스의 K-베뉴K-venue 등에 입점하여 급변하는 커머스 환경에 대응하고 있다. 통신사와 증권사에서 모바일과 핀테크 관련 현업을 담당한 후 창업했고 주요 도서로는 『모바일 트렌드』 등 9권의 책을 집필하며 지식과 경험을 공유하고 있다.

jongil.park.a@gmail.com

'물이 빠지면 누가 발가벗고 수영하고 있었는지 알 수 있다.'

세계적인 투자가인 미국의 워런 버핏 회장이 투자자에게 보낸 메일에 쓴 문장이다. 이를 금융시장 측면에서 해석하면 저금리 시대에서 값싼 자금과 돈이라는 풍족한 환경이 끝나고 금리가 오르고 물가마저 불안정해지는 환경이 됐을 때 부실기업은 정리되고 경쟁력을 확보하고 체질을 개선한 기업은 생존한다는 의미로 해석할 수 있다. 현재의 커머스 시장이 이런 흐름과 유사하다.

2007년 애플의 아이폰 도입으로 촉발된 스마트폰 시장은 언제어디서나 쇼핑을 할 수 있는 모바일 쇼핑 시대를 열었다. 미국의 아마존을 비롯하여 중국의 알리바바와 징동닷컴 등 글로벌 전자상거래 기업이 전 세계 시가총액 상위 순위로 오르는 계기가 됐다. 한국에서는 백화점과 대형마트 위주의 리테일 시장의 주도권이 쿠팡 같은 전자상거래 기업으로 넘어가는 흐름도 나타나고 있다.

2020년 코로나19 팬데믹은 오프라인 기반의 유통망은 축소되고 전자상거래, 즉 이커머스로 리테일 시장의 주도권이 넘어가는 변곡점이 됐다. 그리고 팬데믹 시대가 종료된 후 나타난 '엔데믹'이라는 용어마저 잊히고 있는 지금은 고금리, 고물가, 소비 침체라는 새로운 위기를 맞이하게 됐다. 이커머스 시장 역시 고도성장을 멈추고 성숙기에 이르게 됐다. 온라인과 오프라인 리테일 기업들 모두에게 좋은 시절이 끝난 것이다.

이제 본격적으로 누가 살아남을 것인지, 누가 도태될 것인지가 판명 나는 중요한 시기가 됐다. 국내외 대표 리테일 기업들을 분석하여 현재를 살피고 미래를 전망해보고자 한다.

성숙기에 접어든 이커머스 시장

이커머스 시장의 성장세가 줄어들고 있다. 글로벌 시장조사기관 이마케터의 과거와 미래 전망을 담은 10년간 데이터를 살펴보면 지난 2018년부터 2021년까지 전 세계 이커머스 시장은 20% 안팎의 고도성장을 이루었다. 그러나 팬데믹 종료, 고금리, 고물가, 소비 침체의 환경 속에서 2022년부터는 그 성장률이 한 자릿수로 떨어지며 본격적인 성숙기에 이르고 있다.

시장이 성숙기에 이르면 마치 수영장에서 물이 빠지듯 시장에 참여한 기업들의 진면모를 가늠할 수 있게 된다. 그리고 살아남은 소수의 기업이 전체 시장에서 점유율을 늘리며 본격적인 수확을 거두게 된다.

전 세계 이커머스 시장 규모 및 증가율

(단위: 조 달러)

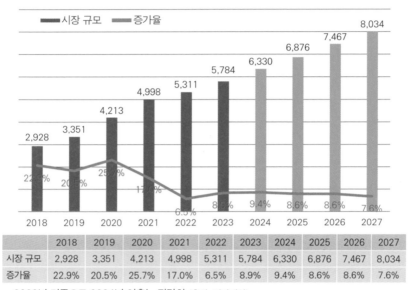

	2018	2019	2020	2021	2022	2023	2024	2025	2026	2027
시장 규모	2,928	3,351	4,213	4,998	5,311	5,784	6,330	6,876	7,467	8,034
증가율	22.9%	20.5%	25.7%	17.0%	6.5%	8.9%	9.4%	8.6%	8.6%	7.6%

2023년 기준으로 2024년 이후는 전망치 (출처: 이마케터)

글로벌 1위 아마존의 지속적인 혁신

아마존은 세상의 모든 것을 판다

전 세계 이커머스 1위 기업은 단연 아마존이다. 1995년 7월 제프 베이조스가 창업한 아마존은 온라인으로 판매가 용이했던 도서를 시작으로 DVD, 음반, 전자제품, 생활용품 등으로 취급 품목을 넓히며 창업 초기의 목표인 '에브리싱 스토어Everything Store'를 실현했다. 제프 베이조스와 아마존을 다룬 도서의 제목처럼 세상의 모든 것을 판매한다는 것은 기존 오프라인 유통 기업들이 공간의 제약으로 상품 수를 제한한 것에 비해 온라인 유통 기업으로서 가질 수 있었던 큰 경쟁력 중 하나다.

하지만 많은 제품을 판매하는 것은 누구나 취할 수 있는 전략이다. 한때 미국의 이커머스 시장 1위였던 이베이를 비롯하여 오프라

아마존을 다룬 도서 『더 에브리싱 스토어』와 한국 번역본의 표지

인 유통 공룡인 월마트, 타깃 등도 충분히 많은 제품을 고객에게 판매했다. 하지만 아마존은 수많은 혁신을 거듭하며 이들과의 차별화된 경쟁력을 확보하게 된다. 본격적으로 아마존이 글로벌 1위 이커머스 기업이 되기까지의 과정을 돌아보고 이러한 혁신이 전 세계 시장을 어떻게 바꾸었는지를 살펴보고자 한다.

아마존은 이제 기술을 판매한다

아마존의 대표적인 혁신은 물류에서 시작된다. 기존 이커머스 기업들은 판매자와 구매자를 연결하는 역할을 하고 상품의 배송은 개별 판매자가 USPS(미국우정공사), 페덱스, UPS 등의 물류회사에 위탁하는 구조였다. 그러나 배송 오류와 지연 등의 문제가 발생했다. 이는 이커머스 사업 성장에 커다란 장벽이었다. 아마존은 판매자들의 상품을 자사 물류센터에 보관한 후 최적의 방법으로 고객에게 배송하는 혁신을 이루게 된다.

아마존의 배송 혁신에는 IT가 뒷받침됐다. 이는 본격적인 리테일 테크 시대를 열었다. 고객의 주문을 분석하고 예측하여 재고의 입출고를 관리하고 물류창고의 위치와 고객의 배송지를 분석하여 최적의 배송 경로를 만들어 효율성을 극대화했다. 효율적인 물류 시스템의 구축은 아마존이 '규모의 경제'를 실현하는 핵심이 됐다.

아마존이 규모의 경제를 이루기 위해서는 리테일 기업의 핵심 요소 중 하나인 가격경쟁력이 필요했다. 아마존은 창업 이후 20여 년 동안 수익을 최저 수준으로 유지하며 경쟁사를 압박했다. 더 많은 이익보다는 한 자릿수의 영업이익률을 유지하고 때로는 적자를 버티며 경쟁사와 가격 경쟁에서 주도권을 가져간 것이다. 소위 '계획된 적자'로 해석될 수 있다. 대표적인 예로 아마존이 전자책 사업을 시작하며 출판사에 지불하는 원가보다 낮은 가격으로 고객에게 판매했다. 이로써 기존 도서 유통사의 점유율을 잠식하고 출판사와의 협상에서 우위에 서게 됐다. 아마존의 이러한 공격적인 가격 정책은 아마존과 경쟁하면 살아남기 힘들다는 '데스 바이 아마존**Death by Amazon**'이라는 용어까지 만들어냈다.

커머스 기업인 아마존의 성장은 비커머스 사업이 시작되며 본격화된다. 상품을 판매하는 것이 아니라 기술을 판매하기 시작한 것이다. 아마존이 매년 발표하는 연간 실적 자료**Annual Report**를 통해 전자상거래 기업 아마존이 아니라 IT 기업 아마존의 진면목을 볼 수 있다.

아마존의 전체 매출성장률은 전 세계 이커머스 시장의 성장률을

아마존 사업 분야별 매출액

단위: 10억 달러	2017	2018	2019	2020	2021	2022	2023
온라인 커머스	108.4	123.0	141.3	197.4	222.1	220.0	231.9
오프라인 커머스	5.8	17.2	17.2	16.2	17.1	19.0	20.0
제삼자 판매자 커머스	31.9	42.8	53.8	80.5	103.4	117.7	140.1
구독료	9.7	14.2	19.2	25.2	31.8	35.2	40.2
아마존웹서비스AWS	17.5	25.7	35.0	45.4	62.2	80.1	90.8
광고 사업			12.6	19.8	31.1	37.7	46.9
기타	4.7	10.1	1.5	1.7	2.2	4.3	5.0
매출 합계	177.9	232.9	280.5	386.1	469.8	514.0	574.8
성장률	31%	31%	20%	38%	22%	9%	12%

(출처: Amazon annual report)

상회하며 2017년 이후 연평균 20% 수준의 성장을 이루었다.

세부 사업별로 실적을 분석해보자. 먼저 커머스 관련 사업군이 있다. 아마존이 분류한 사업을 기준으로 본연의 온라인 커머스 사업 외에 2017년 인수한 슈퍼마켓 홀푸드 관련 오프라인 커머스 사업이 있으며 눈에 띄는 부분은 '제삼자 판매자 커머스'로 불리는 풀필먼트 사업인 FBAFulfillment By Amazon다.

아마존 커머스 관련 사업 지표

단위: 10억 달러	2023년 매출	성장률	매출 비중
온라인 커머스	231.9	5%	40%
오프라인 커머스	20.0	6%	3%
제삼자 판매자 커머스FBA	140.1	19%	24%
커머스 사업 합	392.0	10%	68%

(출처: Amazon annual report)

FBA는 아마존이 기존 온라인 커머스 사업을 통해 쌓은 기술과 물류 네트워크를 활용하여 판매자들이 아마존에 물류, 배송, 반품

아마존의 풀필먼트 FBA 서비스

(출처: https://sell.amazon.com/fulfillment-by-amazon)

등을 위탁하는 형태의 사업이다. FBA는 기존 온라인 커머스 사업의 성장률을 훨씬 상회하고 있다. 이는 아마존이 전자상거래 기업을 넘어서 IT와 물류회사의 영역까지 포괄하게 된 것을 의미하기도 한다.

커머스 사업군인 온라인, 오프라인, FBA 사업을 분석하면 기존 온라인과 오프라인 커머스 사업의 성장세가 더딘 상황에서 FBA 사업이 전체 커머스 사업의 성장을 주도했다. FBA 비중이 아마존 전체 매출 중 24%를 차지하며 핵심 사업이 됐다. 어느새 기존 온라인 커머스 매출 대비 60%까지 상승한 FBA는 아마존이 커머스 사업을 확장하는 데 큰 역할을 하게 된다. FBA는 아마존의 커머스 네트워크를 활용해 IT 및 물류 네트워크를 제삼자에게 제공하는 구조다. 마치 전자상거래 기업이 IT 솔루션과 택배 서비스를 다른 판매자에게 제공하는 서비스 매출로 볼 수도 있다.

아마존의 미래는 커머스 사업뿐만이 아니라 비커머스 사업에서도 찾아볼 수 있다. 가장 대표적인 사업인 아마존웹서비스AWS, Amazon Web Services 사업은 아마존이 커머스 사업을 통해 쌓은 IT를 활

아마존의 비커머스 관련 사업 지표

단위: 십억 달러	2023년 매출	성장률	매출 비중
프라임 멤버십	40.2	5%	7%
아마존웹서비스AWS	90.8	6%	16%
광고 사업	46.9	19%	8%
기타	5.0	19%	1%
커머스 사업 합	177.9	10%	32%

(출처: Amazon annual report)

용하여 클라우드 및 네트워크 인프라와 서비스를 제공하는 형태다. 어느새 클라우드 컴퓨팅 사업에서 전 세계 점유율 1위를 기록하고 있다.

아마존웹서비스 마켓플레이스

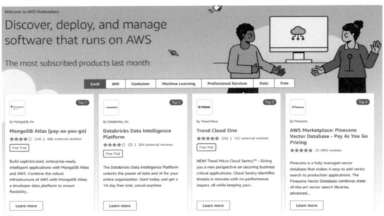

(출처: aws.amazon.com/marketplace)

아마존 프라임 멤버십 서비스는 아마존 커머스 구매 고객에게 배송 및 반품에 대한 혜택을 제공하며 시작했다. 이제는 '아마존 프라임 비디오' '아마존 뮤직' 등 콘텐츠 스트리밍 서비스를 무료로 이용할 수 있게 하며 아마존 생태계에 멤버십 고객들을 유지하는 강

아마존 프라임 멤버십

(출처: www.amazon.com/amazonprime)

력한 무기이자 매출 사업이 됐다.

눈여겨봐야 하는 부분은 광고 사업이다. 기존에는 아마존의 '기타 사업'으로 분류했으나 2019년 실적부터 광고 사업 실적을 개별 발표하면서 본격적인 디지털 광고 사업자로서 위상을 드러내게 된다. 기존 디지털 광고 사업자로 구글, 메타(페이스북) 등 수많은 온라인 플랫폼이 있다. 그런데 커머스 기업인 아마존이 어느새 광고 미디어 플랫폼이 되어 이들과 경쟁하게 된 것이다.

아마존의 광고 사업 실적 역시 돋보인다. 2023년 매출 실적은 469억 달러(한화 약 60조 원)에 이르며 전년 대비 19% 성장했고 아마존 전체 매출 중 8%를 기록했다. 이로써 전 세계에서 아마존보다 높은 디지털 광고 매출을 기록한 곳은 오직 구글과 메타만 남게 됐다. 2023년 4분기 기준으로 구글은 유튜브를 포함하여 655억 달러(약 85조 원), 메타는 387억 달러(약 50조 원), 그리고 아마존은 147억 달

아마존 광고 사업

Achieve your campaign goals

No matter your primary objective, explore these resources that are best suited to help you accomplish your objectives.

Reach more customers ⊕

Connect with your customers at the right time with messages that matter.

Increase traffic ⊕

Maximize customer engagement on your website or store.

Increase sales ⊕

Utilize insights that drive results with customers, on Amazon or wherever they spend time.

Improve customer loyalty ⊕

Keep customers coming back and build relations that last.

(출처: https://advertising.amazon.com/)

러(약 19조 원) 순이다.

구글과 메타 입장에서 아마존의 광고 사업이 위협적인 것은 아마존이 세계 최대 커머스 기업이자 리테일 테크 기업이라는 점이다. 대부분의 디지털 광고는 상품을 홍보하고 판매를 유도하기 위함이다. 아마존은 어떤 고객이 어떤 경로를 통해 어떤 제품을 얼마의 가격에 구매했는지 등에서 가장 효과적인 데이터를 보유하고 있다. 아마존이 기존에는 자사 커머스 채널에서 주로 광고를 운영했으나 점차 구글과 같이 외부 채널의 광고 구좌를 확보하고 있다는 점은 더 큰 위협이 될 수도 있다.

앞선 아마존의 사업 분류별 매출 추이를 그래프로 옮겨보면 아마존의 비커머스 매출 비중이 빠른 속도로 증가함을 볼 수 있다. 커머스 기업이었던 아마존이 클라우드, 광고, 콘텐츠 사업을 확장하며 데스 바이 아마존의 사정거리에 들어오는 여타 IT 기업들이 늘어날 것으로 전망한다.

아마존이라는 개별 기업을 자세하게 분석한 이유는 전 세계 커머

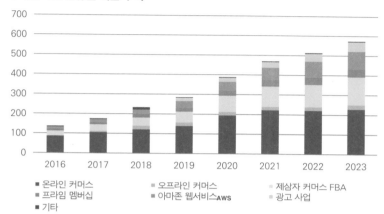

아마존 사업 분류별 매출 추이

붉은 계통이 비커머스 매출로 비중이 증가하고 있음을 볼 수 있다.

스 기업들이 아마존의 성공 방식을 벤치마킹하며 비즈니스 모델을 도입하고 있기 때문이다. 멀리서 찾을 필요도 없다. '한국의 아마존'을 표방하며 한국의 커머스 시장을 주도하고 있는 쿠팡이 바로 그 주인공이다.

한국의 아마존을 노리는 쿠팡

전자상거래가 한국의 소매유통을 장악하고 있다

온라인과 오프라인을 합산한 한국의 소매유통 시장은 500조 원을 넘어섰다. 통계청에 따르면 2023년 한국의 소매유통 시장은 온라인 소매를 비롯하여 오프라인 소매, 슈퍼마켓, 백화점, 대형마트 등을 합산하면 처음으로 500조 원을 돌파한 것으로 나타났다.

국내 소매유통 시장 규모

단위: 조 원	2020	2021	2022	2023
오프라인 소매	170	179	184	188
온라인 소매	105	119	124	131
슈퍼마켓	65	64	65	68
백화점	27	34	38	41
대형마트	34	35	35	37
편의점	27	28	31	31

면세점	16	18	18	14
합계	443	476	494	510

(출처: 통계청)

　최근에는 기존 오프라인 기반의 유통 기업들이 온라인을 통해 유통하는 비중이 확대되고 있기에 통계청의 온라인 쇼핑 수치를 별도로 살펴봐야 한다. 2023년 기준 한국의 전체 소매유통 510조 원 중 전자상거래 거래액은 227조 원으로 온라인 기반의 유통 비중이 꾸준히 증가하고 있다. 그러나 2022년까지 두 자릿수의 성장세로 빠른 성장을 유지했던 것에 비해 최근에는 앤데믹, 고금리, 고물가 등 경기 침체의 영향으로 처음으로 한 자릿수의 성장세를 보이며 본격적인 성숙기에 이른 것으로 보인다.

국내 전자상거래 유통 시장 규모

(단위: 조 원)

	2020	2021	2022	2023
거래액	158	190	210	227
성장률	16%	20%	10%	8%

(출처: 통계청)

　전 세계 시장의 흐름과 비교해보면 한국은 전체 소매유통 시장에서 전자상거래 비중이 매우 높은 편에 속한다. 이는 IT의 발달, 고밀도 위주의 배송망, 편리한 결제 서비스 등의 환경에 기인한다. 200조 원이 넘는 전자상거래 시장에서 더 나아가 500조 원이 넘는 한국 소매유통 시장에서 누가 생존하여 승자의 위치로 가고 있는지를 살펴보자.

쿠팡은 계획된 적자를 끝내고 한국 1위가 되다

'한국의 아마존'을 표방하는 쿠팡은 창사 이후 처음으로 적자를 벗어나 2023년 매출 약 32조 원, 영업이익 6,174억 원의 실적을 발표하며 한국의 대표 커머스 기업의 자리에 올라섰다.

쿠팡 연간 실적 추이

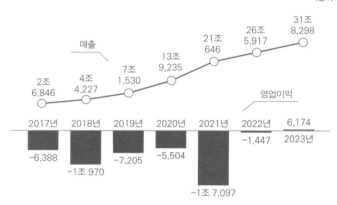

(단위: 억 원)

2010년 8월 소셜커머스 형태로 시작한 쿠팡은 2014년 직매입, 직배송이라는 '로켓배송'을 앞세워 본격적인 성장 곡선을 이루었다. 이는 아마존의 물류 네트워크와 유사한 형태로 대규모의 물류 센터, IT, 인력이 필요하다. 당연히 대규모 투자가 필요한 것으로 미국의 아마존과 중국의 징동닷컴 외에는 이렇다 할 성공 사례를 찾기 어렵다. 한때 누적 적자 6조 원에 이르며 "언제 망해도 이상하지 않다."라는 의문을 받기도 했다. 아마존의 성공 방식을 훌륭하게 구현한 쿠팡. 그 성공의 주요 요소들을 살펴보자.

로켓배송이 리테일 테크 기업의 초석을 마련하다

쿠팡의 성공에는 직매입, 직배송이라는 물류 서비스가 핵심 기반이다. 기존에는 유통은 유통 회사가 하고 물류는 물류회사가 하는 분업이 당연했다. 그러나 커머스 사업을 혁신하기 위해서는 기존 물류 네트워크가 안고 있던 배송 문제점을 개선해야 했다. 이는 대규모의 투자가 선행돼야 했다.

직배송 서비스를 위해서는 물류센터, 배송 차량, 인력 체계 등을 구축해야 한다. 쿠팡은 누적 적자가 6조 원을 넘어설 정도로 통 큰 투자를 감행했다. 더욱이 넓은 부지와 많은 차량만을 보유해서는 배송의 효율성과 정확성을 보장할 수 없었다. 제조 회사와 판매자들로부터 재고를 선행하여 매입하는 '직매입' 구조는 자칫 쿠팡이 매입한 재고를 제때 고객에게 판매하지 못하면 막대한 재고 부담과 현금 유동성 부족에 빠질 수 있는 위험한 사업이다.

쿠팡이 선택한 답은 기술, 즉 리테일 테크였다. 전자상거래 기업이었던 아마존이 어느새 IT 기업이 된 것처럼 쿠팡은 단순한 유통 회사가 아니라 기술 기반의 회사가 됐다. 쿠팡이 여타 커머스 기업들과 경쟁이 치열할 때 대부분의 커머스 기업은 즉시 실적을 올릴 수 있는 MD 같은 영업직군을 위주로 채용했다. 그에 반해 쿠팡은 미국에서 아마존 출신의 임원을 영입하고 국내에서 네이버나 카카오 같은 IT 기업과 경쟁하며 우수한 개발자를 채용하여 차별화했다.

리테일 테크 역량을 키우자 모두가 의심했던 직매입, 직배송 서비스가 안정화됐다. 유통 물량도 증가하며 규모의 경제를 이루었다. 쿠팡의 성공 요인 첫 번째인 물류 네트워크가 안정화를 이룬 것이다. 어느새 쿠팡은 기존 물류회사들보다 많은 상품을 배송하게 됐고 쿠팡의 물류 자회사인 쿠팡풀필먼트서비스CFS는 택배 1위 기업인 CJ대한통운을 위협할 정도로 성장했다.

아마존이 직매입, 직배송 위주에서 탈피하여 FBA를 통해 커머스 실적 성장을 이룬 것처럼 쿠팡 역시 2023년 3월에 이와 유사한 형태의 판매자 배송(기존 서비스명 '로켓 그로스')을 출시했다. 판매자 배송은 제삼자인 판매자에게 배송비와 수수료를 받고 기존 로켓배송의 물류 네트워크와 고객 서비스를 제공하는 형태다.

당연히 쿠팡이 제삼자인 제조 회사에 선의를 베푼 것은 아니다. 쿠팡 입장에서도 직매입 방식의 로켓배송이 안고 있던 여러 위험 요소를 해소하는 것이다. 쿠팡이 직매입한 재고를 판매하지 못하면 고스란히 그 재고 부담을 떠안아야 한다. 한국에서는 대규모유통업법상 신선식품과 계절상품 등의 특수 상황을 제외하고 유통 회사가 제조 회사와 공급자에게 재고를 반품하는 것을 엄격하게 금지하고 있다. 또한 로켓배송의 경우 입점 절차가 까다롭다 보니 쿠팡 입장에서도 취급 상품을 늘리는 것에 한계가 있었다. 그런데 판매자 배송을 통해 쿠팡 입점의 문턱을 낮추어 취급 상품의 제약을 극복할 수 있었다. 더 나아가서는 커머스 기업 쿠팡이 아니라 아마존 같은 유통과 물류를 포괄하는 리테일 테크 기업이 되는 초석을 마련하는 것이다.

와우멤버십으로 쿠팡만의 경쟁력을 공고히 다지다
2018년 10월 쿠팡은 멤버십 기반의 로켓와우 서비스를 출시했다. 매월 2,990원의 이용료를 내면 구매 금액에 상관없이 무료배송, 무료반품 등의 혜택을 받을 수 있다. 이는 아마존의 프라임 멤버십과 유사하다. 또 아마존이 콘텐츠 서비스인 프라임 비디오 등을 제공한 것처럼 쿠팡 역시 2020년 12월 쿠팡플레이를 통해 로켓와우 멤버십 고객에게 무료 콘텐츠 서비스를 제공하며 충성 고객을 두텁게 했다. 이후 2022년 6월 로켓와우 멤버십 이용료를 2,990원에서 4,900원으로 대폭 인상했음에도 유료 고객의 이탈이 많지 않았다. 당시 900만 명 수준이었던 멤버십 유료 고객 수도 2023년 12월 기준 1,400만 명을 넘어서게 된다.

아마존의 핵심 매출원 중 하나가 아마존 프라임 멤버십 구독료인 것처럼 로켓와우의 성공은 직매입, 직배송을 위한 대규모 물류비용 부담을 덜어주었다. 1,400만 명이 매달 4,900원을 지불할 경우 쿠팡은 연간 약 8,000억 원이 넘는 멤버십 이용료에서 매출을 얻을 수 있다. 이는 다시 365일 무료배송과 무료반품이라는 쿠팡만의 경쟁력을 공고히 했다.

다이내믹 프라이싱으로 시장점유율을 높이다

온라인에서 제품을 구매하는 고객에게 빠른 배송과 편리한 결제보다 중요한 것은 가격이다. 스마트폰에서 가격 비교 서비스를 통해 손쉽게 최저가를 검색할 수 있고 다양한 쿠폰과 할인까지 고려할 만큼 고객들은 스마트하게 쇼핑한다.

기존 오프라인 유통점의 경우 지역을 기반으로 한 상권에서 일정 수준의 점유율을 나눠 갖지만 온라인 쇼핑몰은 가장 저렴한 곳에서 대부분의 매출을 차지할 수 있다는 차이가 있다. 따라서 온라인 커머스 플랫폼들은 최저가를 차지하기 위해 치열하게 경쟁한다. 자사의 마진을 줄이거나 심지어는 역마진으로 판매하거나 상품을 공급하는 판매자와 협의하여 특별한 가격을 내놓기도 한다.

쿠팡은 실시간으로 변동되는 다이내믹 프라이싱**Dynamic Pricing**을 통해 업계 최저가 수준으로 가격을 책정한다. 인공지능과 빅데이터 기술을 기반으로 정교한 알고리즘에 맞춰 가격을 유동적으로 조절하는 것이다. 쿠팡은 주요 온라인 쇼핑몰의 가격을 실시간으로 모니터링하고 경쟁사가 같은 상품을 더 싸게 팔고 있다는 사실을 감지하면 판매가를 자동으로 낮춘다. 이러한 시스템은 생수, 우유, 화장지 등 고객이 많이 찾는 생필품 카테고리에서 가장 활발하게 이뤄진다.[1] 아마존 역시 다이내믹 프라이싱으로 가격경쟁력을 확보해왔는데 한발 더 나아가 고객 개인별 검색 이력, 구매 이력, 장바구니 등을 분석하여 가격에 반영하는 것으로 알려졌다.

누구나 온라인 최저가를 유지할 수는 없다. 수많은 제품의 가격을 경쟁사의 온라인 쇼핑몰 가격과 비교하는 것은 대용량의 데이터 수집과 분석 기술이 필요할 뿐만 아니라 최저가를 유지하기 위해 판매 마진을 줄일 경우 자칫 기업의 수익성을 훼손할 수 있기 때문이다. 쿠팡의 오랜 적자는 대규모 물류센터의 구축이 원인이기도 했지만 실시간 온라인 최저가를 유지하는 정책 역시 쿠팡의 수익성에 좋지 않은 영향을 주었을 것이다. 반대로 쿠팡에서 제품을 구매하는 고객에게는 최저가를 제공하여 고객만족도를 높임으로써 쿠팡이 경쟁사에 비해 더 높은 점유율을 가져갈 수 있는 무기가 됐다.

규모의 경제로 가격 결정권을 가지다

온라인 최저가를 유지할 수 있다는 것은 일종의 '가격 결정권'을 갖게 됨을 의미한다. 가격을 결정할 수 있는 것은 쿠팡이 규모의 경제를 구축했기 때문이다. 이로써 물류센터를 통한 비용의 효율화를 이루는 동시에 제품을 공급하는 공급업체와 협상에서도 우위를 갖게 됐다. 누구나 할 수 있지만 누구나 성공할 수 없는 전략이다.

물론 이 과정에서 논란이 적지 않았다. 「한겨레신문」 보도에 따르면 쿠팡은 로켓배송에 제품을 공급하는 입점 업체들에 '상품당 순수 마진PPM, Pure Product Margin'을 책정해 쿠팡에 공급한 상품의 최소 마진율을 보장하게 하고 이를 준수하지 못할 경우 추가적인 광고비 등을 부담하게 하거나 해당 업체의 제품을 더 이상 쿠팡에 공급하지 못하게 했다.[2] 이에 대해 쿠팡은 입점 업체에 불리한 조건을 강제하지 않는다고 반론했다.

해당 보도에 앞서 공정거래위원회는 쿠팡과 입점 업체 간의 분쟁에서 2021년 8월 쿠팡에 '공정거래법 및 대규모유통업법 위반행위'로 시정명령과 과징금을 부과하기도 했다. 주요 내용은 쿠팡이 납품업체에 경쟁 온라인몰의 판매가격을 인상하도록 요구하거나 쿠팡의 마진 손실을 보전하기 위해 광고를 요구하는 등의 행위를 제재한다는 것이다. 쿠팡은 행정소송을 통해 2023년 2월 시정명령과 과징금 취소에 대해 승소했다. 해당 사건은 공정거래위원회가 행정법원의 판결에 불복하여 대법원에 상고했기에 최종 판결까지는 판단을 미루어야 할 것으로 보인다.

이러한 분쟁은 쿠팡의 로켓배송 사업 구조가 납품업체에서 직접 매입하여 위탁 판매를 하는 구조에서 발생하는 것으로 기존 온라인 쇼핑몰들이 카테고리별로 정형화된 수수료를 책정한 것과는 달라서다. 더 나아가 쿠팡의 압도적인 판매량은 납품업체들과의 협상에서 우위를 점할 수 있기에 이러한 새로운 개념의 수수료 체계 혹은 마진율 체계가 가능한 것이기도 하다.

자체 브랜드 상품으로 최저가와 수익성을 확보하다

아마존에서는 전 세계 수많은 브랜드의 제품이 판매되고 있는데 이와는 별도로 아마존이 자체 브랜드로 직접 제조와 유통을 하기도 한다. 브랜드는 제조 회사가 직접 브랜드를 갖고 유통하는 제조 회사 브랜드NB, National Brand와 아마존, 월마트 같은 유통사가 직접 운영하는 자체 브랜드PB, Private Brand로 구분할 수 있다. 이 외에도 제조 회사와 유통사가 공동 기획하는 공동 기획 브랜드NPB, National Private Brand 등 커머스 사업에서 제조 회사와 유통사의 상품 구분은 점차 다양화되고 있다.

아마존은 2009년 사무용품과 주방용품 특화 브랜드인 '아마존 베이직스Amazon Basics'를 시작으로 꾸준히 자체 브랜드PB 사업을 확대했다. 기존에는 아마존이 주로 제조 회사의 상품 판매를 중개하는 역할을 했던 반면에 자체 브랜드PB 사업을 통해 사업 영역을 제조업으로 확대하여 매출과 수익을 늘려나가는 구조로 바뀌고 있다. 아마존의 자체 브랜드PB 사업은 논란이 되기도 했는데 아마존이 커머스 사업을 통해 확보한 다른 제조 회사의 판매량과 공급가 정보 등을 자체 브랜드PB 사업에 활용한다는 것은 자칫 아마존에 입점한 제조 회사에 피해를 줄 수 있기 때문이다. 이러한 논란으로 한때 아마존이 자체 브랜드PB 사업에서 철수할 것이라는 전망도 있었다. 그러나 아마존의 강력한 경쟁자인 월마트 역시 자체 브랜드PB 사업을 확대하는 등 자체 브랜드PB 사업 자체는 유통 시장에서 오래된 사업 영역 중 하나다.

쿠팡 역시 2017년 '쿠팡 탐사수'라는 생수를 시작으로 자체 브랜드PB 사업을 꾸준히 확대하고 있으며 2020년 7월에는 자체 브랜드 PB 사업을 물적 분리하여 씨피엘비CPLB라는 자회사를 설립했다. 이후 쿠팡의 자체 브랜드 상품은 꾸준히 증가하고 있으며 금융감독원의 기업 공시 자료에 따르면 씨피엘비의 매출은 2020년 1,331억 원에서 불과 4년 만인 2023년에 1조 6,436억 원까지 약 12배 성장했다. 쿠팡의 2023년 전체 매출이 약 32조 원임을 감안하면 쿠팡 전체 거래액에서 자체 브랜드PB 상품의 매출 규모가 작지 않음을 볼 수 있다.

쿠팡 자체 브랜드 사업을 운영하는 자회사 씨피엘비 실적 자료

단위: 백만 원	2020	2021	2022	2023
매출액	133,142	1,056,879	1,357,049	1,643,625
매출원가	116,692	958,277	1,191,179	1,424,556
매출원가율	88%	91%	88%	87%
영업이익	1,888	24,421	72,289	114,317
영업이익률	1%	2%	5%	7%

(출처: 금융감독원)

유통사가 자체 브랜드PB 상품을 운영할 때 가장 큰 경쟁력으로 꼽는 것은 단연 가격이다. 즉 잘 팔리는 제품의 생산량을 늘려 생산

효율화를 이루고 중간 유통 단계를 줄임으로써 원가를 줄이기에 가능한 것이다. 씨피엘비의 매출액 대비 매출원가를 보면 평균 90% 안팎을 보이는데 약 90원의 원가로 만든 제품을 쿠팡에 약 100원으로 공급하는 구조다. 2023년 국내에 상장된 주요 식품 제조 회사의 매출원가율이 60~80% 수준임을 감안하면 씨피엘비는 다른 식품 제조 회사에 비해 쿠팡에 낮은 가격으로 공급한다고 추정할 수 있다. 물론 씨피엘비는 식품 외에 의류, 생활용품, 가전용품 등 다양한 제품군을 공급하는 만큼 직접적인 비교는 어렵다.

씨피엘비의 영업이익률은 법인 분리 첫해인 2020년 1% 수준으로 시작하여 2022년 5%를 기록했다. 매출이 1조 3,000억 원이 넘는 규모와 높은 원가율을 감안할 경우 영업이익률은 높지 않다. 이를 해석해보면 쿠팡에서 자체 브랜드PB 상품을 구매하는 고객들은 다른 제조 회사의 상품보다 저렴한 가격으로 구매할 가능성이 큰 반면에 쿠팡에 상품을 공급하는 다른 제조 회사들에 씨피엘비의 원가경쟁력은 매우 큰 위협이 될 것이다.

쿠팡의 성장은 지속될 수 있는가

쿠팡은 창립 14년 만인 2023년에 매출 31조 원, 영업이익 6,174억 원이라는 첫 흑자를 기록하며 국내 온라인 커머스뿐만 아니라 기존 오프라인 유통 강자였던 이마트, 롯데쇼핑 등을 모두 앞서며 명실상부한 리테일 기업 1위의 자리에 올라섰다. 우리가 살펴봐야 할 것은 과연 쿠팡이 앞으로도 기존과 같은 성장을 이룰 수 있는가다.

쿠팡은 누적 적자 6조 원을 넘어섰을 만큼 자칫 회사의 생존마저 의심받았지만 국내 최대 물류센터를 구축하며 '계획된 적자' 전략을 견뎌냈다. 이를 통해 국내 유통 기업 최대 매출과 거래량이라는 규모의 경제를 이루었다. 와우멤버십을 통해 고객충성도를 올렸으며 쿠팡플레이를 통해 콘텐츠 시장에도 진출했다. 여기까지는 쿠팡이라는 기업에 재무적으로 큰 압박이 됐을 것이다. 따라서 쿠팡의 미래는 수익성을 따져봐야 할 것이다.

쿠팡은 물류센터와 멤버십을 구축한 이후 다이내믹 프라이싱 기반의 온라인 최저가라는 높은 성벽을 쌓았다. 그리고 논란이 있었으나 상품당 순수 마진PPM이라는 마진율을 구축하여 안정적인 경영 환경을 갖췄다. 자회사를 통해 자체 브랜드PB 사업을 확대하며 이익 확대와 함께 납품업체와의 협상력도 확보하게 됐다.

이러한 흐름으로 쿠팡의 수익성은 이미 안정화에 들어선 것으로 분석된다. 쿠팡의 연간 실적 발표와 미국의 투자정보 웹사이트 매크로트렌즈Macrotrends를 통해 살펴보면[3] 쿠팡은 2021년 1분기 매출총이익률GPM, Gross Profit Margin은 16.6% 수준이었다. 당시 쿠팡은 16.6%의 매출총이익률로는 막대한 물류센터 운영비와 판매관리비를 부담하기 부족한 수준으로 2022년 3분기까지 막대한 적자가 지속되고 있었다.

쿠팡 분기별 매출총이익률

2021년				2022년				2023년			
1분기	2분기	3분기	4분기	1분기	2분기	3분기	4분기	1분기	2분기	3분기	4분기
16.6%	16.1%	16.3%	16.0%	16.9%	18.9%	20.8%	22.9%	23.9%	24.7%	25.0%	25.4%

(출처: Marcotrends)

그러나 물류센터 구축이 완성되고 앞서 설명한 주요 사업과 전략이 주효하면서 2022년부터 본격적으로 매출총이익률이 성장했고 2023년 4월에는 25.4%를 달성하게 된다. 불과 3년 만에 매출총이익률이 16.6%에서 25.4%로 성장했고 그 성장세가 유지되고 있다. 이는 쿠팡이 벤치마킹했던 아마존이 그러했던 것처럼 물류 서비스를 혁신하고 커머스 사업을 확대하여 점유율을 올린 후 고객 멤버십 구축과 수익 기반의 사업 전략에 성공한 결과다. 더욱이 아마존 사례를 살펴보면 쿠팡은 아직도 더 나아갈 사업 분야들이 있다.

쿠팡 같은 유통 기업의 물류 구조를 좀 더 자세히 구분해보면 세 가지로 나눌 수 있다.

유통 기업 물류 구조

구분	1P(First Party)	2P(Second Party)	3P(Third Party)
명칭	로켓배송	판매자 배송	마켓플레이스
운영 방식	쿠팡이 판매자에게 제품을 직매입하여 판매	판매자가 쿠팡에 배송, CS, 반품을 위탁	판매자가 쿠팡에서 오픈마켓 형태로 상품 판매
가격 결정	쿠팡	판매자	판매자
물류비· 배송비	쿠팡	쿠팡	판매자
고객 상담	쿠팡	쿠팡	판매자
판매 수수료	쿠팡이 직매입 후 판매이익(30~50%) 확보 쿠팡이 배송비·반품비 부담	최대 10.9% (부가세 별도)	최대 10.9% (부가세 별도)
아마존 참고	아마존 프라임	아마존 FBA	아마존 마켓플레이스

1P는 기존 로켓배송과 같이 쿠팡이 공급업체에서 제품을 매입하여 재고 관리와 배송 등을 모두 수행하는 사업이다. 3P는 기존 대

부분의 온라인 쇼핑몰이 운영하는 중개 형태다. 쿠팡의 미래는 아마존이 수많은 제조 회사와 브랜드 등의 판매자를 대신하여 풀필먼트 서비스를 제공하는 FBA 사업 같은 2P(판매자 배송)에 있다. 기존 로켓배송 사업은 쿠팡이 모든 재고를 직접 매입하고 관리하는 만큼 위험 요소가 있기 때문에 더 많은 제품을 유통하는 것에 제약이 있을 수 있다. 가격 정책과 상품당 순수 마진PPM 등의 마진율 협상 등은 자칫 논란의 소지도 커질 수 있다.

반면 2P 판매자 배송 사업은 1P 로켓배송 사업의 단점을 보완할 수 있다. 쿠팡은 이미 구축한 물류 네트워크와 고객 서비스를 판매자들에게 제공하고 이를 통해 판매 수수료와 배송비를 안정적으로 거둘 수 있다. 아마존에서 판매되는 제품 중 60% 정도가 2P, 즉 FBA인 점을 감안하면 쿠팡에는 더 큰 사업 기회가 생길 것이다.

쿠팡의 광고 사업 역시 쿠팡의 미래 실적에 영향을 줄 것이다. 쿠팡은 쿠팡미디어그룹CMG, Coupang Media Group이라고 하는 광고 전문사업 조직을 운영하고 있다. 이미 쿠팡의 공급사와 판매사는 쿠팡에 상당한 수준의 광고비를 지불하고 있다. 예전에는 주로 네이버쇼핑 혹은 구글 광고를 운영했으나 쿠팡의 기술 기반의 광고는 이들을 대체하기에 충분히 매력적으로 여겨지는 것이다. 아마존의 전체 매출에서 광고 매출이 8%에 달하고 아마존 웹사이트뿐만 아니라 외부 채널에서도 아마존의 광고 사업이 운영되는 만큼 쿠팡은 언젠가 국내에서 네이버, 구글, 카카오 등과 함께 광고 시장에서 경쟁자로 올라설 수도 있을 것이다.

마지막으로 쿠팡의 미래 성장의 관전 포인트는 바로 상생이다.

쿠팡의 고속 성장의 뒷면에는 다양한 논란들이 있었다. 비단 경쟁 사뿐만 아니라 쿠팡에 제품을 공급하고 판매하는 입점 업체와 판매 사와도 말이다. 전통적으로 쿠팡 같은 플랫폼 사업은 판매자와 구매자를 이어주는 양면의 사업이다. 즉 어느 한쪽을 소홀하게 되면 플랫폼 사업이라는 본연의 경쟁력이 훼손될 수 있다.

오프라인 유통에 기술을 더한
월마트의 성공

이마트가 한국 리테일 1위 왕좌를 내주다

2023년에 쿠팡은 역대 최대 실적을 거둔 반면에 기존 리테일 시장에서 1위였던 이마트는 매출과 영업이익 모두에서 사상 처음으로 쿠팡에 뒤처지게 됐다. 쿠팡은 14년 만에 적자의 늪에서 탈출했지만 이마트는 2011년 신세계에서 별도 법인으로 분리된 이후 12년 만에 처음으로 적자로 전환된 것이다.

물론 이마트의 실적이 건설 사업 등의 자회사를 포함한 연결재무제표 기준으로 한 것이라 적자로 발표했으나 대형마트인 이마트 자체의 영업이익 1,880억 원도 전년 대비 27% 감소했다. 또한 온라인 커머스 사업을 담당하는 SSG닷컴의 영업손실 103억 원과 약 3조 6,000억 원을 들여 인수한 G마켓의 영업손실 321억 원을 감안할

2017~2023년 쿠팡과 이마트 실적 추이 비교

(좌측: 매출액, 우측: 영업이익, 단위: 억 원)

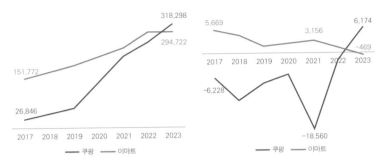

(출처: 각 사 연간 실적 발표)

.경우 이마트의 미래 실적마저 전망이 암울하다.

월마트는 리테일 테크 기업으로 변신하다

쿠팡이 이마트의 자리를 위협한 것처럼 해외에서도 온라인 커머스 기업의 성장이 오프라인 리테일 기업을 위협한 사례는 많다. 반면 아마존의 본사가 있는 미국에서 아마존의 성장과 위협 속에 살아남은 오프라인 리테일 기업 월마트는 2024년 2월 뉴욕증권거래소에서 장 중 한때 사상 최고치를 기록하기도 했다. 주가 상승의 주요 원인은 월마트의 2023년 실적이 시장의 기대치를 넘어선 데다 신사업 등에서도 좋은 실적을 냈기 때문이다.

쿠팡과 이마트의 실적을 비교한 것처럼 아마존과 월마트의 실적도 각 사의 연간 실적 발표를 통해 비교해보았다. 2023년 아마존의 매출 성장세가 가파르게 상승하여 6,113억 달러를 기록하여 월마트의 매출 6,110억 달러를 앞서기도 했으나 월마트 역시 꾸준하

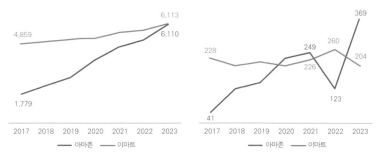

2017~2023년 아마존과 월마트 실적 추이 비교

(좌측: 매출액, 우측: 영업이익, 단위: 억 달러)

4,859   6,113
6,110
1,779

2017 2018 2019 2020 2021 2022 2023
── 아마존 ── 이마트

228   249   260   369
226   204
41   123

2017 2018 2019 2020 2021 2022 2023
── 아마존 ── 이마트

(출처: 각 사 연간 실적 발표)

게 매출이 상승하고 있다. 영업이익 역시 아마존의 성장이 돋보이지만 월마트도 매년 200억 달러 내외의 안정적인 이익을 거두고 있다.

월마트는 어떻게 아마존과의 경쟁에서 살아남아 꾸준한 성장과 안정적인 이익을 거둘 수 있었을까? 더욱이 기업의 미래 지표라고 할 수 있는 주가 역시 창사 이래 최고치를 경신하는 모습에서 그 생존 방법에 대한 의문은 더욱 깊어진다.

월마트는 전 세계적인 고금리와 고물가라는 위기 속에서 TV, 컴퓨터 등의 고가 품목의 매출이 줄었으나 생활필수품인 식품과 저가 생활용품 시장을 강화하며 위기를 오히려 기회로 바꾸었다. 또한 아마존과의 경쟁 속에서 온라인 매출을 확대했고 IT를 활용하여 다양한 리테일 테크 사업을 선보이며 아마존과는 차별화된 경쟁력을 키워나갔다.

월마트는 2016년 온라인 커머스 사업 강화를 위해 이커머스 기업 제트닷컴Jet.com을 33억 달러(한화 약 40조 원)에 인수했으나 기존 월마트 사업과 유기적인 통합을 이루지 못하며 뚜렷한 인수 효과를 보지 못했다. 이후 월마트는 아마존의 비즈니스 모델을 벤치마킹하여 월마트가 갖고 있는 강점에 IT를 접목한 새로운 형태의 리테일 테크 사업을 펼쳤다.

아마존과 월마트 사업 부문

사업 구분	아마존	월마트
풀필먼트	FBA	월마트 풀필먼트
광고 사업	아마존 광고 사업	월마트 커넥트
제휴 마케팅	아마존 어필리에이트	월마트 크리에이터
멤버십	아마존 프라임 멤버십	월마트 플러스

월마트 풀필먼트는 아마존의 FBA와 유사한 형태로 월마트의 물류 네트워크를 활용해 판매자에게 주문 처리, 포장, 배송 서비스를 제공하는 사업이다. 2020년 2월 서비스를 시작했으며 단순히 월마트의 기존 물류망을 이용하는 것에서 진일보하여 머신러닝과 인공지능을 적용하고 전국의 물류센터를 점차 자동화하고 있다.

아마존이 구글이나 메타 같은 온라인 광고 사업으로 수익을 거두고 있다면 월마트는 광고 사업인 월마트 커넥트Walmart Connect를 통해 온라인 채널뿐만 아니라 오프라인 매장과 연계하는 차별화 전략도 펼치고 있다.

아마존은 최근 소셜네트워크서비스의 성장으로 인플루언서의 영향력이 커지자 이들을 활용한 아마존 어필리에이트Amazon Affiliate라는 제휴 프로그램을 운영하여 판매 금액의 일정 부분을 수수료로 제공하고 있다. 월마트 역시 홍보나 사용 후기를 통해 월마트 상품이 판매되면 인플루언서에게 수수료를 제공하는 월마트 크리에이터Walmart Creator라는 서비스를 운영하고 있다. 2020년 월마트가 급성장하는 소셜네트워크서비스인 틱톡의 미국 법인 인수를 추진하기도 했다. 이는 단순히 홍보 채널을 확보하는 것이 아니라 1020 세대 등 젊은 세대를 월마트의 고객으로 흡수하고자 했던 배경도 있었다.

아마존에는 커머스 사업과 콘텐츠 사업의 든든한 배경이 된 아마존 멤버십이 있다면 월마트는 2020년 9월 유료 멤버십인 월마트 플러스Walmart+를 도입하며 무제한 무료배송과 다양한 혜택을 제공하고 있다. 미국의 주유소 중 최저가 수준인 월마트 주유소를 이용할 경우 추가 할인 혜택도 제공했다. 이는 온라인 기반의 아마존이 제공하지 못하는 차별화된 혜택 중 하나다.

월마트가 추진했던 신규 사업은 여러 의미를 갖고 있다. 첫 번째는 오프라인 기반 리테일 기업이 아마존 같은 온라인 기반 사업자와의 경쟁에서 차별화된 강점을 활용하여 생존할 수 있느냐다. 두 번째는 이제 더 이상 오프라인 기반의 사업자도 기술 도입에 주저할 수 없다는 것이다. 월마트는 다양한 IT를 내재화하여 아마존과 경쟁하고 있으며 아마존이 그랬던 것처럼 월마트 역시 리테일 기업으로서 평가받게 됐다. 세 번째 신규 사업의 도입과 IT 활용을 확대하고 이를 통해 거둬들인 이익으로 기존 사업의 고도화에 재투자한다는 것이다. 이는 마치 아마존이 플라이휠을 구축한 것처럼 오프라인 리테일 기업들에 그 가능성을 보여준 것이다.

5

아마존과 쿠팡을 위협하는
중국의 직구 커머스

직구 플랫폼으로 미·중 무역분쟁을 넘어서다

2018년 7월에 미국은 340억 달러 규모의 중국 수입품 818종에 25%의 보복관세를 부과하겠다고 발표했다. 이에 중국 역시 미국산 수입 농산물, 자동차, 수산물 등에 똑같은 규모인 340억 달러 규모에 25%의 보복관세를 부과하겠다고 대응하며 미국과 중국의 무역분쟁이 본격화됐다. 미·중 무역분쟁은 미국과 소련의 냉전체제 종식 후 중국이 '전 세계 공장' 역할을 하며 성장하자 미국과 중국 간에 새로운 패권이 형성되며 시작됐다. 무역분쟁으로 양국 간의 무역은 침체될 것으로 전망됐으나 뜻밖에도 커머스 시장에 커다란 변화를 야기했다.

이에 앞서 미국 정부는 2016년 3월 자국에 거주하는 개인 소비

2023년 글로벌 쇼핑앱 다운로드 순위와 이용자수 순위

(출처: data.ai)

자가 해외에서 제품을 구매할 때 부과되는 관세 면제 한도를 기존 200달러에서 800달러로 상향했다. 전 세계 내수 시장 1위인 미국 시장이 중국을 비롯한 해외 전자상거래 기업들에 문턱을 낮춰준 셈이다.

비록 양국 간 무역분쟁으로 공식적인 교역량은 줄어들 수 있으나 이를 넘어선 해외직구 시장의 가능성은 중국의 전자상거래 기업들에는 오히려 새로운 기회가 된 셈이다. 중국 기업들의 움직임이 빨라졌다. 알리바바그룹의 해외직구 플랫폼인 알리익스프레스를 비롯해 핀둬둬그룹이 새롭게 출시한 테무와 패션 전문 직구 플랫폼인 쉬인이 빠르게 미국 시장에 침투했다. 미국 무역대표부와 의회에서는 중국에서 수입되는 직구 제품의 관세 면제 한도를 철폐하거나 다시 200달러로 낮춰야 한다는 주장이 나올 만큼 그 파장이 커지고 있다.

미국 시장에서 성공을 거둔 중국 직구 플랫폼들은 유럽, 남미, 아시아 시장에 파죽지세로 진출했다. 글로벌 모바일 앱 분석 사이트인 데이터에이아이data.ai에 따르면 직구 플랫폼 앱들이 전 세계 쇼핑앱 다운로드와 이용자 수에서 상위권을 독차지한 것으로 나타났다. 그리고 그들의 다음 타깃은 한국이 됐다.

중국 기업이 아니라 글로벌 기업으로 거듭나다

알리익스프레스, 테무, 쉬인 등은 중국의 커머스 기업으로 시작한 것은 맞다. 그렇다고 해서 그들의 서비스와 판매되는 제품을 '메이드 인 차이나Made in China'라고 터부시할 수 있느냐에 대해서는 그렇지 않다고 생각한다. 한국의 삼성전자가 한국 기업임에도 전 세계에서 사업을 운영하며 글로벌 기업이 됐듯 이들 역시 중국 기업이 아니라 글로벌 기업으로 봐야 할 것이다.

기업가치를 비교할 때 증권 시장에 상장된 기업은 시가총액으로, 상장 전 기업은 외부 투자를 받으며 인정받은 가치로 측정할 수 있다. 알리익스프레스의 모기업은 중국의 알리바바그룹이다. 알리바바는 2014년 9월 뉴욕증권거래소에 상장했으며 2024년 3월 기준 시가총액은 약 1,871억 달러(한화 약 243조 원)다. 2023년 기준 매출액은 8,689억 위안(약 160조 원)이며 영업이익은 892억 위안(약 16조 5,000억 원)이다.

테무의 모기업은 중국의 핀둬둬그룹이다. 핀둬둬는 2018년 7월 미국 나스닥에 상장했으며 2024년 3월 기준 시가총액은 약 1,466

억 달러(한화 약 190조 원)다. 2023년 추정 매출은 2,300억 위안(약 40조 원), 영업이익은 650억 위안(약 11조 원) 이상으로 예상된다. 핀둬둬는 2023년 5월 본사를 아일랜드로 이전 등록하고 테무의 본사는 미국 보스턴에 설립하는 등 더 이상 중국 기업이 아니라 글로벌 기업으로 변화를 꾀하고 있다.

쉬인은 2023년 비공개로 뉴욕증권거래소 상장을 신청했다. 2022~2023년 투자 유치 시 인정받은 기업가치는 640억~1,000억 달러(한화 약 83조~130조 원)로 추산된다. 2023년 추정 매출은 약 300억 달러(약 39조 원), 영업이익은 10억 달러(약 1조 3,000억 원) 이상으로 예상된다. 2022년 2월 본사를 싱가포르로 이전했으며 창업자이자 최고경영자인 쉬양티엔Chris Xu은 같은 해 싱가포르의 영주권을 확보하고 시민권을 신청하여 국적마저 변경하려고 한다.

이들 기업과 국내 대표적인 리테일 기업의 시가총액(기업가치)을 2024년 3월 한화 기준으로 비교해보면 대략 쿠팡(한화 약 43조 원), 이마트(약 2조 원) 대비 규모의 차이가 상당함을 알 수 있다. 물론 기업가치는 회사의 상황과 환율 등으로 인해 수시로 바뀔 수 있으나 그 차이가 단기간에 바뀌는 것이 쉽지 않은 것도 현실이다.

국내외 리테일 기업 시가총액(2024년 3월 기준)

단위: 조 원	알리바바	핀둬둬	쉬인	쿠팡	이마트
시가총액 (기업가치)	243	190	83~130	43	2

중국 커머스 비즈니스가 쿠팡을 위협하다

2023년 알리익스프레스, 테무, 쉬인의 한국 시장 공략이 본격화됐다. 알리익스프레스는 2023년 9월 알리익스프레스코리아 유한회사라는 한국 회사를 설립했다. 대규모 투자를 발표하고 채용을 확대하며 전용 물류센터를 구축할 것으로 예상하고 있다. 테무와 쉬인은 한국 고객을 대상으로 SNS 등의 온라인 광고를 확대하고 있다. 마치 한국이라는 시장에서 이들 기업이 서로 경쟁하는 것은 아닌가 할 정도로 공세를 늦추지 않고 있다.

한국 소비자들의 반응은 매우 빠르게 나타났다. 한국의 시장 분석 서비스인 와이즈앱·리테일·굿즈가 2024년 2월 한국인이 가장 많이 사용한 종합몰 앱 순위를 발표했다. 알리익스프레스가 쿠팡에 이어 2위에 올라섰고 테무 역시 G마켓에 앞서며 4위를 기록했다.

한국인이 가장 많이 사용하는 종합몰 앱 순위(2024년 2월)

순위	앱 이름	사용자 수	작년 동월 대비 (만 명)
1	쿠팡	3,010	+57
2	알리익스프레스	818	+468
3	11번가	736	-208
4	테무	581 (2023년 7월 한국 출시)	+581
5	G마켓	553	-102
6	티몬	361	-61
7	위메프	320	-116
8	GS SHOP	314	-5

(출처: 와이즈앱·리테일·굿즈)

6개월 단위로 살펴보면 2023년 2월 이후 1년 만에 직구 앱 사용자가 급증했으며 이에 따라 기존 국내 종합몰 앱 사용자가 줄어든 것을 볼 수 있다. 사용자 수 1위인 쿠팡이 3,000만 명 내외의 사용자에서 큰 성장을 이루지 못했지만 알리익스프레스는 818만 명, 테무는 581만 명의 사용자를 모았다. 이들 직구 앱의 확산이 쿠팡을 비롯한 국내 종합몰 앱에 커다란 위협이 되고 있음을 알 수 있다.

단위 : 만 명	2023년 2월		2024년 8월		2024년 2월	
	앱 이름	사용자 수	앱 이름	사용자 수	앱 이름	사용자 수
1위	쿠팡	2,952	쿠팡	2,887	쿠팡	3,010
2위	11번가	943	11번가	859	알리익스프레스	818
3위	G마켓	655	G마켓	605	11번가	736
4위	위메프	435	알리익스프레스	551	테무	581
5위	티몬	422	티몬	388	G마켓	553
6위	옥션	344	위메프	353	티몬	361
7위	GS SHOP	319	옥션	330	위메프	320
8위	CJ 온스타일	211	GS SHOP	310	GS SHOP	314

(출처: 와이즈앱·리테일·굿즈)

보다 구체적인 수치는 통계청의 온라인 쇼핑 해외 직접 구매액 자료를 통해 확인할 수 있다. 알리익스프레스 등의 직구 앱이 활성화되기 전까지 소비자가 직구를 가장 많이 한 곳은 미국이었다. 그러나 2023년 중국으로부터 구매가 급증했고 이에 따라 전체 해외 직구 거래액도 6조 7,567억 원으로 확대됐다. 전체 거래액의 절반 가까운 49%가 중국에서 구매한 것이다. 이러한 추세는 앞으로 더욱 확대될 것으로 전망된다.

통계청 온라인쇼핑 해외 직접 구매 추이 및 거래액

(단위: 억 원)

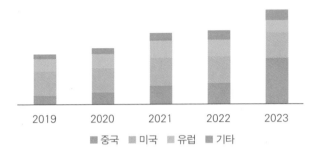

단위: 억 원	2019년	2020년	2021년	2022년	2023년
중국	6,624	8,182	13,362	14,858	32,873
미국	17,686	18,116	20,707	20,046	18,574
유럽	8,603	10,338	11,384	11,360	8,764
기타	3,447	4,042	5,699	6,976	7,357
전체	36,360	40,677	51,152	53,240	67,567
중국 비율	18%	20%	26%	28%	49%

(출처: 통계청)

중국 커머스의 공세가 더욱 거세진다

불과 1년여 만에 알리익스프레스, 테무, 쉬인의 한국 시장점유율이 확대되고 있는 상황에서 이들의 공세가 더욱 강화될 것으로 전망하는 주요 이유를 살펴보자.

첫째, 한국은 이커머스 사업 환경이 매우 잘 갖춰져 있다. 앞서 소개한 통계청의 2023년 국내 유통 시장 분석에 따르면 전체 소매 시장 거래액이 510조 원 수준인데 이 중 전자상거래 거래액은 227조 원으로 비중이 40%를 넘어선다. 발표 기관마다 다소 다르지만 전자상거래 비중이 40%를 넘어서는 곳은 중국을 비롯한 일부 국가에서만 나타나는 현상이다. 한국은 이미 전자 결제, 물류 네트워크, 소비자 행태 등에서 이커머스 사업을 하기에 최적의 조건인 셈이다.

둘째, 직구 앱에서 판매되는 제품이 대부분 중국에서 생산돼 전 세계로 유통된다. 한국은 중국과 물리적 거리가 가장 가까운 국가 중 하나다. 알리익스프레스, 테무 등의 중국 내 물류센터가 중국 산둥성의 웨이하이, 옌타이 등에 있는데 이곳에서 한국 인천항까지 직선거리는 대략 390킬로미터에 지나지 않는다. 인천항에서 제주도까지 거리가 430킬로미터인 것과 비교하면 해운과 항공을 통한 물류 거리, 비용, 시간 측면에서 한국은 중국 제품의 운송에 매우 효율적인 지역이다.

마지막으로 한국 소비자의 높은 변화 수용성이다. IT 산업이 발달한 한국은 이전부터 초고속인터넷, 이동통신, 스마트폰, 전자상거래 등의 보급 속도가 전 세계 어느 국가에 비해 빠르게 이뤄졌다. 예를 들어 이동통신 산업의 경우 한국은 전 세계 최초로 3세대, 4세대 전국 단위의 네트워크를 보급했다. 이 때문에 해외 이동통신 장비와 스마트폰 제조 회사가 한국에서 기술 테스트를 할 정도로 한국은 훌륭한 테스트베드 지역이다. 만약 알리익스프레스, 테무, 쉬인 등이 미국이나 유럽이나 일본이 아니라 한국 시장을 테스트베드로 삼는다면 그 결과물을 빠르게 확인한 후 전 세계로 확산할 수도 있을 것이다.

해외직구 앱의 활성화는 국내 사업자에게는 매우 위험한 요인이다. 온라인과 오프라인을 통틀어 리테일 기업 중 가장 높은 매출액을 기록한 쿠팡마저 '로켓직구'라는 해외직구 서비스를 확대하며

견제에 나섰다. 그 외 리테일 기업 역시 예의주시하며 대응책을 모
색하고 있을 것이다.

2장

—

국경과 장벽을 무너뜨린
글로벌 커머스의 등장

조인후
비즈니스 스토리텔링 작가

네슬레 글로벌 혁신팀에서 근무한 경험을 바탕으로 현재 B2B 서비스형 소프
트웨어SaaS 스타트업 인스피리오Inspirio의 전략총괄CSO을 맡고 있다. 또한 기
업의 서사와 기업인의 인터뷰를 스토리텔링으로 엮어내는 비즈니스 스토리텔
링 작가로도 활동하고 있다. 네슬레, 매일유업, 라이앤캐쳐스에 재직하면서 브
랜드 매니저, 이노베이션 매니저, 마케팅총괄CMO 등 다양한 직무를 통해 쌓
은 실무 경험과 통찰력을 바탕으로 기업과 브랜드의 성장을 돕고 있다.
jimmycho1@live.com

지난 몇 세기 동안 고객은 제품을 구매하려면 가까운 매장을 찾았다. 식료품이 떨어지면 시장에 가고 새 옷이 필요하면 옷 가게를 갔다. 그러나 인터넷이 등장하고 온라인 판매자와 이커머스가 활성화되면서 고객 구매 행태가 크게 변화했다.

기술의 발전과 함께 새로운 혁신을 끊임없이 맞이하는 커머스는 꾸준히 진화를 거듭하고 있다. 전과 비교해 달라진 것이 있다면 고객은 더 이상 시간을 내 매장에 직접 방문하지 않아도 된다는 것이다. PC나 주머니 속 스마트폰을 통해 필요한 모든 제품과 서비스에 접근할 수 있게 됐다. 해외에서는 이러한 변화를 '아마존 효과 **Amazon Effect**'라고 부르기도 한다. 이제 고객은 산업이나 제품과는 관계없이 구매 여정이 마찰 없이 즉각적으로 이루어지기를 기대한다. 진화한 커머스의 속도와 편의를 경험한 우리는 어쩌면 다시는 이전으로 돌아갈 수 없을지 모른다.

전 세계 커머스 기업은 이 모든 변화를 주도한 아마존을 따라 하기 바빴다. 국내에서 적극적으로 아마존을 벤치마킹한 쿠팡이 대표적이다. 하지만 우리가 고려하지 못한 변수가 있다. 그건 바로 나라마다 모두 다른 환경에 놓여 있다는 점이다. 각 나라의 모양새가 다르듯이 1인당 국내총생산GDP, 국민 평균 가처분소득, 국민성, 소비 성향, 지형적 특성까지 모두 다르다.

이제 전 세계 커머스는 극단적인 표준화의 시대를 지나 지역별 특성에 맞춘 현지화에 집중하고 있다. 국내 커머스 환경과 미국 커머스 환경이 서로 다른 것처럼 지역의 특성에 맞춰 최적화된 전략을 펼치는 것이다. 각기 다른 경쟁 환경에도 불구하고 무조건 승리하는 전략은 존재하지 않는다. 이 장에서는 각기 다른 지역에서 7개의 커머스 기업이 어떻게 성장했는지 순차적으로 살펴보고자 한다. 전 세계적으로 이커머스 침투율이 가장 높은 중국의 알리익스프레스, 징동닷컴, 핀둬둬를 비롯해 아마존이 장악한 북미 시장을 휩쓴 쉬인과 테무, 아세안 시장에서 혜성처럼 나타나 이커머스 1위 기업이 된 쇼피, 유럽 오프라인의 강자 알디까지 글로벌 이커머스의 트렌드를 바꾸고 있는 기업들을 위주로 분석해보고자 한다.

알리바바의 최종 병기로 떠오른
알리익스프레스

    최근 한국 소비자 사이에서 알리익스프레스를 통한 해외직구 현상이 급증하고 있다. 통계청에 따르면 2023년 해외직구 규모가 처음으로 6조 원을 넘어섰으며 이는 2014년 이후 가장 큰 폭의 증가를 나타낸다. 특히 중국은 저렴한 상품을 앞세워 전년 대비 121.2% 증가한 3조 2,873억 원을 기록하여 전체 직구 시장의 절반 가까이 차지했다. 이에 반해 한국에서 해외직구 수입국으로 오랫동안 1위를 유지해온 미국은 7.3% 감소한 1조 8,574억 원으로 중국에 처음으로 밀려났다. 쿠팡이 로켓배송으로 이커머스 시장에 뜨거운 변화를 일으켰던 것처럼 알리익스프레스 또한 사용자 수가 급격히 증가하며 관련 업계와 소비자의 뜨거운 관심을 받고 있다. 이러한 현상은 글로벌 경제의 변화와 소비자 행동의 새로운 패러다

알리익스프레스

AliExpress™

임을 반영한다. 그렇다면 국내 소비자의 열렬한 지지를 받는 알리
익스프레스는 과연 어떤 기업일까?

10여 년 전 알리바바의 창업자 마윈이 중국 커머스의 정점에 올
랐을 때였다. 마윈은 내수 시장만으로는 만족하지 못하여 글로벌
시장을 노렸고 중소기업이 대기업 수준의 경쟁력을 갖춘 무역 환경
을 만들고자 했다. 또한 전 세계의 구매자와 판매자가 중개자 없이
직접 거래할 수 있는 혁신적인 플랫폼을 구축하고자 했다. 그의 비
전은 2010년 알리익스프레스라는 서비스로 구현됐다.

알리익스프레스는 B2B 구매 및 판매 포털로 시작하여 그 후
B2C, C2C 서비스로 확장했다. 그리고 아마존 같은 커머스 공룡과
차별화 전략을 취했다. 제품을 직접 판매하지 않고 중국 기업과 해
외 구매자를 연결하는 플랫폼 역할만 수행했다. 알리익스프레스의
판매자는 중국 기업이 대부분이었는데도 중국 내 수요자에게는 제
품을 공급하지 않았다. 알리익스프레스는 오직 해외 구매자만을 대
상으로 수출만 했다. 마치 한 국가의 수출을 독려하고 장려하는 수
출청 같은 기관의 역할을 한 것이다.

알리익스프레스가 해외 시장을 공략할 수 있었던 배경에는 알리
바바가 갖고 있던 이커머스 사업 구조의 영향력이 컸다. 2002년

미국의 이베이가 중국 시장에 진출했을 때 마윈은 "언젠가 이베이가 우리를 위협할 것"이라고 우려했다. 그는 수익 창출을 위한 전략이 아니라 알리바바의 고객을 이베이로부터 보호하기 위해 C2C, 즉 소비자 간 거래를 위한 사이트를 개설하기로 결심했다. 그게 바로 타오바오였다.

타오바오는 중국어로 '보물찾기'라는 뜻이다. 이 새로운 쇼핑몰은 개인이 화장품부터 전자 부품까지 거의 모든 소비재를 사고팔 수 있는 구조였다. 이베이와 달리 타오바오는 판매자에게 입점 및 거래 수수료를 부과하지 않았다. 마윈과 경영진은 이 '무료 기간'이 얼마나 지속될지 명확히 밝히지 않았다. 당시 "무료는 비즈니스 모델이 아니다."라고 비판하는 목소리도 있었다.

하지만 타오바오는 입점 및 거래 수수료를 무료로 한 덕분에 빠른 성장을 이루었고 이베이에서 타오바오로 넘어오는 사용자가 늘어나면서 시장점유율을 높였다. 결국 타오바오는 2003년에 출시된 이후 2년 만에 중국 커머스 시장의 절대 강자가 됐다. 2003년부터 2005년까지 시장점유율은 8%에서 59%로 폭발적으로 증가했다. 이에 밀린 이베이 차이나는 시장점유율이 79%에서 36%로 급감하면서 2007년에 중국 사이트를 폐쇄했다. 타오바오가 중국 고객의 선호도를 높인 비결은 배송, 서비스, 그리고 알리페이라는 결제 시스템의 편의성이었다.

알리바바는 타오바오를 비롯하여 B2B, B2C, C2C 등 다양한 커머스 모델을 아우르는 생태계를 구축했다. B2B 커머스 플랫폼인 1688, 중국 최대 전문 수출입 대행사인 이다통 등 알리바바의 핵

알리바바 커머스 조직 구조

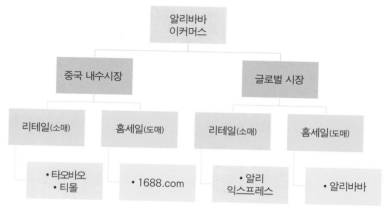

(출처: 알리바바)

심 비즈니스는 커머스 생태계의 일원으로서 상호 보완적인 가치를 창출했다. 따라서 알리익스프레스는 처음부터 알리바바의 내수 시장과 구분되는 해외 시장을 공략하기 위해 기획됐다고 할 수 있다. 알리익스프레스의 성장을 이끈 세 가지 요인을 살펴보자.

다양성으로 치환될 수 없는 광활한 제품군을 갖추다

이해를 돕기 위해 상상력을 동원해보자. 당신이 어느 온라인 쇼핑몰에 접속해서 필요한 상품을 검색했다고 가정하자. 그런데 해당 상품이 재고가 없거나 등록조차 돼 있지 않다면 어떨까? 처음에 한 번은 대수롭지 않게 여기고 넘어가더라도 자꾸 반복된다면 해당 쇼핑몰은 검색 시 우선순위에서 자연스레 밀려날 것이다. 5분이 넘어가는 영상을 보는 것조차 부담스러워하여 수십 초짜리 영상인 숏폼이 대세인 세상이다. 검색하는 것조차 노동이고 귀찮게 느껴질 수밖에 없다. 그런데 무엇을 검색하든 검색 결과에 항상 제품을 제시하는 쇼핑몰이 있다고 하자. 해당 쇼핑몰에 대한 신뢰가 높아지고 쇼핑을 위한 검색이 필요할 때 가장 먼저 떠오를 것이다.

알리익스프레스가 그렇다. 전자제품, 패션, 가정용품 등 다양한 카테고리를 아우르는 광범위한 제품군을 자랑한다. 특정 틈새시장에 집중하는 일부 경쟁업체와 달리 알리익스프레스는 광범위한 고객층을 대상으로 다양한 니즈를 충족하는 원스톱 쇼핑을 제공한다. 소비자는 다양한 제품을 한곳에서 찾고 싶어 하기에 이를 충족시키는 쇼핑몰은 더 많은 고객을 유치할 가능성이 크다.

알리익스프레스는 세계의 공장으로 불리는 중국의 제조업체와 공급업체의 제품을 주로 취급한다. 새로운 제품은 물론 이런 게 팔릴까 싶은 독특한 제품까지 갖추고 있다. 가능한 모든 틈새시장을 아우르는 1억 개 이상의 제품을 취급하고 있다. 종종 비교 대상으로 뽑히는 이베이는 전 세계 판매자의 새 상품과 중고 상품을 모두 포함한다. 이곳 역시 다양한 품목을 보유하고 있지만 알리익스프레스와 견줄 틈새 제품까지 구비하고 있지 않다. 당연한 일이다. 이베이에서 판매되는 많은 제품도 결국 '메이드 인 차이나'이기 때문이다.

각 소비자는 자신만의 취향과 욕구를 가지고 있다. 다양한 제품을 제공하는 쇼핑몰은 다양한 소비자 그룹을 만족시킬 수 있다. 다양성이 확보되면 소비자가 제품을 비교하고 선택할 수 있어 소비자의 만족도를 높일 수 있다. 한 연구 결과에 따르면 소비자는 제품을 구매하기 위해 쇼핑을 하는 게 아니라 쇼핑하는 그 과정 자체에서 즐거움을 느낀다고 한다. 그러므로 가능한 한 다양한 제품을 제공할수록 잠재적 구매자의 평균 체류 시간이 늘어나고 장바구니는 더욱 무거워질 수밖에 없다. 알리익스프레스가 보여주는 광활한 제품군은 우연이 아니라 전략이다.

타의 추종을 불허하는 최저가 전략을 내세우다

일반적인 공급망은 다음과 같은 과정을 거친다. 원자재를 수급하면 원자재가 공장에서 구성 부품으로 전환된다. 구성 부품은 품질 테스트를 거쳐 제품 조립을 위해 다른 공장으로 보낸다. 품질 관리 프로세스를 통해 제품 테스트가 완료되면 승인된 제품을 포장하기 위해 발송한다. 포장이 완료된 제품은 창고 및 유통센터로 보낸다. 마침내 제품이 판매 목록에 등록된다.

이것은 공급망의 기본적인 모델이다. 산업 특성에 따라 더 복잡하고 다양한 단계가 필요할 수 있다. 공급망은 비용과 시간이 많이 소모되는 활동이다. 원자재에서 최종 제품이 되기까지 몇 달이 걸릴 수도 있다. 그래서 기업은 공급망을 간소화하고 최적화하는 방법에 엄청난 자원을 투입하고 있다.

이와 같은 전략을 매우 성공적으로 전개한 기업이 바로 아마존과 월마트다. 이들은 강력한 브랜드 파워를 바탕으로 중개 역할을 줄이고 인구 밀집 지역에 유통센터를 설치하여 빠른 배송 서비스를 제공한다. 또한 해외 파트너와 협력하여 생산 비용을 낮추었다. 이러한 전략으로 미국 소매 시장에서 저렴한 가격으로 제품을 공급하는 선두 주자가 됐다.

알리익스프레스는 여기에서 한 단계 더 발전시켰다. 대부분 제품

알리익스프레스 해외직구 플랫폼

(출처: 알리익스프레스)

은 중국의 효율적인 공급망 덕분에 제조 단계에서 신속하게 이동하고 2주 이내에 판매할 수 있는 상태가 된다. 판매할 준비가 되면 중국 제조업체가 알리익스프레스에 등록된 제품을 고객에게 직접 배송하므로 추가적인 운송, 창고, 소매 비용이 들지 않는다. 이렇게 중간 유통업체를 제거하고 제조업체에서 직접 제품을 공급하기 때문에 가격이 매우 저렴하다. 또한 대량 생산과 낮은 마진의 비즈니스 모델을 채택하여 절감된 비용을 고객에게 제공하는 서비스나 가격 등에 반영할 수 있다. 더불어 간접비가 없기 때문에 알리익스프레스는 경쟁사와 비교할 수 없는 저가 제품을 선보일 수 있다.

알리익스프레스의 가격경쟁력을 따라잡으려면 저렴한 인력과 재료, 첨단 물류 시스템, 유연한 환경 규제 등 다양한 조건을 충족해야 한다. 이는 쉽게 달성할 수 있는 것이 아니라 장기적인 투자와 노력이 필요하다. 그래서 알리익스프레스에 가장 큰 위협은 해외가 아니라 중국 내에서 그 모습을 드러낼 가능성이 크다.

구매자 보호와 고객 서비스를 강화하다

알리익스프레스는 구매자의 안전한 쇼핑 경험을 위해 다양한 보호 조치를 강화하고 있다. 구매자가 제품을 수령하고 만족하는지 확인할 때까지 결제 대금은 안심결제 서비스인 에스크로Escrow에 안전하게 보관한다. 만약 제품이 파손되거나 위조품이라면 구매자가 불만을 제기할 수 있고 알리익스프레스가 중립적인 입장에서 분쟁을 조정한다. 또한 알리익스프레스는 여러 언어로 고객 지원 서비스를 운영하여 구매자의 문의나 우려 사항에 응대하고 있다.

특히 구매자 보호를 통해 보호 기간 내에 다음과 같은 경우 환불받을 수 있다. 상품이 도착하지 않은 경우, 상품이 손상된 상태로 도착한 경우, 상품이 설명과 일치하지 않는 경우다. 보호 기간은 상품 수령이 확인된 순간부터 15일 동안 지속된다. 세부 정보 페이지에 '구매자 보호'라고 표시된 모든 품목은 특정한 경우(예: 개인 맞춤형 또는 부패하기 쉬운 품목)를 제외하고 보호 대상이 된다. 이외에도 판매자가 거래, 애프터서비스 또는 물류와 관련된 약속(예: 추가 배송비)을 이행하지 않는 등 판매자가 약속을 위반하는 경우에도 구매자 보호가 적용된다. 또한 판매자가 구매자의 권리에 영향을 미치는 모욕적인 언어를 쓰거나 행동을 하는 경우에도 보호받을 수 있다.

알리익스프레스의 주요 성공 요인 중 하나는 고객 경험을 기반으로 구축한 신뢰다. 판매자가 투명성을 유지하도록 장려함으로써 신뢰성과 전문성에 대한 명성을 쌓아왔다. 구매자가 자신의 경험을 공유할 수 있는 광범위한 리뷰 시스템은 투명성을 높이고 잠재 고객이 정보에 입각한 결정을 내릴 수 있도록 돕는다. 알리익스프레스는 이처럼 구매자 만족을 최우선으로 생각하며 모든 문제를 신속하게 해결하는 것을 목표로 하고 있다. 이러한 신뢰는 다른 온라인 마켓플레이스와 차별화되는 강점이다.

빅데이터를 활용해 소매업계에 혁명을 일으키다

코로나19 이후 온라인 구매가 일상화되고 비중이 커짐에 따라 기존 플랫폼들이 요구하는 입점 및 판매 수수료가 과도하다는 불만이 커지고 있다. 판매 기업들의 수익성은 줄어들었고 돈 버는 곳은 결국 플랫폼이라는 말이 나올 정도였다. 그런 시장에서 알리익스프레스는 온라인 쇼핑몰의 비즈니스 모델에 많은 반향을 일으키고 있다. 입점 수수료를 없애고 판매 수수료를 낮추는 대신 소비자 행동에 관한 빅데이터를 활용한 광고, 키워드 입찰, 기술 서비스를 통해 수익을 창출한다. 이러한 비즈니스 모델은 알리익스프레스가 국내에 진출할 때 경쟁사들의 경계와 잠재적 파트너들의 관심을 불러일으켰다.

이는 기존 소매 업계의 지형을 바꾸는 혁명을 일으켰다. 알리익스프레스는 전 세계 구매자와 판매자를 연결하는 생태계를 성공적으로 구축했을 뿐만 아니라 고객 만족, 효율적인 물류, 지속적인 혁신을 핵심 가치로 삼아 역동적인 이커머스 업계에서 지속해서 성장하고 있다. 또한 플랫폼의 글로벌 범위를 확장하고 새로운 기술을 수용함으로써 커머스의 미래를 주도하고 있다.

그리고 다양한 지역, 특히 러시아, 브라질, 동남아시아 등 신흥 시장에서 성공적으로 입지를 확장해 왔다. 현지 언어, 통화, 결제 방법은 물론 고객 선호도에 맞게 플랫폼을 최적화하는 등 앞으로도 판매자가 전 세계 고객에게 다가갈 수 있는 비즈니스 확장 기회를 제공하기 위해 시장을 계속 넓혀갈 계획이다. 아직 더 개선해야 할 부분이 있지만 판매자 심사와 안전한 결제 옵션을 통해 합법적이고 안전하게 운영하려는 노력을 기울이고 있다.

알리익스프레스의 성공은 다양한 제품군, 경쟁력 있는 가격 전략, 그리고 탁월한 고객 서비스에서 비롯된다. 전자제품부터 패션, 가정용품에 이르기까지 광범위한 카테고리를 아우르며 소비자에게 원스톱 쇼핑 경험을 제공한다. 중국의 효율적인 공급망을 활용하여 제조업체에서 직접 제품을 공급함으로써 중간 유통 마진을 없애고 최저가를 실현했다. 또한 구매자 보호 프로그램과 다국어 고객 지원을 통해 신뢰성 높은 쇼핑 환경을 조성함으로써 고객 만족과 장기적인 충성도를 높이고 있다. 알리익스프레스는 이러한 전략적 접근을 통해 커머스에서 차별화된 위치를 확보했다. 지속적인 혁신을 통해 개인 사업자와 중소기업은 물론 대기업의 든든한 동반자로서 입지를 더욱 공고히 할 것이다.

유통 구조 파괴를
전 세계로 확산하는 핀둬둬

 중국의 SNS 앱인 틱톡의 글로벌 확산세로 세계적인 우려가 짙어지는 가운데 제2의 틱톡이 중국에서 등장했다. 2022년 9월에 출시돼 틱톡에 이어 미국 앱스토어 다운로드 1위를 차지하며 아마존의 시장점유율이 40%에 육박하는 미국 시장에서 돌풍을 일으키고 있는 커머스 플랫폼 테무다. 테무는 중국에서 시작하여 현재는 싱가포르를 기반으로 한 핀둬둬가 만든 해외직구 쇼핑앱이다. 핀둬둬는 알리바바와 징동닷컴에 이어 중국 내 3위 쇼핑앱으로 월평균 이용자가 7억 5,000만 명에 달한다.

 흥미로운 점은 핀둬둬가 농산물 판매 전문 플랫폼으로 출발했다는 점이다. 중간 유통 단계를 거치지 않고 생산자와 고객을 직접 연결하여 상품을 저가에 판매하는 전략으로 성공을 거두면서 스마트

폰, 가전제품, 화장품 등 다양한 상품을 취급하는 종합 커머스 플랫
폼으로 성장했다. 핀둬둬 이전에는 어떤 커머스 기업도 농산물을
중요하게 생각하지 않았다. 대부분 전자제품, 의류, 가구 같은 카테
고리에서 디지털로 판매하고 보급하는 것에만 집중했다. 그 결과
농산물 유통의 디지털 전환은 더딜 수밖에 없었다. 원활한 판매 채
널이 없어 고품질의 농산물이 여러 단계의 유통을 거쳐 고객에게
도달하니 가격이 높을 수밖에 없었다. 이처럼 문명의 혜택을 받지
못한 농산물 유통의 역사를 새로 쓴 것이 바로 핀둬둬다. 핀둬둬의
성장 동력에 대해 알아보자.

공동구매 커머스로 고객이 고객을 부르다

핀둬둬가 나왔을 때 중국은 이미 알리바바와 징동닷컴이 500조
원이 넘는 중국 이커머스 시장을 양분하고 있었다. 이 기업들은 커
머스의 정석이라고 할 수 있는 효율성과 고객 구매 전환에 전력을
다하고 있었다. 반면 핀둬둬는 재미있고 흥미로운 쇼핑 경험을 강
조하는 새로운 개념의 소셜 커머스 플랫폼을 도입해 차별화를 시도
했다. 이러한 시도로 2016년 1월 앱 출시 한 달 만에 1,000만 명
이 넘는 이용자를 유치할 수 있었다.

핀둬둬 공동구매

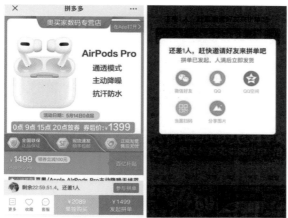

(출처: 젠틀맨 마케팅 에이전시)

그 중심에는 공동구매가 있었다. 초저가 고객 경험을 무기로 중국 내 중소도시 주부들을 공략해 빠르게 고객층을 넓혀갔다. 특히 핀둬둬는 자체 앱을 만들지 않고 중국에서 가장 많이 쓰이는 메신저인 위챗 내에 자사 서비스를 탭 형태로 선보이는 독특한 방식을 택했다. 핀둬둬 탭에서 공동구매를 원하는 상품 정보를 채팅방에 올리면 그 방에 참여한 사람들이 지인들에게 자발적으로 알리게 되는 구조였다. 이 방식 덕분으로 공동구매에 필요한 최소 인원을 모으는 시간을 크게 단축할 수 있었다. 핀둬둬의 이런 전략은 성공적이었고 회사는 급속도로 성장할 수 있었다.

게이미피케이션 쇼핑앱으로 커머스의 고정 관념을 깨다

핀둬둬의 기상천외한 고객 유치 전략은 그뿐만이 아니다. 커머스 기업임에도 '둬둬 과수원'이라는 게임을 내놓았다. 과수원 게임을

뒤뒤 과수원

Duo Duo Orchard

(출처: 차이나토크)

통해 과일과 채소를 일정 이상으로 키우는 데 성공하면 실제 농산물을 제공하는 것으로 상거래에 게임화 요소를 접목했다. 예를 들어 이용자는 구매를 통해 얻은 물방울로 가상의 과일나무를 가꾸고 영양분을 공급할 수 있다. 게임 속 과일나무를 성공적으로 키우면 이용자는 진짜 과일을 살 수 있는 쿠폰을 받는다.

결과는 대성공이었다. 농산물 구매가 필요하지 않아도 단순히 게임을 즐기기 위해 서비스에 접속하는 이용자가 폭증했다. 핀뒤뒤는 게임을 목적으로 접속하는 이용자에게 별다른 제재를 하지 않았다. 비록 접속 목적이 게임이라 할지라도 시간이 지나면 결국 물건을 사게 될 것이라고 확신했기 때문이다. 결과적으로 게임은 신규 고객을 유치하는 데 큰 역할을 했다. 게임을 위해 서비스에 들어온 이용자들이 차츰 물건을 사는 고객으로 전환됐다. '뒤뒤 과수원'의 성공은 '뒤뒤 농장' 게임으로 이어졌다. 배추, 무, 고구마 등을 재배하면 실제 농산물로 바꿀 수 있다.

알리바바와 징동닷컴을 넘어서는 대담한 전략을 선보이다

다소 투박한 전략이지만 핀둬둬는 거액의 보조금을 살포하며 가격 전쟁의 서막을 열었다. 2019년 6월 '100억 위안(한화 약 1조 8,000억 원) 보조금 이벤트'를 통해 그해 활성 구매자 수를 1억 명 이상 늘리고 거래액 1조 위안(한화 약 183조 9,000억 원)을 돌파한 것이 대표적이다. 연간 거래액이 1조 위안을 돌파하기까지 알리바바는 10년, 징동닷컴은 13년이 걸렸다. 하지만 핀둬둬는 불과 4년 만에 달성했다. 특히 애플 신제품에 보조금을 적극적으로 지원하면서 가격 측면에서 확실하게 우위를 선점했다. 알리바바의 커머스 플랫폼 텐마오(티몰)와 징동닷컴에서도 애플 제품을 판매했지만 핀둬둬의 보조금을 등에 업은 저가 공세를 당해낼 수 없었다.

핀둬둬가 시작한 가격 전쟁은 지금도 어김없이 반복된다. 2023년 징동닷컴이 선제적으로 100억 위안 보조금을 발표하며 핀둬둬 견제에 나섰다. 핀둬둬 같은 후발주자가 업계 선두 주자로 하여금 자사의 전략을 따라 할 수밖에 없도록 만든 것이다. 보조금 행사를 시작한 2019년부터 2022년까지 핀둬둬의 매출은 301억 4천만 위안(한화 약 5조 5,000억 원)에서 1,305억 5,600만 위안(한화 약 24조 원)으로 4배 증가하며 연간 활성 구매자 수는 8억 6,000만 명을 넘어섰다.

핀둬둬가 이렇게 대담한 전략을 펼칠 수 있었던 이유는 무엇일까? 그 비결은 고객의 구매심리에 대한 깊이 있는 분석과 이해에서 비롯됐다. 핀둬둬는 전략을 수립하고 실행하는 모든 과정에서 항상 고객을 최우선으로 고려했다. 공동구매와 무료배송 같은 다양한 프

핀둬둬 성장 전략

(출처: 핀둬둬 웹페이지)

로모션을 통해 온라인 구매의 장벽을 낮추고 구매 과정을 쉽고 편리하게 만들어 이용자들이 구매 여정에서 이탈하지 않도록 했다. 이를 통해 주류 커머스 플랫폼에서 소외됐던 이용자들을 자연스럽게 흡수했다.

중국 전자상거래 연구센터의 데이터에 따르면 2015년 핀둬둬가 등장했을 때 온라인 구매자 수는 4억 6,000만 명인 것에 비해 같은 시기 중국에서 인터넷에 연결된 활성 스마트폰 수는 11억 3,000만 대에 달했다. 이는 아직 온라인 쇼핑을 이용하지 않은 잠재 고객이 수억 명에 달한다는 것을 의미하기도 한다. 핀둬둬는 장벽을 낮춘 후 적극적인 보조금 정책으로 성숙기라고 평가받던 커머스 업계에서 새로운 성장 동력을 창출했다. 덕분에 핀둬둬의 활성 구매자 수는 업계 최고 수준으로 상승했다.

유기적 변화와 전략의 귀재로 시장을 주도하다

핀둬둬의 성장 과정을 보면 통상적인 기업 활동이 아니라 유기적인 생물체의 변천사를 보는 것 같다. 처음에는 기존 마케팅 방정식과는 차별화된 소셜미디어 위챗을 적극적으로 활용한 모습을 보이더니 나중에는 게임을 론칭하며 식료품 구매 수요가 적은 고객까지 끌어모았다. 그리고 규모를 갖추자 업계 3위라고 보기 힘들 정도로 대대적인 보조금 행사를 진행하며 오히려 1, 2위 기업들이 가격 전쟁에 뛰어들도록 만들었다. 마치 적진에서 배수진을 치고 필사적으로 싸우는 모습에서 맹수의 기운이 느껴진다.

그렇다고 핀둬둬가 무모한 것은 아니다. 서로 진격할 수도 없고 후퇴할 수도 없는 교착 상태의 참호전에서도 어떻게든 틈새를 찾아내 파고드는 모습은 전략의 귀재라는 표현 외에 다른 표현을 찾을 수가 없다. 미국 진출이 빠르게 성과를 거둘 수 있었던 것도 젊은 세대를 타깃으로 정한 뒤 좋아할 만한 제품에 대대적으로 할인 행사를 벌인 것이 주효했다. 이러한 전략적 사고와 실행력은 국내 기업들도 배워야 할 부분이다. 핀둬둬는 커머스를 혁신하고 널리 전파하겠다는 포부와 이를 실현할 대담한 투자를 통해 업계를 주도하는 위치에 올라섰다.

3

테크 기반 초저가 글로벌 커머스의 테무

초저가 상품을 앞세운 중국의 쇼핑앱이 한국에 상륙했다. 이전에도 다양한 해외 쇼핑앱이 국내 시장에 진출했지만 이처럼 업계에 긴장감을 조성한 쇼핑앱은 없었다. 비단 한국에서만의 현상이 아니다. 미국에서 돌풍을 일으킨 것이 너무나도 깊은 인상을 남겼다. 존재감이 남다른 이 쇼핑앱은 다름 아니라 중국 기업 핀둬둬가 만든 온라인 쇼핑몰 테무다.

2022년 9월 미국에서 출시한 후 단 3개월 만에 1,000만 회의 다운로드를 넘겼고 5개월 만에 아마존과 쇼피파이는 물론이고 패션 커머스를 뒤흔든 패션 브랜드 쉬인까지 제치고 쇼핑앱 1위를 차지했다. 그런 쇼핑앱이 한국에 진출했으니 국내 커머스 업계가 긴장할 만했다. 더구나 2022년부터 해외직구로 국내에 진출한 알리익스프

미국 미식축구리그 슈퍼볼에서 수천만 달러의 광고비를 쏟아부은 테무

레스는 2023년에 이용자 증가율에서 1위를 차지했다. 알리익스프레스는 한국 물동량이 급증하자 한국과 중국을 오가는 전용 고속선을 운영할 정도였다.

이러한 상황에서 전 세계 누적 다운로드 3억 건을 기록한 테무까지 합세했으니 중국발 해외직구 시장의 존재감과 영향력은 더욱 거세질 것이 분명하다. 테무는 2023년 5월 유럽 시장 진출 이후 영국, 프랑스, 독일, 이탈리아에서도 다운로드 1위 자리를 거머쥐었다. 테무가 과연 국내 커머스 시장을 뒤흔들 수 있을지 전략을 하나하나 들여다보자.

고물가 시대에 초저가 전략으로 혜성같이 등장하다

테무에 열광하는 가장 큰 요인은 아무래도 가격이다. 물가가 폭등하는 상황에서 저렴한 제품을 찾는 소비자들이 테무에 몰리고 있다. 테무는 핀둬둬와 비슷한 전략으로 다양한 저가 상품을 판매하

테무 쇼핑몰

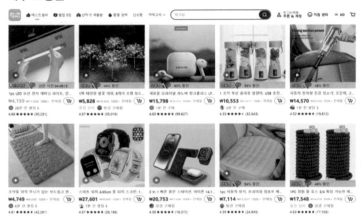

(출처: 테무 웹페이지)

고 있는데 그중 일부는 1달러(한화 약 1,300원)도 안 된다. 고물가와
생활고에 시달리는 소비자들에게 초저가를 표방하는 다양한 상품
들은 단연 눈에 들어올 수밖에 없다.

테무는 핀둬둬의 공급망을 활용하여 중국에서 생산된 제품을 해
외 소비자에게 직접 배송함으로써 경쟁력 있는 가격을 제공했다. 이
를 위해 중국에서 미국으로 제품을 발송한 후 미국 내 협력사를 통
해 소비자에게 주문 상품을 전달하는 효율적인 물류 네트워크를 구
축했다. 테무는 빠른 배송보다는 저렴한 가격에 주력하기 위해 해외
에 대규모 물류센터를 설립하지 않았다. 그 결과 아마존에서 60달
러에 판매되는 블루투스 스피커를 테무에서는 20달러에 구입할 수
있게 됐다. 아울러 테무는 제품 품질에 대한 소비자의 우려를 불식
하고자 90일 이내 전액 환불 정책을 시행하고 구매 후 30일 이내에
정가가 인하되면 차액을 보상하는 제도를 도입했다.

테무 무료 배송 및 무료 환불 정책

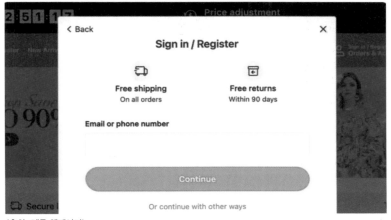

(출처: 테무 웹페이지)

가격이 워낙 저렴하고 배송도 무료이다 보니 몇 가지 조건이 있다. 바로 무료배송을 위한 최소 결제금액이다. 프로모션에 따라 변동이 있지만 10달러 수준이다. 예를 들면 3,700원짜리 머리띠를 장바구니에 추가하고 결제하려고 하면 최소 결제금액이 1만 3,000원인 것을 상기시키며 추가할 상품들을 추천한다. 이 연결 과정이 매우 매끄러운데 아무래도 최소 결제금액이 상대적으로 부담이 크지 않기 때문일 것이다. 쿠팡이 유료 멤버십 회원이 아니라 일반 회원에게 제공하는 무료배송의 최소 주문 금액이 1만 9,800원인 것을 생각하면 심리적 저항감을 한참 밑도는 최소 결제금액이다.

게이미피케이션 전술로 하루에 세 번 접속하게 만들다

미국에 거주하는 한 테무 이용자는 하루에 세 번 앱에 접속한다. 그런데 접속의 목적이 구매를 원하는 제품을 장바구니에 담으려는

테무 게임 화면

(출처: 차이나토크)

게 아니다. 물고기들에게 사료를 주려고 접속한다. 스마트폰 화면 속 물고기의 먹성이 좋아서 그런지 사료는 금방 동이 난다. 물고기 사료는 가까운 마트를 방문해서는 구할 수 없고 지인들을 테무에 초대하여 그들이 가입하면 사료를 얻을 수 있다.

쇼핑앱에서 사용자들이 물고기 사료에 열중하는 이유는 간단하다. 물고기를 잘 키우면 테무에서 제품을 무료로 제공하기 때문이다. 사실 테무는 게임 요소를 도입하지 않고도 추천 가입 건수에 따라 현금이나 할인으로 보상할 수 있다. 그럼에도 불구하고 게임 요소를 도입한 이유는 무엇일까? 그것은 바로 사용자들이 꾸준히 앱에 접속하도록 유도하기 위해서다. 테무는 앱 접속이 습관화되면 이용자가 자연스럽게 구매자로 전환될 것이라고 확신했다.

그러다 보니 주머니 사정이 여의찮은 미국의 1020세대에게 특히나 인기가 높다. 열성적으로 소셜미디어에 테무를 공유하고 친구를 가입시키려는 이용자들 덕분에 테무는 론칭 후 6개월 만에 2,400만 건의 다운로드를 기록할 수 있었다. 이러한 테무의 게임화 요소로 이용자들은 알고리즘 추천이나 게임 같은 각종 이벤트를 즐기며 쇼핑을 놀이처럼 느끼게 된다.

초저가 뒤에 숨긴 히든카드는 커머스 테크다

테무는 미국에서 처음 선보였을 뿐이지 이미 중국에서 수억 명의 데이터를 기반으로 제품 개선 작업을 마친 완성형 서비스다. 테무의 개발사인 핀둬둬는 2021년부터 그간의 핵심 성장 동력이었던 마케팅 대신 연구개발에 집중하여 2022년에만 연구개발 비용으로 15억 달러(한화 약 2조 원) 이상을 쏟아부었다. 그 결과 핀둬둬의 직원 중 절반 이상이 컴퓨터 엔지니어로 구성됐다. 테무의 조직도를 보면 핀둬둬가 기술력 강화에 얼마나 열중하는지 알 수 있다.

이러한 투자로 인해 테무는 다양한 게임화 요소와 개인화된 알고리즘 추천 기능을 구현할 수 있게 됐다. 미국의 유력 일간지인 「월스트리트저널」은 미국 젊은 층이 테무에 열광하는 이유를 핀둬둬의 뛰어난 기술력 때문이라고 분석했다. 테무의 글로벌 진출은 중국의 수출 산업이 샤오미와 같은 하드웨어 중심에서 틱톡, 테무 등의 온라인 서비스 및 소비재 중심으로 변화하고 있음을 보여주는 사례로 해석할 수 있다.

탁월한 학습과 대처 능력으로 존재감을 키우다

지금까지 테무의 행보를 살펴보면 매우 공격적이고 대담한 모습을 보인다. 그들은 성공과 성장에 모든 역량을 집중하는 한편, 경쟁사인 쉬인의 미국 시장 진출 전략을 주저 없이 벤치마킹했다. 그러나 더욱 주목할 만한 점은 테무의 학습 능력과 문제 대처 능력이다.

그들은 전광석화와 같은 속도로 시장에 진출하면서도 사업에 장애가 될 수 있는 모든 요소에 대해 철저히 준비한 듯한 인상을 남겼다.

그중 하나가 개인정보보호 문제다. 앞서 테무의 모기업 핀둬둬는 스파이웨어(개인정보를 몰래 빼가는 소프트웨어)가 심겨 있다는 보도가 나오며 홍역을 치렀다. 「CNN」은 "많은 앱이 명시적 동의 없이 광범위한 사용자 정보를 수집하지만 핀둬둬는 전례 없는 수준으로 개인정보를 침해했다."라고 비판했다.

핀둬둬 앱은 사전 동의 없이 사용자 위치와 연락처, 캘린더, 사진 앨범, 소셜네트워크서비스 계정 등에 접근할 수 있는 것으로 드러났다. 수집한 정보로 소비자들에게 맞춤형 알림 광고를 보내 상품 구매를 유도한 것으로 파악됐다. 그러자 구글은 자사 플레이스토어에서 핀둬둬를 퇴출했다.

테무는 핀둬둬의 전철을 밟지 않기 위해 개인정보보호에 더욱 공들이고 있다. 본사를 보스턴에 두고 소비자 데이터에 대한 철저한 암호화를 내걸었다. 덕분에 아직 테무는 개인정보와 관련한 문제가 발생하지 않았으며 오히려 여러 전문가로부터 접근 권한이 '덜 공격적'이라는 분석 결과까지 확보했다.

최근 많은 기업이 기업의 대외적인 이미지와 평판을 의식하며 소극적인 행보를 보인다. 단순히 소비자만 신경 쓰는 것이 아니라 폭넓은 이해관계자를 모두 고려하다 보니 속도도 느려지고 대담한 결정을 내리지도 못한다. 그러나 테무는 오로지 소비자만이 모든 질문의 해답인 것처럼 소비자의 경험과 만족에만 집중한다.

소비자 입장에서 가격, 제품, 배송 이외에 더 중요한 것이 있을까? 테무는 가격에 모든 노력을 집중한 듯하지만 소비자가 경험할 수 있는 저품질에 대한 불평과 의심을 90일 이내 무료반품과 전액 환불로 대처했다. 그리고 배송이 지연되면 크레디트를 제공하며 성난 소비자를 달랜다. 마치 일어날 수 있는 모든 경우의 수에 대해 해법을 마련한 노련한 베테랑의 모습이다. 속도와 노련함까지 갖춘 테무가 글로벌 시장에서 존재감과 영향력을 키우는 것은 전망이 아니라 현실이 되고 있다.

마이크로 트렌드로 무장한
메가 커머스의 쉬인

　2023년 글로벌 패스트 패션 브랜드 매출 순위에서 1위를 차지한 기업은 미국이나 유럽의 브랜드가 아니라 중국의 쉬인이다. 그러나 쉬인의 창업자인 쉬양티엔에 대해서는 알려진 바가 거의 없다. 그의 학력과 경력에 대한 정보는 공개되지 않았으며 쉬인 본사 직원들조차 그의 얼굴을 알아보지 못하는 경우가 대부분이다. 중국 언론에서도 쉬양티엔의 사진을 단 한 장도 공개한 적이 없을 정도로 그는 베일에 싸인 신비로운 인물로 알려져 있다.

　이처럼 창업자에 대한 정보가 부족함에도 쉬인은 2012년 설립 이후 눈부신 성장을 이루어냈다. 불과 10년 만에 쉬인은 전 세계 MZ세대의 사랑을 받는 온라인 패션 플랫폼으로 급부상했으며 2022년 초에는 약 1,000억 달러(한화 약 139조 8,000억 원)의 기업

쉬인

가치를 인정받으며 세계 최대 규모의 패션 플랫폼으로 자리 잡았다. 쉬인의 놀라운 성공 스토리는 창업자의 신비로운 이미지와 맞물려 많은 이의 관심과 주목을 받고 있다.

미국 패스트패션 시장점유율 1위를 달성한 쉬인은 자라를 산하에 둔 인디텍스그룹과 H&M그룹 같은 기존 글로벌 패스트패션 기업들을 압도하는 다크호스로 떠올랐다. 쉬인은 자라와 H&M 같은 패스트패션 비즈니스 모델을 따르되 실시간 기술과 잘 조직된 공급망을 활용하여 더 저렴하고 신속하게 패션 아이템을 공급하는 방법을 개발했다. 이것이 바로 '울트라 패스트패션'이다.

그러나 놀라운 성장의 이면에는 감추고 싶은 그늘이 있게 마련이다. 쉬인은 실제로 불투명한 운영 방식으로 악명이 자자한 중국 민간 기업이기도 하다. 최근 몇 년 동안 저임금과 과로에 시달린 노동자들이 신고했으나 국제 노동 기준을 준수한다고 거짓 주장하는 등의 부당한 노동 행위로 글로벌 NGO들의 비난을 받아왔다. 2022년 10월 영국 방송국 「채널4」는 쉬인 공장에 몰래카메라를 설치하여 노동자들이 하루에 18시간씩 일하고 물건 하나당 약 2센트(한화약 27원)를 벌기 위해 주말도 없이 한 달에 하루만 쉬는 현장을 촬영한 뒤 다큐멘터리로 제작해 폭로했다.

쉬인은 이러한 비판에 대응하고자 인플루언서들을 중국 광저우시에 있는 자사 공장과 창고, 혁신센터로 초청하여 시설을 견학하게 했다. 그리고 이들에게 호의적인 후기를 동영상으로 제작하여 게시하도록 유도했는데 이는 오히려 더 큰 논쟁을 불러일으켰다. 쉬인은 마치 폭풍처럼 패션 업계에 등장하여 기존의 패스트패션 브랜드들을 위협하는 신예로 급부상했다. 그들은 울트라 패스트패션이라는 혁신적인 전략으로 무장하고 시장을 석권하려는 야망을 노골적으로 드러내고 있다. 그러나 이런 괄목할 만한 성장 이면에는 기업의 사회적 책임과 윤리적 딜레마라는 그림자가 어른거리고 있다. 바람 잘 날 없는 '쉬인 열풍'에 대해 좀 더 자세히 살펴보자.

뻔뻔한 울트라 패스트패션으로 비난을 무서워하지 않다

쉬인은 타사 제품을 모방하는 것에 거리낌이 없다. 마치 쉬인의 디자인 철학은 창작을 위한 고민은 사치이며 오로지 신속한 복사와 붙여넣기만이 기업의 시작과 끝이라고 선포하는 것 같다. 그런데도 쉬인은 이를 뻔뻔하게 부인하고 오히려 개인의 취향을 반영한 초개인화 패션이 이제 서막을 열었다고 말한다. 예를 들어 미국의 유

쉬인의 논란이 됐던 디자인 도용

(출처: 트위트 계정 @JaYunnaMonae)

명 패션 디자이너이자 루이뷔통의 수석 디자인 디렉터인 마크 제이 콥스를 모방한 가방을 쉬인 웹사이트에 버젓이 게시하고 '쉬인만의 독특한 제품'이라고 설명할 정도다.

쉬인은 어떤 면에서 편견이 없다. 단순히 업계의 유명 브랜드만 모방하는 것이 아니다. 리바이스와 타미힐피거 등 유명 브랜드부터 다른 패스트패션 브랜드와 소형 디자인 브랜드까지 모두 쉬인의 모방 대상이 된다. 쉽게 말해 한국에서 오래전 상표권이 유명무실했을 당시 동대문에서 위조 상품을 무작정 생산하던 것과 다르지 않다.

쉬인은 자사 상품에 타인의 디자인을 무단으로 사용하는 행위로 여러 차례 논란에 휩싸였다. 프랑스 만화가 장 줄리앙Jean Jullien을 비롯한 여러 예술가의 작품이 그 대상이었다. 쉬인은 모방 제품을 신속하게 양산하는 전략을 취했는데 작품에 대한 이해 없이 무작정 모방하다 보니 그중 하나는 인종차별적 메시지를 담고 있다는 비판을 받았다. 사망한 흑인의 신체 둘레를 하얀 손이 분필로 그리고 있는 장면을 그린 디자인이었다. 사망한 흑인의 손목에는 수갑이 채워져 있어 인권 탄압이 의심되는 모습이었다. 이런 이미지를 아무런 설명도 없이 아이폰 케이스로 만들었다는 것은 매우 부적절하고 무책임한 행동이었다.

쉬인의 디자인 논란은 계속됐다. 독일 나치의 상징인 하켄크로이츠 문양(卐)의 펜던트 목걸이를 판매하거나 무슬림 기도 매트를 그리스 융단으로 소개하여 판매하는 등 문화적 민감성을 무시한 행위로 비난받기도 했다. 이에 쉬인은 판매를 중단하고 사과 성명을 냈다.

인공지능이 인간을 대체할 것이라는 미래를 말하는 21세기에 쉬인은 이런 뻔뻔한 전략으로 엄청난 성공을 거두었다. 2021년 157억 달러(한화 약 21조 원)에 이어 2022년에는 230억 달러(한화 약 31조 원)의 매출을 올렸다. 이는 한국 패션 시장 규모(45조 7,787억 원)의 3분의 2를 넘는 규모로 전년 대비 48% 증가한 수치다. 2022년에 쉬인 앱은 2억 건 이상의 다운로드를 기록하며 가장 많이 다운로드된 앱이 됐다. 전 세계에서 7,470만 명이 넘는 고객이 쉬인을 이용하고 있다.

쉬인은 특히 미국 시장에서 두드러진 성과를 보인다. 쉬인 이용자 중 약 1,300만 명, 즉 6분의 1가량이 미국인인 것으로 나타났다. 이처럼 쉬인의 급격한 성장은 미국 정부의 관심을 불러일으키고 있다. 쉬인 또한 틱톡과 같은 중국 기업이기에 미국 정부는 쉬인의 데이터 보안과 개인정보 보호 정책을 면밀히 주시하는 상황이

쉬인의 제품 생산 공장

(출처: 쉬인 웹페이지)

다. 하지만 쉬인은 미국 정부의 압박에도 아랑곳하지 않고 독자적인 비즈니스 모델과 혁신적인 마케팅 전략으로 무장하여 미국 소비자들의 마음을 사로잡았다.

소량 생산과 속도로 구매 가능성을 높이다

쉬인이 발 빠르게 성장할 수 있던 또 다른 배경에는 빅데이터 분석이 있다. 쉬인은 최신 패션 트렌드와 소비자 수요를 파악하기 위해 각종 웹사이트와 소셜네트워크서비스 데이터를 실시간으로 분석한다. 이후 200명이 넘는 전속 디자이너가 신속하게 시제품을 만든 후 광저우 인근 공급업체에서 제품을 생산한다. 새로운 제품 기획이 완제품으로 설계되는 데 걸리는 시간은 불과 2주일밖에 되지 않는다.

쉬인은 연간 자라와 유사한 가격대의 상품을 1만 개 이상 제작할 수 있는 생산 역량을 보유하고 있다. 심지어 중국 내 패션·의류 생산 시설의 약 30%가 쉬인 제품 생산에 활용되고 있다는 추정치까지 제기되고 있을 정도다. 아울러 쉬인의 알고리즘은 이전 구매자와 프로필이 유사한 다른 사용자가 좋아할 만한 상품을 추천해 소비를 촉진한다. 덕분에 쉬인의 90일 이상 미판매 재고는 전체 생산량의 6% 이하이며 대부분의 제품은 25일 이내에 소진된다고 알려졌다.

협력 업체들은 쉬인의 데이터를 기반으로 스타일당 50~100개의 항목을 일괄 생산한다. 쉬인은 신제품이 플랫폼에 게시되면 소비자 행동을 모니터링하고 수요와 재고 소진 상황을 예측해 빠르게 재생산에 도입한다. 보통 소매업자가 제품을 출시하기까지는 수 개월이 걸리지만 쉬인은 25여 일 만에 새로운 제품을 출시할 수 있다. 스타일별로 50~100개의 제품을 생산해 반응을 살핀 후 곧장 후속 생산에 들어가는 구조다. 이는 수요에 맞춰 생산하는 온디맨드On-Demand 시스템으로 자라와 H&M이 검토만 하고 아직 도입하지 못한 생산 방식을 쉬인이 구현한 것이다.

쉬인은 전 세계 소비자들로부터 받은 주문을 광저우 외곽에 있는 148만 6,000제곱미터 규모의 대형 창고에서 고객에게 직접 배송한다. 그러나 이러한 중앙집중식 물류 시스템으로 인해 영국이나 미국 등지로 제품을 배송하는 데 지연이 발생할 경우 최대 일주일 정도가 소요될 수 있다. 반면에 쉬인의 경쟁사인 부후Boohoo나 아소스ASOS는 익일 배송이 가능한 것으로 알려져 배송 속도 면에서는 쉬인보다 앞선다. 하지만 흥미롭게도 소비자들이 이러한 불편함에도 불구하고

쉬인하울

(출처: 유튜브 계정 'fluffy puffy tok')

여전히 쉬인 제품을 선호하며 구매하고 있다.

마이크로 인플루언서 전략으로 나이키를 앞지르다

쉬인은 중국의 숏폼 콘텐츠 앱인 틱톡을 활용하여 인플루언서들과 협업하는 전략을 성공적으로 실행했다. 인스타그램을 통해 SNS 마케팅을 하는 다른 브랜드들과 달리 쉬인은 틱톡을 통해 전 세계 Z세대의 시선을 사로잡았다. 8,800만 명의 팔로어를 자랑하는 틱톡 세계 2위 스타 애디슨 레이**Addison Rae**와 583만 명이 구독하는 '비비의 뷰티 팰리스' 운영자인 독일 유튜버 비앙카 클라센**Bianca Claßen**과의 협업이 그 사례다. 쉬인과 협업하거나 지원하는 인플루언서 중에는 영향력이 큰 대형 인플루언서 외에도 쉬인의 파트너로 활동하는 마이크로 인플루언서가 있다. 이들은 10만 명 이하의 팔로어를 가진 젊은 여성들로 쉬인에서 구입한 옷을 입고 춤을 추거나 옷맵시를 자랑하는 영상을 올린다. 그리고 그 대가로 쉬인의 제품을 받는다.

쉬인은 이렇게 인플루언서와 소비자 모두에게 '쉬인하울Shein-Haul' 콘텐츠를 만들도록 유도했다. 쉬인하울 콘텐츠는 쉬인의 제품을 구입하여 리뷰한 것으로 주요 SNS 플랫폼에서 인기를 끌었다. 미국의 마케팅 분석 기업 하이프오디터HypeAuditor에 따르면 쉬인은 2020년 틱톡과 유튜브에서 가장 많이 언급된 브랜드가 됐다. 이 플랫폼들에서 쉬인 해시태그를 단 비디오는 320억 회가 넘는 조회수를 기록했고 인스타그램 팔로어는 3,000만 명을 넘어섰다. 2021년 미국 투자은행 파이퍼 샌들러Piper Sandler가 발표한 쇼핑 웹사이트 선호도 조사 결과에 의하면 쉬인은 나이키를 앞지르고 2위를 차지했다.

마이크로 트렌드 창출과 확산의 주역이 되다

소셜미디어 플랫폼에서 한 장의 사진이나 한 장면의 비디오로부터 시작되어 순식간에 패션 유행으로 번지는 현상을 '마이크로 트렌드'라고 한다. 마이크로 트렌드는 울트라 패스트패션 산업의 핵심 동력이 됐다. 틱톡 같은 소셜미디어에서는 매주 새로운 유행이 등장하며 매일 '머스트 아이템'이 쏟아진다. 패스트패션 브랜드들은 이에 부응하기 위해 폴리에스테르 소재로 만든 저품질 옷들을 대량 생산하며 트렌드의 순환 속도를 높였다. 이 과정에서 윤리 의식과 지속가능한 패션에 대한 공감이 결여된 브랜드들은 소비와 낭비의 규모를 새로운 차원으로 확대했다.

쉬인 바르셀로나 팝업 스토어

(출처: 쉬인 웹페이지)

쉬인은 마이크로 트렌드를 만들고 확산하는 데 기여한 대표적인 기업 중 하나다. 틱톡에서 자연스럽게 생기고 퍼지는 패션 유행을 신속하게 파악하고 이를 디자인에 반영한 제품을 신속하게 생산하여 저렴한 가격에 제공했다. 또한 메가 스타부터 마이크로 인플루언서까지 다양한 규모와 분야의 인플루언서와 협력하여 제품을 홍보하고 사용자 제작 콘텐츠를 장려했다. 이를 통해 충성도 높은 팬층을 확보하고 타깃 고객 사이에서 강력한 브랜드 인지도를 구축할 수 있었다.

값싼 저품질 옷 생산에 기반을 둔 쉬인의 비즈니스 모델이 환경 문제와 사회 문제를 일으킨다는 점은 부정할 수 없다. 그러나 데이터 분석을 통해 소비자의 니즈와 트렌드를 실시간으로 파악하고 그에 맞춰 생산량과 마케팅 전략을 조정하는 쉬인의 시스템은 혁신적이라고 평가받을 만하다. 더불어 저렴한 가격, 다양한 스타일, 빠른 배송 등으로 고객 경험을 최우선으로 고려함으로써 운이 아니라 완벽한 시장 침투 전략으로 성공을 거두었다.

하지만 이러한 성공이 지속가능한 것인지 그리고 마이크로 트렌드의 창조자이자 확산자로서 쉬인이 어떤 윤리적 책임 의식을 가지고 있는지는 앞으로도 소비자들의 관심사가 될 것이다. 쉬인이 자사의 비즈니스 모델이 환경과 사회에 끼치는 부정적인 영향을 인식하고 개선하기 위한 노력을 보인다면 현재의 돌풍은 단순히 일시적인 현상이 아니라 장기적인 트렌드로 자리 잡을 것이다.

5

중국을 넘어 세계로 뻗는
중국판 아마존 징동닷컴

불과 몇 년 전까지만 하더라도 중국 커머스를 상징하는 기업은 알리바바였다. 그런데 최근 한 기업이 뚜렷한 존재감을 보이기 시작했다. 중국 최대 금융 중심지인 상하이에 2022년 봄 코로나19로 인해 봉쇄 조처가 내려졌을 때다. 약 6억 명의 고객을 보유한 이 기업은 필수 물품을 계속해서 공급하기 위해 여러 노력을 기울였다. 보유한 물류망과 공급망을 활용해 도시에 임시 창고를 건설하고 그 해 6월까지 쌀, 의약품, 분유, 기저귀 등 15만 톤이 넘는 필수 품목을 배송했다. 바로 중국 최대 온라인 소매업체이자 중국 최대 종합 커머스 기업인 징동닷컴의 이야기다.

25년 전 광디스크 판매로 시작했던 징동닷컴은 지금은 신선식품과 냉동식품을 포함한 모든 종류의 제품을 중국 전역에 배송할 정

징동닷컴

(출처: 징동닷컴 웹페이지)

도로 성장했다. 또한 물류, 기술, 건강 등 다양한 산업에 진출하며 사업 부문을 계속해서 확장하고 있다. 2014년에는 중국 이커머스 기업 최초로 뉴욕 나스닥 증권거래소에 상장됐고 2021년에는 포춘 글로벌 500대 기업에 59위로 선정되는 등 수년 동안 꾸준히 상승곡선을 그렸다. 이제 그 징동닷컴의 성장 동력을 살펴보자.

로봇 기반의 물류 시스템이 글로벌 진출의 핵심이다

고객은 징동닷컴에서 버튼 하나만 누르면 양질의 제품을 문 앞까지 배송받을 수 있다. 중국에서만 1,500여 개의 창고를 운영하고 있고 접수된 주문의 약 90%가 주문 당일 또는 다음 날에 배송된다. 일찍이 효율적인 최첨단 물류 시스템을 개발하는 데 주력한 결과였다. 상하이에 세계 최초의 완전 자동화 창고를 구축한 뒤 현재 자체 자율주행 배송 차량을 개발 중이다.

징동닷컴은 2017년부터 연구개발에 총 750억 위안(한화 약 13조 8,000억 원)을 투자해 중국 기업 중 최대 규모로 기술에 투자한 업체 중 하나가 됐으며 지난 6년 동안 연구개발 투자 증가율은 매출 증가율을 상회했다. 징동닷컴의 야심은 사업 목표를 '세계에서 중국으로'에서 '중국에서 세계로'로 전환한 것에서 확인할 수 있다.

징동닷컴의 최첨단 물류창고

(출처: 징동닷컴 기업 블로그)

2022년 기준으로 징동닷컴의 물류를 담당하는 징동 로지스틱스**JD Logistics**는 전 세계적으로 약 90개의 보세 창고, 국제 직구 창고, 해외 창고를 보유하고 있으며 총 연면적은 약 90만 제곱미터로 전년 대비 70% 이상 증가했다.

징동닷컴은 언젠가 미국 전역으로 2일 배송 서비스를 확대한다는 원대한 계획을 갖고 순차적으로 실행에 옮기고 있다. 징동닷컴의 캘리포니아 창고에는 컨테이너 운송 유닛 시스템이 도입돼 상품들이 인간의 손길 없이 컨베이어에서 하차되고 스마트 로봇에 의해 스캔, 분류, 보관되는 모습을 볼 수 있다. 로봇은 창고의 공간을 최대한 활용해 운영 효율성을 300%나 높였고 보관할 수 있는 유닛 수도 1만 개에서 3만 5,000개로 늘어났다. 이제 곧 인간의 개입이 필요하지 않은 물류 시대가 도래한다고 해도 과언이 아닐 것이다.

최근 많은 소매업체가 온라인에 진출하면서 물류 수요가 커지고 있다. 하지만 이전과 같이 단일 채널이 아니라 여러 커머스 플랫폼 채널에서 제품을 판매하다 보니 공급망의 파편화가 심화되고 있다. 이러한 변화는 공급망 관리를 더욱 복잡하게 만들어 많은 물류업체에서 오배송과 배송 지연이 빈번해지는 결과를 낳았다. 하지만 징동 로지스틱스는 이러한 변화를 감지하고 오랜 기간 대비해왔기 때문에 오히려 기회로 보고 있다. 중국에서 세계 최고 수준의 물류 운영 시스템을 구축한 경험과 노하우를 바탕으로 국외 고객사들에 재고 최적화, 보관 비용 절감, 그리고 변화하는 시장 수요에 신속하게 대응할 수 있는 유연한 물류 서비스를 제공할 계획이다.

고객 신뢰 확보로 고비용 직매입 구조를 극복하다

징동닷컴은 창립 초기부터 다른 경쟁사들과는 차별화된 전략을 선택했다. 바로 평판 좋은 브랜드나 공급업체로부터 상품을 직접 매입한 뒤 소비자에게 재판매하는 방식이었다. 이 접근법 덕분에 징동닷컴은 단순히 판매자와 구매자를 중개하는 마켓플레이스가 아니라 명실상부한 리테일러로서의 입지를 다질 수 있었다. 하지만 이러한 전략을 추진하려면 재고 관리에 대한 책임과 그에 따른 위험을 전적으로 감수해야 했다. 알리바바가 판매자들에게 온라인 판매 공간을 제공하고 수수료와 광고비를 받는 방식으로 출발한 것과는 대조적이었다. 징동닷컴이 외부 판매자들에게 자사 플랫폼을 개방하기 시작한 것은 2010년에 이르러서였다.

징동닷컴이 직접 물류 시스템 구축에 나선 이유는 상품의 품질을 개선하고 위조 상품을 줄이며 보다 안정적이고 빠른 배송을 보장하기 위해서였다. 하지만 이러한 접근은 대가가 따랐다. 높은 매출원가와 창고 비용 발생으로 인해 영업이익이 줄어들었다. 그런데도 뚝심 있게 물류 시스템 구축을 고집했다. 그 결과 고객들은 징동닷컴에서는 제품을 믿고 살 수 있다는 신뢰를 갖게 됐다. 2020년 컨설팅 회사 아이리서치iResearch가 중국 소비자들을 대상으로 한 설문 조사에서 징동닷컴은 중국에서 가장 신뢰할 수 있는 커머스 브랜드로 선정됐다. 설문 참여자의 57%가 징동닷컴을 묘사하는 키워드로 '신뢰할 수 있는'을 선택했으며 '고급'과 '고효율'이 그 뒤를 이었다.

새로운 고객 경험을 앞세워 오프라인으로 진출하다

중국 시안의 한 쇼핑몰에서는 특이하게도 쇼핑백을 들거나 쇼핑카트를 미는 사람을 보기가 힘들다. 대신 사람들은 구매하고자 하는 상품에 부착된 QR코드를 휴대폰으로 스캔한다. 이후 해당 상품은 2시간 이내에 집으로 배송된다. 이 쇼핑몰은 징동닷컴이 2021년 9월 개장한 JD몰이다. 5층 규모의 쇼핑몰에는 전자제품, 가전제품, 가구 등 다양한 제품을 판매하는 150여 개의 브랜드가 입점해 있다.

징동닷컴은 JD몰을 방문하는 고객에게 향상된 쇼핑 경험을 제공하기 위해 온갖 첨단 기술을 도입했다. 가상현실VR 장비, 홀로그램 프로젝션, 지능형 로봇, 가상 라이브 스트리밍 시설 등을 갖추고 있다. 또한 생활용품과 가전제품 구매 옵션과 함께 홈인테리어 디자인에 대한 원스톱 솔루션을 제공한다. 가구와 생활 소품을 판매하는 스웨덴의 다국적 기업 이케아처럼 설계부터 제품 선택, 설치, 애프터서비스까지 모든 단계에 걸쳐 철저하게 고객을 지원한다.

이외에 이스페이스E-Space라고 하는 콘셉트 매장을 선보였는데 고객이 구매를 결정하기 전에 매장에서 제품을 최대한 경험해볼 수 있도록 했다. 5만 제곱미터 규모의 초대형 체험 매장인 이스페이스는 2019년 광군제에 첫선을 보였다. 고객은 매장 내에서 고카트를 운전하거나 베이킹 수업을 수강하거나 옷을 입어보는 것은 물론 세탁기를 돌리는 것까지 거의 모든 것을 경험할 수 있다. 징동닷컴이 이처럼 오프라인 쇼핑몰을 꾸준히 늘려가는 것은 아직 중국의 소매 판매의 50% 이상이 오프라인에서 이루어질 정도로 그 영향력이 크다는 것을 잘 알기 때문이다.

연구개발에 집착하며 기술적 우위를 점하다

징동닷컴은 지난 3년간 매해 3조 2,000억 원이 넘는 비용을 연구개발에 쏟았다. 어지간한 기술 기반의 기업들보다 더 적극적으로 미래에 베팅하고 있다. 징동닷컴은 왜 이토록 연구개발에 집착하는 것일까?

온라인 쇼핑 시장이 급성장하면서 누구나 손쉽게 웹사이트를 개설하고 유사한 제품을 제작하여 커머스에 뛰어들 수 있게 됐다. 이러한 상황에서 징동닷컴은 스마트 물류, 자동화 기술, 통합 물류 인프라를 기업의 핵심 강점이자 차별화 요소로 삼아 집중 투자를 이어왔다. 신뢰할 수 있는 고품질 제품을 신속하게 배송하는 것이야말로 커머스의 핵심이라고 보았기 때문이다. 실제로 징동닷컴의 연간 연구개발 투자액은 총매출의 2.5%에 이른다. 이는 기술적 우위를 바탕으로 한 고객의 신뢰라는 탄탄한 해자를 구축했다고 볼 수 있다.

6

하이퍼로컬 전략으로
아세안 시장 1등이 된 쇼피

2020년까지 아세안 이커머스 업계 1위는 알리바바그룹이 수조 원을 투자해 인수한 커머스 기업 라자다였다. 그런데 라자다를 밀어내고 싱가포르, 태국, 말레이시아, 인도네시아, 필리핀, 베트남의 온라인 쇼핑몰 순위에서 1위를 싹쓸이한 기업이 있다. 바로 싱가포르의 IT 기업인 시그룹Sea Group이 2015년 선보인 쇼피다. 시그룹은 2009년 창립한 이래 급속히 성장해 2017년 미국 뉴욕증권거래소에 상장됐다.

아세안 시장은 결코 쉬운 시장이 아니다. 라자다를 비롯해 싱가포르, 인도네시아, 베트남, 태국 등 아세안 주요 국가들의 이커머스 기업들이 각축전을 벌이는 통에 각국의 대표 기업들도 고전을 겪고 있다. 그런데 쇼피는 단 5~6년 만에 놀라운 성장세를 보여주었다.

쇼피

(출처: 쇼피코리아)

현재는 한국, 대만, 인도, 아르헨티나, 브라질, 칠레, 콜롬비아, 멕시코, 프랑스, 폴란드, 스페인까지 그 시장을 확장하고 있다. 과거와 달리 아세안 고객의 구매력과 인터넷 보급률이 꾸준히 상승하고 있다. 이런 기류에 올라탄 쇼피는 글로벌 마켓플레이스로 확장하려는 판매자(셀러)들에게 매력적인 플랫폼으로 떠올랐다.

쇼피는 비교적 쉬운 판매 절차와 낮은 판매 수수료(3%), 실시간 채팅 문의, 다양한 지원 프로그램(비용 지원, 교육, 인큐베이팅 등)을 제공하는 상당히 판매자 친화적인 플랫폼이라 할 수 있다. 또한 이미지, 불릿 포인트, 상세 페이지 등에서 엄격한 내부 규정을 준수해야하는 아마존과는 다르게 자유롭게 상품 페이지를 구성할 수 있다. 입점 절차에 드는 시간과 노력 또한 더 적다. 쇼피의 장점은 이게 다가 아니다. 결정적으로 쇼피의 성공을 이끈 세 가지 성장 동력을 소개한다.

모바일 중심의 속도전으로 후발 사업자의 한계를 극복하다

퍼스트 무버First Mover가 산업의 변화를 주도하고 새로운 분야를 개척하는 창의적인 선도자를 말한다면 패스트 팔로어Fast Follwer는 새로움 제품이나 기술을 빠르게 따라가는 전략 또는 기업을 일컫

는다. 그런 측면에서 쇼피는 패스트 팔로어에 가깝다. 2015년 비교적 늦게 커머스 시장에 발을 들였지만 오히려 좋은 기회가 됐다. 당시 모바일 쇼핑은 분명 성장세에 있었다. 그러나 주요 커머스 업체들은 웹에서 모바일로 무게 중심을 옮기기에는 아직 이르다고 판단하여 웹사이트를 최적화하는 것에 집중했다. 쇼피는 이와는 정반대의 길을 택했다. 커머스의 미래는 곧 모바일이라고 확신하고 모바일 앱을 먼저 출시하며 모바일 시장에 집중했다.

쇼피의 모기업인 시그룹은 원래 게임 개발사로「리그 오브 레전드League of Legends」「히어로즈 오브 뉴어스Heroes of Newerth」등 다수의 글로벌 게임을 배급한 경험이 있다. 그 경험은 이용자 친화적인 모바일 앱을 선보이는 데 큰 도움이 됐다. 덕분에 쇼피 앱의 인터페이스는 매우 직관적이고 사용하기 편리하다. 이에 더해 라이브 스트리밍, 게임, 선물하기 등 고객이 즐길 수 있는 엔터테인먼트 요소를 담아 고객의 참여와 체류 시간을 늘렸다. 결국 동남아 시장에서 모바일 커머스가 급성장하는 시점에 쇼피는 빠르게 선두로 치고 나갈 수 있었다.

글로벌 표준이 아니라 하이퍼로컬 전략으로 차별화하다

쇼피의 또 다른 차별화 전략은 현지화에 전력을 다한다는 점이다. 대부분의 글로벌 서비스가 단일 웹사이트 또는 앱을 운영하는 반면 쇼피는 각 지역에 맞춘 독립형 앱을 선보였다. 말레이시아, 인도네시아, 싱가포르, 필리핀, 베트남, 태국 고객을 위한 전용 쇼피 앱을 개발했다. 효율성을 중시하는 커머스 업계에서 그것도 모바일 커머스 기업이 이러한 의사결정을 내렸다는 것은 무척 이례적이다. 쇼피는 이런 결정을 각국의 시장마다 다른 요구사항을 반영하기 위한 것이라며 당연하게 생각한다.

쇼피는 아세안을 단일 시장으로 보지 않고 각각 고유한 특성과 수요를 가진 다양한 시장들의 집합으로 인식했다. 이에 따라 투입되는 자원은 늘겠지만 각 시장과 고객을 이해한다는 것은 각 시장의 특성과 수요에 맞춤으로 대응할 수 있다는 것을 의미했다. 이를 위해 쇼피는 각 시장에 현지 지사와 팀을 두고 각 시장에 맞는 마케팅 캠페인과 제품 카테고리를 운영하고 있다.

예를 들면 무슬림 이용자의 금식 기간에 이슬람교의 율법인 샤리아Shariah를 준수하는 다양한 제품과 서비스를 담은 쇼피 바로카Shopee Barokah를 출시했다. 말레이시아와 인도네시아 두 나라 모두 무슬림이 다수를 차지하기에 이들의 생활양식과 고충을 반영한 것이다. 반면 베트남과 태국처럼 유명인이 고객의 구매 결정에 큰 영향을 미치는 시장에서는 유명인을 브랜드 홍보대사로 내세운 캠페인을 꾸준히 진행했다.

쇼피의 현지화 전략은 물류에도 영향을 끼쳤다. 쇼피는 각국의 정책과 환경에 익숙한 현지 물류 파트너사들과 협력해 고객들에게 만족스러운 배송 경험을 제공한다. 베트남에서는 은행 계좌를 가진 사람이 절반도 안 되기 때문에 상품을 받은 후 배송 기사에게 현금으로 결제하는 착불COD, Cash On Delivery 방식이 활발하다. 또한 동남아는 섬으로 이루어진 지역이 많아 지역마다 다양한 도서 지역이 존재한다. 이러한 지리적, 문화적 특성을 가장 잘 이해하고 대응할

쇼피 바로카

(출처: 쇼피 인도네시아)

수 있는 것은 현지의 파트너사들이다. 쇼피는 그들과 파트너십을 맺어 촘촘한 공급망을 구축함과 동시에 수준 높은 물류와 배송 서비스 경험을 고객에게 제공하고 있다.

커머스에 엔터테인먼트를 더한 쇼퍼테인먼트를 내세우다

쇼피는 후발주자였기 때문에 다른 커머스 경쟁자들과 간격을 줄여야 했다. 단순히 유입을 늘리는 광고에 의지해서는 한계가 극명하다고 판단하고 차별화된 전략을 내세웠다. 그중 하나가 이용자 트래픽을 늘리면서 참여도를 높이는 쇼퍼테인먼트Shoppertainment 다. 쇼퍼테인먼트는 쇼핑과 엔터테인먼트의 합성어다. 이 전략은 콘텐츠를 강화해 몰입도 높은 쇼핑 경험을 제공하는 콘텐츠 중심의 커머스를 뜻한다. 쇼퍼테인먼트의 특징은 세 가지를 들 수 있다.

첫째, 라이브 커머스다. 싱가포르의 가격 비교 전문 사이트인 아이프라이스iPrice에 따르면 쇼피는 라이브 커머스를 도입한 후 매출

쇼피 라이브

(출처: 쇼피 태국)

이 최대 75%까지 늘었다. 고객은 라이브 커머스를 통해 실시간으로 판매자와 대화하며 제품에 대해 자세히 알아보고 시청하면서 바로 구매할 수 있다. 판매자는 잠재 고객과 대화하며 요구사항을 더 잘 이해하고 향상된 쇼핑 경험을 제공할 수 있다. 쇼피는 라이브 커머스를 적극적으로 권장하기 위해 라이브 세션이 있는 판매자의 상점 페이지에 쇼피 라이브 탭을 표시하고 있다.

둘째, 브랜드와의 적극적인 협업이다. 쇼피는 최근 로레알과 협업하여 스킨캠SkinCam을 출시했다. 스킨캠은 간단한 셀카 촬영만으로 피부 상태를 파악하고 적합한 스킨케어 아이템을 추천하는 서비스다. 로레알이 인수한 뷰티테크 기업 모디페이스Modiface와 로레알의 다년간 과학적 연구와 피부과 전문의의 의견을 바탕으로 개발됐다. 현재 필리핀, 태국, 인도네시아, 말레이시아, 싱가포르, 베트남,

쇼피 스킨캠

(출처: 쇼피)

대만 등에서 사용이 가능한 이 뷰티테크 기능은 사용자 경험을 한
층 높이고 있다.

셋째, 쇼피 퀴즈와 쇼피 피드다. 쇼피는 주관자와 참여자의 상호
작용이 가능한 쇼피 퀴즈를 선보였다. 친숙한 현지 인플루언서들
이 진행을 맡아 쇼피 코인과 다양한 브랜드 제품들을 증정하며 사
용자 경험을 한층 즐겁고 풍요롭게 만들었다. 그리고 인스타그램 경
험을 재현한 쇼피 피드Shopee Feed를 통해 브랜드의 게시글에 댓글
을 달고 '좋아요'를 누를 수 있도록 했다. 덕분에 브랜드가 쇼피 앱
내에서 고객과 두터운 관계를 형성하게 되어 더욱더 쇼피 앱의 활
용도와 의존도가 높아졌다. 쇼피의 최대 라이벌인 라자다 또한 유사
한 접근을 시도했으나 그 결과는 시원찮았다. 반면 쇼피는 게임 개
발사라는 뿌리와 고객에 대한 깊은 이해를 토대로 디자인과 사용자
경험을 설계했다. 이것이 쇼피의 성공에 결정적인 역할을 한 것으로
보인다.

쇼피가 진출한 국가

(출처: 쇼피닷컴)

위기를 기회로 전환하는 퍼스트 무버로 성공하다

쇼피는 비록 아세안 커머스 업계의 후발주자였지만 단순하게 선두 주자의 전략을 모방하는 데 급급하지 않았다. 대신 미래를 선도할 수 있는 트렌드를 파악하고 시장과 고객의 니즈에 맞춰 나갔다. 만약 쇼피가 다른 경쟁사들과 같이 처음부터 웹사이트에 집중했다면 모바일로의 전환이 늦어졌을지 모른다.

특히 종종 극단적인 효율화를 고집하는 IT 기업의 본성을 억누르고 국가별로 독립적인 앱을 선보인 것은 정말 시사하는 바가 크다. 진출한 각 국가의 전용 모바일 앱 개발을 위해 많은 시간과 자금을 투자하기는 쉽지 않은 결정이었을 것이다. 쇼피의 성공은 팬데믹으로 인한 모바일 커머스의 급성장에 기인한 것이 아니라 획기적이고 대담한 전략적 의사결정에서 비롯됐다는 점을 인정해야 한다.

"동남아의 아마존"이라는 찬사를 받으며 동남아 시장을 제패한 후에도 쇼피는 혁신의 고삐를 늦추지 않았다. 라이브 커머스를 선도적으로 도입하고 새로운 기능을 끊임없이 선보이는 모습은 단 한 순간의 방심도 퇴보로 이어질 수 있다는 위기감의 발로다. 쉼 없는 변화와 도전이 요구되는 커머스 업계에서 지속적인 성공을 거두기 위해서는 이러한 자세가 필수적이지 않을까? 쇼피의 행보는 커머스 업계의 본질을 정확히 꿰뚫어 본 결과라고 할 수 있다.

슈퍼마켓에 기반한 커머스의
최종 병기가 된 알디

독일 하면 스포츠, 아웃도어, 자동차 등 많은 것이 떠오른다. 세계적인 음악가와 철학자를 수없이 배출한 음악의 나라이자 철학의 나라. 그리고 무엇보다 물보다 맥주가 더 쌀 정도로 맥주를 사랑하는 나라다. 그뿐만이 아니다. 독일은 유럽 유니콘의 25%가 탄생한 곳이자 창업자의 43%가 외국인으로 실리콘밸리 다음으로 외국인 창업 비율이 높은 곳이기도 하다. 또 기업 투자자에 의한 인수합병이 88%일 정도로 엑시트가 활성화돼 있고 세계 스타트업 생태 시스템 평가 7위인 유럽 스타트업의 허브이기도 하다.

독일인들은 모든 면에서 실용성을 중요시하는데 소비 역시 비싸더라도 내구성이 좋은 제품을 선호한다. 심지어 독일 소비자의 82%가 온라인으로 제품을 구매하기 전 판매 약관을 읽어본다고 한

알디

(출처: 알디)

다. 이렇게 꼼꼼하고 합리적인 소비를 추구하는 독일 시장에서 꿋꿋이 성장 곡선을 그려가는 커머스 기업이 있다. 바로 알디ALDI다.

알디는 독일 최대의 할인점 체인으로 1948년 에센에서 작은 상점과 델리카트슨을 운영하던 알브레히트 가문의 형제인 카를과 테오가 창립했다. 1950년대에 그들은 루르 지방에 여러 매장을 열어 저렴한 가격과 우수한 품질로 큰 인기를 얻었다. 1961년 기업으로 전환한 후 1962년 알브레히트와 디스카운트의 합성어인 '알디'라는 브랜드로 매장을 개설하며 서독 전역으로 점포망을 확장해 나갔다. 1980년대에는 해외 시장 진출에도 적극적이었으며 독일 통일 이후에는 동독 지역까지 사업 영역을 넓혔다. 현재 알디는 유럽 각국과 미국, 호주 등에서 약 1만 개에 달하는 매장을 운영하고 있다. 그렇다면 알디의 성공 비결은 무엇일까? 지금부터 알디의 성장 동력에 대해 살펴보도록 하자.

운영 비용의 최소화로 단 1원도 낭비하지 않는다

독일인들은 합리적인 소비를 추구한다고 앞서 설명했는데 알디 경영진은 비용을 아끼는 데 조금 더 병적인 집착을 보였다. 알디가 낮은 가격을 제시하고 유지할 수 있었던 것은 운영 비용을 최소한으로 줄였기 때문이다. 그래서 조금 풍성한 쇼핑 경험을 추구한다면 방문 목록에서 빼는 것이 맞다. 알디는 고객의 다채로운 오감 만족이 곧 비용이자 낭비라고 보기 때문이다.

그래서 알디를 이용하기 위해서는 약간의 불편함을 감내해야 한다. 국내 마트에서는 비닐봉투 구매 시 별도의 비용을 지불해야 하고 계산이 끝난 물건은 고객이 직접 담아야 한다. 이는 국내 소비자들에게는 어느 정도 익숙한 풍경이지만 미국에서는 여전히 낯설고 불편하게 느껴진다. 그러나 알디의 출현은 그동안 당연시돼 왔던 모든 고객 편의 서비스에 대해 다시 생각하게 만드는 계기가됐다.

알디는 결제 과정의 효율성을 극대화하기 위해 제품 디자인에 몇 가지 핵심적인 요소를 반영했다. 상품에 초대형 바코드를 여러 면에 부착함으로써 스캔 속도를 높이고 오류를 줄였다. 이는 계산대 직원들이 한 명의 고객을 응대하는 데 소요되는 인건비와 시간을 최소화하기 위함이다.

그뿐만이 아니다. 알디 매장은 개별 상품을 진열하기보다 대부분 상품을 배송 상자에 담긴 그대로 진열한다. 이렇게 하면 개별 상품을 진열대에 진열하는 데 소요되는 직원들의 시간을 절약할 수 있기 때문이다. 국내 창고형 매장도 대부분 이런 식으로 진열하고 있다. 알디에서 차용한 방식이라고 볼 수 있다.

알디 매장

(출처: 알디)

대부분 마트가 계산원, 점원, 운영자 등 역할에 따라 노동력을 나누는데 알디는 이러한 방식도 따르지 않는다. 대신 직원들이 매장에서 다양한 업무를 수행할 수 있도록 교차 교육을 받는다. 또한 직원들이 전화를 받는 것이 비효율적이라고 믿기에 전화번호를 공개하지 않는다. 그 결과 한 매장에 3~5명의 직원으로 운영할 수 있어서 상당한 비용을 절감할 수 있게 됐다. 이렇게 절약한 비용은 모두 고객에게 가격 할인으로 돌아간다.

자체 브랜드 상품으로 수익성을 확보하다

알디 매장의 제품 중 90%가 자체 브랜드PB 상품이다. 코스트코는 25%, 월마트는 19%가 자체 브랜드PB 상품인 것을 고려하면 알디가 얼마나 자체 브랜드PB 상품에 집착하는지 알 수 있다. 이를 통해 마케팅과 유통 비용을 낮게 유지하고 가격과 마진에 대한 유연

알디 스낵 코너

(출처: 알디)

성을 확보할 수 있다.

컨슈머 리포트Consumer Reports는 고객이 브랜드나 제조 회사를 알 수 없도록 가린 상태에서 제품을 사용하고 품질을 평가하도록 하는 블라인드 테스트를 했는데 의외의 답이 나왔다. 알디의 자체 브랜드PB 상품이 다수의 카테고리에서 유명 브랜드 제품보다 높은 순위를 차지했다. 많은 고객이 알디의 자체 브랜드 상품이 유명 브랜드 제품과 비교해 결코 품질이 낮지 않다고 평가했던 것이다.

알디는 자체 브랜드PB 상품의 제조 방법과 생산 과정에 깊게 관여하는 것으로 알려졌다. 내부에 새로운 레시피를 개발할 수 있는 테스트 키친을 보유하고 생산 품질에 특별히 신경을 쓰고 있다. 제품 생산에 들어가는 원료도 직접 지정하는데 가격이 아니라 품질을 최우선 순위로 정한다.

2014년 대학생들이 뗏목을 만들어 한강을 건넌 적이 있다. 그들은 잠실한강공원에서 뗏목을 타고 30분 만에 한강 도하에 성공해 화제를 모았다. 하지만 이날 집중조명을 받은 주인공은 열심히 노를 저은 대학생들이 아니라 이들이 탄 뗏목이었다. 이 뗏목은 사실 국산 과자봉지 160개를 테이프 등으로 이어 붙인 것이었다. 제과 업계의 과대포장 문제를 비판하기 위해 기획한 퍼포먼스였다. 제품 가격은 그대로 유지하면서 제품의 양과 품질을 줄이는 것을 슈링크플레이션Shrinkflation이라고 한다. 유명 브랜드가 생산하는 감자칩을 뜯었을 때 두툼한 외관에 비해 생각보다 적은 내용물에 실망한 적이 아마 다들 한 번쯤은 있을 것이다. 과자봉지에 질소가 가득 들어 있기 때문이다. 질소 충전은 충격으로 과자가 부서지는 것을 보호하고 유통 과정에서 일어나는 변질을 막아준다. 하지만 이 정도면 과자를 구매한 것인지, 질소를 구매한 것인지 구분하기 어려울 정도다.

알디는 포장재 내부에 질소를 충전하는 관행을 최소화했다. 이는 고객에게 정확한 중량을 제공하기 위한 목적이라기보다는 알디의 과거 행보를 고려할 때 포장 부피를 줄여 배송 및 보관 비용을 절감하려는 의도가 더욱 크게 작용한 것으로 보인다. 그 이유가 무엇이든 간에 알디는 낭비 요소를 제거하는 데 심혈을 기울였다. 이러한 알디의 철저한 비용 절감 노력을 감안하면 창업자가 낮 동안 매장의 조명을 꺼서 전기료를 아꼈다는 일화가 조금도 과장되게 들리지 않는다.

알디의 제품 가격이 경쟁사 대비 절반 수준이라는 사실을 쉽게 납득하기 어렵다면 알디가 단순한 슈퍼마켓이 아니라는 점을 기억해야 한다. 알디는 전 세계적으로 1만 1,000개 이상의 매장을 운영하는 거대 유통 체인으로 이를 바탕으로 막강한 구매 협상력을 확보하고 있다. 앞서 설명한 바와 같이 알디는 단순히 완제품을 공급받는 것이 아니라 원재료의 선택부터 최종 포장에 이르기까지 모든 과정을 직접 관리하고 통제한다. 이러한 전략적 접근 방식이 알디의 가격 경쟁력을 뒷받침하는 핵심 요인인 셈이다.

품목 수 제한 전략으로 최적의 매장 효율을 꾀하다

기업이 지나치게 많은 상품과 서비스를 출시하면 제품 개발뿐만 아니라 구매, 생산, 물류 등 운영상 비효율을 야기하고 운영 비용이 커진다. 이러한 복잡성 이슈를 해소하기 위해 매출과 이익을 잣대로 저성과 제품들을 주기적으로 정리한다. 이때 중요한 개념이 SKU, 즉 품목 수Stock Keeping Unit다. 품목 수는 재고 추적 및 관리를 위한 최소한의 단위라고 설명할 수 있다. 다양할수록 소비자에게 다양한 선택지를 제공할 수 있지만 공급자인 유통업체와 물류업체 입장에서는 관리 부담이 커지기에 품목 수를 적절하게 관리하는 게 비용 관점에서 매우 중요하다.

알디는 매장당 약 1,400개의 품목 수를 취급한다. 기존 슈퍼마켓이 4만 개, 월마트 슈퍼센터가 10만 개의 제품을 취급하는 것과 비교하면 얼마나 적은지 알 수 있다. 대신 알디는 고객이 선택할 수 있는 폭은 좁지만 극히 강한 가성비를 자랑하는 제품을 구매할 수 있도록 해 재고회전율을 높였다.

품목 수가 적으니 매장의 규모 역시 필요 이상으로 커질 필요가 없다. 그 결과 평당 수익률이 경쟁사 대비 월등히 높다. 또한 재고와 매대 관리 외에도 주문과 청소를 덜 수 있다는 이점도 있다. 구색을 갖춘다는 것은 알디에게 불필요한 행위이자 비효율성의 극치다. 알디는 케첩도 단 한 종류만 매대에 올린다. 한곳에서 대량으로 가져올 때 가격 흥정을 더욱 적극적으로 할 수 있기 때문이다. 이렇게 극단적으로 운영 비용을 낮추고 다시 제품 가격에 반영하니 당연히 가격이 낮아질 수밖에 없다.

알디의 경영진은 효율성 추구에 대한 극단적인 집착을 보여주었다. 한 예로 그들은 1990년대까지 매장 내 전화기 설치를 미루었다. 직원들은 업무상 통화가 필요할 때마다 매장 밖의 공중전화를 사용해야만 했다. 같은 시기 한국은 유선전화 보급률이 인구 100명당 43.4%에 달하며 선진국 대열에 합류하기 직전이었다. 당시 기술과 경제면에서 한국보다 앞서 있던 독일의 알디조차 매장 내 전화기 설치를 기피했다는 사실은 알디의 독특하고 강력한 효율성 추구 철학을 잘 보여준다. 이는 단순한 비용 절감 차원을 넘어 기업 문화 형성에 지대한 영향을 미치는 경영진의 신념과 가치관이 어떻게 시장에서의 성공으로 이어질 수 있는지를 보여주는 사례다.

적극적인 저가 공세로 압도적인 고객 만족을 얻다

이러한 짠물 운영 방식으로 인해 고객이 알디를 부정적으로 인식할 것으로 생각하기 쉽지만 고객 만족도 조사에서 월마트나 다른 슈퍼마켓 체인보다 압도적으로 높은 점수를 받았다. 베인앤드컴퍼니에 따르면 고객이 다른 사람에게 브랜드를 홍보하고 지지할 가능

알디 매장

(출처: 알디)

성을 나타내는 순추천지수NPS, Net Promoter Score에서 알디는 45점을 받았다. 월마트의 순추천지수는 16점이다.

월마트는 에브리데이 로 프라이싱Everyday Low Pricing이라는 적극적인 저가공세로 유명하다. 하지만 그들의 본고장이라고 할 수 있는 미국에서조차 새로운 알디는 매장을 오픈할 때마다 월마트보다 더 저렴한 가격으로 인해 수백 명의 사람이 몰려들 정도로 영향력이 크다. 알디를 통해 고객이 기대하는 것은 매장 내 화려한 조명과 제품의 다양한 선택지가 아니라는 것을 알 수 있다. 고객은 신뢰할 수 있는 양질의 제품을 부담 없는 가격에 구매할 수 있는 곳을 원한다. 알디는 커머스의 본질에 집중했기에 70년이 넘는 역사 동안 고객의 신뢰를 받는 기업으로 남을 수 있었다.

8

아마존의 글로벌화에 도전하는
하이퍼로컬 커머스

지금까지 커머스라는 공통분모를 가진 일곱 개의 기업인 알리익스프레스, 핀둬둬, 테무, 쉬인, 징동닷컴, 쇼피, 알디에 대해 알아보았다. 이들은 모두 각자의 시장에서 큰 성장을 이루었는데 그 방식과 특징은 천차만별이다. 아마존이 보여준 커머스의 성공 방정식이 모든 시장에서 적용되는 만능이 아니라는 것을 방증하는 셈이다.

징동닷컴과 핀둬둬는 중국 시장에서 출발해 서로 치열한 경쟁을 벌였다. 하지만 그들은 서로 다른 성장 동력을 가지고 있다. 징동닷컴은 물류에 엄청나게 투자해 광활한 중국 영토에서 당일배송을 이뤄냈고 고객에게 신속하고 편리한 서비스를 제공했다. 핀둬둬는 농산물 유통 과정을 혁신하고 커머스에 재미 요소를 가미해 고객의 참여와 만족도를 높였다. 이들은 이제 중국 시장을 넘어 세계로 무대를 옮기고 있다. 징동닷컴은 글로벌 물류 네트워크를 구축하고 있다. 핀둬둬는 아세안과 유럽에서 자사만의 커뮤니티를 기반으로 커머스를 확장하고 있다.

아세안 시장에서 압도적인 우위를 점하고 있는 커머스 기업 쇼피는 아세안의 다양한 문화, 언어, 법률, 인프라 등의 복잡한 환경에 적응하면서 지역화 전략을 성공적으로 수행했다. 애초부터 초기 시장에서의 성공 전략이 각각 다른 개별 시장에서 최소한의 노력으로 쉽게 반복될 수 있다고 생각하지 않았다. 성급한 일반화의 유혹을 억누르고 진출한 모든 국가에 지사를 두어 현지 파트너사들과 협업하며 각 시장과 고객의 성향에 맞춘 전략을 세웠다.

아마존, 타깃, 이베이 등 기존 커머스 기업의 점유율이 정체되거나 줄어든 사이 알리익스프레스, 테무, 쉬인 같은 신흥 커머스 플랫폼이 소비자를 거대한 중력장으로 끌어당기고 있다. 그중 알리익스프레스와 테무는 한국 시장에 진출하여 해외직구의 판도를 바꾸어 놓았으며 이제는 일상적인 쇼핑의 선택지로 자리 잡았다. 알리익스프레스, 테무, 쉬인은 기존 커머스 기업들이 경쟁적으로 내세웠던 성공 방정식인 빠른 배송은 고려하지도 않았다. 심지어 물건이 도착하는 데 일주일 이상 걸리기도 한다.

압도적인 가격 경쟁력을 앞세워 테무와 쉬인은 미국에 대형 물류 창고를 설립하는 대신 중국에서 직접 상품을 수입하여 비용을 대폭 절감했다. 이는 물가 상승에 지친 소비자들의 심리와 맞물려 상대적으로 서비스가 미흡하더라도 저렴한 가격에 상품을 제공하는 전략이 성공적이었음을 의미한다.

알디는 유럽 슈퍼마켓 시장에서 독보적인 위치를 차지하고 있으며 북미에서도 점점 영향력을 키우고 있다. 가성비를 최우선으로 하는 고객을 겨냥해 불필요한 장식이나 화려함은 제거하고 제품과 가격에만 집중하는 전략을 취했다. 그 때문에 매장 내부에는 증강현실이나 가상현실 같은 최신 기술을 찾아볼 수 없다. 이는 고객이 원하는 것은 좋은 품질의 제품을 합리적인 가격에 구매하는 것이라는 알디의 확신을 보여준다. 이렇게 간소화된 방식으로 충성도 높은 고객층을 확보하며 시장의 또 다른 이면과 가능성을 보여주었다.

이러한 사례들은 커머스 시장에는 더 이상 왕도나 성공 방정식이 없다는 것을 보여준다. 비록 세계화가 보편화됐지만 모두가 동일한 옷을 입고 동일한 음식을 선호하지는 않는다. 고객에게 다른 지역의 베스트셀러를 들이밀고 구매를 요구하는 것은 초개인화 시대의 트렌드에 부합하지 않는다. 이제 고객에게 표준에 맞추라고 요구하기보다 고객이 진정 필요로 하는 것이 무엇인지 파악하고 고객의 니즈를 밀도 있게 충족시킬 필요가 있다. 그것이 미래의 커머스 시장에서 생존할 수 있는 길이다.

2부

테크에서 답을 찾는
커머스 성공 전략

3장

커머스 산업 중심에
들어온 인공지능

김영준

경제경영작가·MBC 14F 돈슐랭 진행자

MBC 14F 유튜브 채널에서 '돈슐랭'이란 코너를 통해 시청자들에게 익숙한 브랜드들이 어떻게 경쟁하고 생존하는지를 전하고 있다. 경제경영작가로도 활동 중이며 저서 『골목의 전쟁』을 통해 우리가 먹고 소비하며 벌어지는 경제 현상과 경쟁의 양상을 다뤘고 『멀티팩터』를 통해 성공은 불확실성의 다중요소 함수로 결정됨을 알렸다.

모든 것을 파는 커머스 시대는 우리에게 엄청난 다양성을 가져다 주었다. 우리는 수많은 상품 중에 나에게 맞는 것을 선택해 효용을 극대화할 수 있게 됐다. 하지만 고객에게 이런 선택의 다양성이 무조건 득이 된다고 할 수 있을까?

인간은 합리적인 존재가 아니다. 인간은 선택 앞에서 고뇌하는 존재이며 주어진 선택지가 너무 많을 때는 선택 마비를 겪는다. 이 때문에 근래 커머스 시장은 인플루언서를 이용한 커머스나 라이브 커머스처럼 고객의 선택을 대신하거나 선택의 무게감을 덜어내는 쪽으로 나아갔다. 그렇기에 향후 고객이 원할 것으로 생각되는 상품을 추천하고 제안하는 추천 시스템의 역할이 더욱 중요해질 것으로 보인다.

기존 추천 시스템은 고객의 검색 기록이나 인구 특성을 바탕으로 필요하거나 좋아할 것으로 예상되는 상품을 추천하는 방식이었다. 하지만 이러한 추천은 고객이 진정으로 원하는 것을 제시하지 못했고 또 다른 선택지 중 하나가 됐을 뿐이다. 이러한 상황에서 챗GPT로 인해 부각된 대화형 인공지능은 상품 추천 시스템에 또 다른 혁신을 불러올 것으로 전망된다. 대화형 인공지능은 개인정보 수집 없이 질문과 답변이라는 방식을 통해 이용자가 진정으로 원하는 것을 도출해낼 수 있다. 진정으로 개인화된 상품 추천 시대가 열리는 것이다.

한편으로는 추천 시스템이 큰 영향을 미칠수록 점점 커지고 있는 플랫폼 규제에도 힘이 실릴 것으로 전망된다. 추천 시스템을 통한 구매 연관성이 확대되고 있는 상황에서 플랫폼이 고객과 판매자에게 미치는 영향력은 과거 독과점 기업들보다 훨씬 커지기 때문이다. 이러한 현황과 미래에 대한 전망을 고객 선택의 메커니즘을 통해 살펴보고자 한다.

상품의 숫자가 아니라
추천의 정확성이 핵심

모든 것을 파는 이커머스 시대에 소비자는 선택 마비에 걸리다

국내 커머스 시장은 고성장을 끝내고 전환의 시점을 맞이했다. 미래의 성장을 기대로 한 의도적 적자가 더 이상 지속될 수 없다는 것을 의미한다. 이제부터 규모의 경제를 확립하고 비용을 잘 관리할 수 있는 대형 기업을 중심으로 시장이 정리된다는 것을 뜻하기도 한다. 쿠팡, 네이버쇼핑, 배달의민족, 그리고 탄탄한 오프라인 커머스 기반을 갖춘 SSG 같은 기업들로 시장이 재편될 것이다. 대형 기업은 가격경쟁력과 막강한 상품 라인업으로 유혹할 것이기에 고객이 몰릴 수밖에 없다.

그렇다면 커머스 시장의 미래는 대형 기업 중심의 과점시장이 되는 것이 전부일까? 그렇지 않다. 오히려 대형 기업이 자리 잡은 공간을 벗어난 곳에서 새로운 가능성이 열린다고 할 수 있다. 여기에서 힌트는 '선택의 역설Paradox of Choice'에 있다.

고급 식료품점에 24가지 종류의 잼이 진열된 코너와 6가지 종류의 잼이 진열된 코너를 각각 설치하고 시식을 진행했을 때 어느 쪽에 더 많은 사람이 관심을 가지고 몰려들까? 24가지 잼이 진열된 코너가 더 반응이 좋았다. 하지만 막상 구매를 결정할 시점이 되자 6가지 잼을 본 사람들이 24가지 잼을 본 사람들보다 구매 확률이 10배나 높았다.[4] 이 놀라운 차이는 '선택 마비'로 설명된다.

선택 마비는 "인간의 인지 처리 능력에는 한계가 있으며 그 가용량은 변동한다."로 설명할 수 있다. 예를 들어 모든 나라는 차량 운전 중에 통화나 휴대전화의 조작을 금지하고 있다. 이는 운전 중 통화를 비롯한 휴대전화 조작이라는 극히 단순한 행위를 하더라도 인지능력과 반응속도의 저하를 보이기 때문이다. 실제로 휴대전화를 조작하는 20대 운전자의 반응속도가 60대 운전자의 수준으로 하락했다. 한정된 인지 처리 능력을 운전과 휴대전화 조작에 나눠 쓰다 보니 발생하는 문제다.

선택 마비도 마찬가지다. 선택지가 늘어날수록 상품 선택에서 고려할 요소들이 급격하게 늘어난다. 가격을 비롯해 품질, 세부 스펙, 디자인, 사용 후기 등 너무 많은 요소는 고객이 가치 판단과 최적의 선택을 하는 걸 방해한다. 이렇게 선택 마비가 발생한 상황에서 하나를 고르는 것은 매우 어려운 일이 된다. 그렇기에 선택을 하지 않는 선택을 내리거나 선택을 타인에게 떠넘기는 것이다.

또 선택지가 많다는 것은 기회비용이 높다는 것을 의미한다. 6가지 잼 중 한 가지 잼을 선택하는 경우 나머지 5가지 잼을 포기하면 되지만 24가지 잼일 경우 포기하는 잼이 23가지나 된다. 선택의 가짓수가 많아 기회비용이 높다면 아무리 좋은 결정을 내렸더라도 결정에 대한 만족도가 줄어들 수 있다. 이런 모든 비용이 잼을 구매해 얻는 효용보다 높다면 구매를 포기하거나 결정권을 남에게 넘길 유인이 되는 것이다.

물론 이 선택의 역설이 작동하기 위해선 조건이 필요하다. ① 고객 자신의 선호도가 명확하지 않거나 ② 빠르고 쉬운 선택을 원하거나 ③ 복잡한 제품을 판매하거나 ④ 비교하기 어려운 옵션을 표시하는 상황이다. 이 네 가지 조건 중 하나라도 해당하지 않으면 선택의 역설에 빠지지 않는다. 애플 같은 기업들도 이러한 네 가지 조건을 회피하기 위해 기능이 아니라 감성을 어필한다. 고객이 애플 제품을 비교해보고 사는 것이 아니라 그냥 선택하게 만들기 위함이다. 하지만 커머스 시장에서 판매되는 대부분의 제품이 이 네 가지 조건 중 하나라도 해당하지 않기는 어렵다.

현재 우리나라 대표 이커머스 사업자인 쿠팡이 취급하는 상품의 품목 수는 몇 가지나 될까? 약 4억 종류가 넘는 것으로 추정된다. 쿠팡과 더불어 양대 산맥을 형성하고 있는 네이버도 스마트스토어 판매자 수만 51만 명을 넘길 정도로 그 수가 엄청나다. 오프라인 커머스의 대표주자인 월마트가 약 10만 종류이고 코스트코가 4,000여 종이라는 것과 비교하면 이커머스가 가진 압도적인 강점과 경쟁력을 확인할 수 있다. 그야말로 없는 상품이 없는 것이다. 국내 오프라인 커머스의 대표주자인 이마트도 SSG몰을 통해 다양한 상품을 취급하고 있음을 고려하면 이젠 온라인, 오프라인을 불문하고 이 엄청난 다양성과 선택지가 커머스의 특징이라고 봐도 무방하다.

만약 고객이 각 상품의 특성과 차이를 명확하게 구분하고 합리적인 소비를 할 수 있다면 상품의 엄청난 다양성은 큰 장점으로 작용한다. 하지만 인간은 제한적인 합리성을 가진 존재여서 본질적으로 늘 선택에 어려움을 겪고 있다. 다시 말해 인간의 인지력과 정보 처리 능력은 매우 제한적이어서 늘 선택 마비를 일으킨다.

더 큰 문제는 인간이 정보를 받아들이고 구분하는 능력이 우리의 생각 이상으로 형편없다는 사실이다. 서로 길이가 다른 직선을 하나씩 보여주면서 그 차이를 구분하라고 했을 때 과연 얼마나 잘 구분할 수 있을까? 연구에 따르면 대부분 5~6개까진 잘 구분했지만 7개부터는 구분 능력이 급격하게 떨어졌다고 한다.[5] 이건 음의 높이, 선의 방향, 소금 용액의 농도, 소리의 크기 등 다른 요소로 대상을 바꿨을 때도 동일하게 벌어진 일이었다. 이는 인간의 인지 처리 능력에는 한계가 있고 그 한계 수준을 넘기면 오류를 일으킨다는 것을 의미한다.

물론 사람들이 한 가지 요소만을 보고 선택을 하진 않는다. 그래서 여러 가지 요소가 결합된 자극을 판단하고 구분하는 실험 또한 진행했다. 그 결과 다차원적인 자극일수록 개별 자극의 디테일에 대한 정확도가 떨어진다는 사실을 발견했다. 즉 판단 요소가 여러 가지가 주어졌을 때 그 요소들을 동시에 고려하긴 하지만 비교적 조잡하게 판단한다는 뜻이다.

잼 실험에서도 드러난 것처럼 사람들은 다양성이 주어졌을 때 더 많은 관심을 가진다. 커머스 시장에서 현대 고객을 일차적으로 유혹하는 것도 바로 이런 상품의 다양성이다. 상품에 대한 선택지가 많아도 너무 많은 수준이다. 세탁용 세제만 하더라도 제조 회사와 브랜드가 다 다르다. 동일 브랜드라 하더라도 용도와 특성에 따라 여러 제품군을 출시한다. 이를 비교해보는 재미도 있다. 하지만 상품 간에 차이가 크지 않다 보니 정작 선택해야 하는 순간에는 그 다양성에 압도당한다. 마치 24가지 잼을 구경한 사람들이 구매 의욕을 잃어버린 것과 같다.

고객은 수많은 상품 간에 차이가 크지 않을 때 고려해야 할 요소가 너무 많은 정보의 홍수에 빠진다. 앞서 인간의 인지 처리 능력을 넘어서면 오류를 일으키며 다양한 판단 요소가 존재할 땐 조잡하게 판단한다고 말했다. 만약 어떤 고객이 A란 상품과 B란 상품을 일대일로 비교했을 때 B에 더 높은 점수를 주었다고 해보자. 그런데 같은 고객이 판단해야 할 요소가 늘어나고 상품의 가짓수가 늘어나면 A에 더 높은 점수를 주는 오류를 저지를 수 있다는 것이다. 즉 고객은 본인의 효용을 극대화하는 상품이 아니라 그보다 못한 상품을 선택하게 될 가능성이 큰 것이다.

큐레이팅 커머스는 1억 개가 아니라 단 1개의 상품을 추천한다

선택 마비와 인지 판단의 오류라는 두 가지 요인으로 인해 커머스는 무엇을 살지 고려해야 하는 상황이 아니라 내가 무엇을 살지 세부적으로 모든 것을 결정한 상황에서 가장 효율적인 채널이라 할

수 있다. 정확한 제품명까지 정해두면 검색을 통해 최저가를 쉽게 찾을 수 있고 이를 통해 효용을 극대화할 수 있다. 이를 뒤집어 표현하면 고객 입장에선 무한한 선택의 기회를 주는 것보단 선택의 가짓수를 인지능력으로 판단할 수 있도록 줄여주는 것이 효과적이다. 큐레이션이 커머스 시대에 강력한 영향력을 갖는 것도 바로 이 때문이다.

현재 커머스 업계에서 이런 모델로 성공을 거둔 곳이 컬리(마켓컬리)다. 컬리의 성공 요인은 국내 최초로 새벽 배송 시스템을 도입한 것도 있겠으나 또 다른 중요한 부분은 바로 상품 큐레이션이다. 컬리는 상품의 세부 항목별로 4가지를 넘는 경우가 없다. 고객은 컬리에서 엄선한 2~3가지 상품 중에서 서로 비교해보고 구매를 결정한다. 김슬아 대표는 초창기부터 평균적인 고객보다 훨씬 높은 안목으로 상품을 고르는 상품기획자MD 역할을 한 것으로 알려졌다. 고객은 컬리가 선별한 큐레이션을 믿고 그 안에서 선택하고 구매한다. 다른 이커머스 플랫폼과 비교해 최저가가 아님에도 고객 충성도가 높은 이유다.

또한 2010년대 중반 이후로 인스타와 유튜브의 인플루언서들이 이커머스에 활발하게 진출하는 현상도 바로 고객의 선택 마비와 선택지를 좁히기 위함으로 해석할 수 있다. 여기서 인플루언서는 성향에 따라 크게 두 가지로 나눌 수 있다. 첫 번째는 자신의 라이프스타일을 보여주고 이를 선망하고 지지하는 사람들을 대상으로 직접 상품을 소개하거나 판매하는 전형적인 인플루언서들이다. 두 번째는 해당 상품에 대한 지식과 정보를 갖추고 상품을 분석하여 고객에게 자세하게 리뷰하는 커머스 크리에이터들이다.

인플루언서와 커머스 크리에이터의 스타일은 서로 다르지만 고객의 구매 의사결정에 미치는 영향은 사실상 같다고 봐도 무방하다. 고객은 매년 수없이 쏟아지는 상품들과 정보의 홍수 속에서 자신에게 맞는 상품을 판별할 수 없어 선택 마비에 빠지기에 상품 판단과 선택을 타인에게 맡긴다는 것이 핵심이다.

보통 인플루언서는 자신이 고른 상품을 고객에게 소개하거나 직접 판매한다. 그렇다면 고객은 왜 인플루언서가 소개하는 상품을 사는 걸까? 전적으로 신뢰하는 인플루언서가 추천하는 상품이므로 믿을 만하다고 판단하기 때문이다. 내가 좋아하고 되고 싶은 사람이 가진 이미지를 믿고 그런 신뢰를 상품에도 투영하는 것이다. 그렇기에 이들은 복잡한 판단과 선택은 인플루언서에게 대신 맡기고 구매를 결정한다.

콘텐츠 크리에이터는 다양한 상품을 다루고 분석하고 리뷰해 정보를 제공하므로 인플루언서와는 다른 것처럼 보인다. 하지만 앞서 언급한 대로 실제로는 동일한 메커니즘이다. 고객이 콘텐츠 크리에이터의 리뷰와 분석을 신뢰하는 것은 전문성을 가지고 있다고 판단하기 때문이다. 하지만 특정 전문성을 판별하기 위해선 그에 따르는 지식과 경험이 필요하다. 이를 판단할 능력이 부족한 경우 일반적으로 대리지표를 활용한다. 크리에이터의 명성, 구독자 수, 조회수 등이 바로 그것이다. 하지만 이 대리지표와 전문성은 상관관계가 낮다. 결국 이는 인플루언서와 마찬가지로 콘텐츠 크리에이터에 대한 신뢰의 문제다.

우리는 콘텐츠 크리에이터의 리뷰나 분석을 보고 상품을 선택하는 것이 아니라 콘텐츠 크리에이터를 신뢰하기 때문에 추천한 상품, 권장한 상품, 혹은 범위를 좁혀 놓은 상품을 믿을 만한 상품이라 판단해 구매한다. 결과적으로 고객은 인플루언서든 콘텐츠 크리에이터든 이들을 신뢰하기 때문에 이들이 고른 상품을 구매 결정에 활용한다는 점에서 양자는 동일하다.

현재 커머스 시장에서 새로운 트렌드로 자리 잡은 라이브 커머스의 성공 또한 이러한 맥락으로 이해할 수 있다. 설문에 따르면 라이브 커머스의 시청과 관련해 "내가 사려는 상품의 방송만 선택해서 본다."라는 응답이 58%를 차지하는 것으로 나왔다.[6] 이는 선택지를 좁혀주는 라이브 커머스의 특성을 잘 보여준다. 라이브 커머스는 고객이 원하는 특정 상품군에서 여러 가지 안을 제시하고 그중 하나를 고르는 것이 아니라 하나의 선택지를 제시하고 그 상품이 매력적인 이유를 설명한다. 이에 따라 고객은 자신이 원하는 상품이 있을 때 라이브 커머스를 보고 구매할 것인지 말 것인지를 결정하면 된다.

또 고객은 라이브 커머스 업체 선택의 이유로 37.4%가 "라이브 특가, 포인트 등 혜택 제공"을, 21.9%가 "방송 진행자와 실시간 소통과 상품 상세 이해"를 꼽았다. 이는 라이브 커머스가 고객에게 단일 옵션이란 선택지의 단점을 뛰어넘을 정도로 충분히 매력적인 제안을 한다는 것을 의미한다. 이것이 라이브 커머스의 성공 요인이라 평할 수 있다. 즉 다양한 선택지가 고객에게 줄 수 있는 효용은 다른 조건들로 충분히 대체할 수 있다는 것이다.

이런 이유로 인해 커머스 시장의 성장이 둔화하는 상황에서 어떻게 고객의 선택지를 좁혀 그 무게를 가볍게 할 수 있느냐가 향후 시장에서 중요한 화두로 떠오를 것으로 전망한다. 이 과정에서 핵심 기술로 떠오를 분야가 인공지능 기반의 추천 시스템이다. 알고리즘과 인공지능을 기반으로 한 추천 시스템은 이미 넷플릭스, 페이스북, 유튜브, 아마존 등에서 널리 쓰이고 있으나 현재로서는 보완할 점들이 많다.

대표적으로 추천 시스템이 가장 효과적으로 쓰이는 분야는 선택의 기회비용이 낮다는 공통점을 가지고 있다. 유튜브, 스포티파이, 넷플릭스 등은 추천 콘텐츠를 소비하는 데 추가 비용이 발생하지 않는다. 서비스 자체가 무료이거나 월정액을 지불하는 대가로 콘텐츠를 자유롭게 이용할 수 있기 때문에 고객 입장에선 추천 콘텐츠를 이용하는 데 아무런 장벽이 없다. 이용해보고 자신과 맞지 않으면 그 즉시 중간에 멈추고 다른 콘텐츠를 이용하면 되기에 기회비용도 매우 낮다. 또한 이러한 추천과 반응이 실시간으로 피드백되기에 이 플랫폼들의 추천 시스템은 매우 효과적으로 운영된다.

하지만 일반적인 커머스 플랫폼에서 추천 시스템은 콘텐츠 플랫폼만큼 효과적으로 운영되기가 쉽지 않다. 실물 상품은 가격이라는 장벽과 높은 기회비용을 동반한다. 또한 콘텐츠와 달리 상품이 마음에 들더라도 다른 이유로 구매를 미루거나 포기할 수도 있다. 그러다 보니 콘텐츠 플랫폼에서는 추천 시스템을 통한 반응을 직접적으로 수집할 수 있지만 커머스 플랫폼에서는 추천 시스템의 효율성이 상대적으로 낮다.

물론 이는 인공지능 기술이 갈수록 발전하고 있기에 향후 충분히 개선될 수 있다. 대표적으로 상품 카테고리의 영역을 넘어선 전이 학습을 들 수 있다. 예를 들어 A라는 고객에게 책을 추천하려고 할 때 일반적인 추천 시스템은 기존 구매 이력을 바탕으로 권할 것이다. 하지만 전이 학습을 채택하는 경우 좀 더 적극적인 추천이 가능하다. A라는 사람이 최근에 감명 깊게 본 영화가 있다면 그 영화와 관련된 책을 구매할 가능성이 클 것이다. 또 A가 즐겨보는 영화 장르가 있다면 비슷한 장르의 소설책에도 관심을 가질 가능성이 크다. 이처럼 특정 상품의 영역을 넘어서 다른 상품의 영역에 쌓인 데이터를 학습하고 그 상관관계를 고려해 추천하면 추천의 품질을 높일 수 있다. 인공지능의 학습 능력을 활용해 추천의 개인화와 더불어 그 품질을 향상하는 것이다.

차갑지 않고 거부감이 적은 대화형 인공지능 추천의 미래는 밝다

챗GPT로 떠오른 대화형 인공지능도 추천 시스템의 개선에 큰 도움이 될 것으로 전망한다. 추천의 핵심은 제대로 된 질문을 던지는 것이다. 예를 들어 도쿄로 해외여행을 가려는 사람이 커뮤니티에 "도쿄로 여행 갈 예정인데 맛집을 추천해주세요."라는 글을 올렸을 때 제대로 된 맛집을 추천받을 확률이 얼마나 될까? 도쿄 여행을 다녀온 사람들이 자신이 가본 여러 맛집이나 블로그와 인스타에 올라온 유명 명소들을 추천하겠지만 여기서도 정보의 홍수로 인해 자신에게 맞는 맛집을 찾을 가능성이 작다. 제대로 된 정보를 얻고자 한다면 제대로 된 질문을 해야 한다. 인원은 몇 명인지, 싫어하거나 못 먹는 음식은 무엇인지, 연령대는 어떻게 되는지 등에 따라 추천할 수 있는 음식점이 완전히 달라진다. 이 때문에 개인화된 추천에서 질문의 역할은 대단히 중요하다.

기존 추천 시스템은 고객의 인구 통계적 특성과 검색 키워드 등을 바탕으로 고객이 원할 것 같은 상품을 추천하는 방식이다. 하지만 이러한 추정 방식으로는 고객이 원하는 것을 명확하게 알기 어렵다. 대화형 인공지능의 가능성이 바로 여기서 드러난다. 대화형 인공지능은 추천에 필요한 정보를 좀 더 능동적으로 수집할 수 있다. 대화 형식으로 고객이 질문을 던질 수 있으며 반대로 인공지능이 고객에게 더 효과적인 질문을 끌어내도록 대답을 할 수도 있다. 이는 전보다 개인 맞춤형 추천이 가능하다는 의미다.

대화형 인공지능을 응용한 추천 시스템의 장점은 또 있다. 바로 고객의 신뢰도에 대한 기대치를 낮출 수 있는 부분이다. 일반적으로 사람들은 인간이 하는 일보다 인공지능이나 알고리즘이 하는 일에 대해 더 높은 기대치를 가지고 있으며 완벽하길 바란다. 그렇기에 인공지능에 기회를 주지만 실수를 저지르는 순간 그 믿음을 거둬버린다. 사실 이것은 당연한 반응이다. 인간은 실수를 할 수 있지만 인공지능은 그래서는 안 되기 때문이다. 이런 기대가 깨지면 우리는 인공지능이 아무리 인간보다 정확하더라도 신뢰하지 않게 된다. 상품 추천에서도 마찬가지다. 고객은 추천 시스템이 믿음직하다고 여겨지지 않으면 무얼 추천하건 간에 외면할 가능성이 크다.

그런데 대화형 인공지능과의 대화에서는 상대방이 기계가 아니라는 착각을 하게 된다. 대화는 기계와 인공지능이 가진 차가운 이미지에서 벗어나게 만든다. 따라서 대화형 인공지능을 통한 추천은 기대보다 덜 완벽하더라도 그에 대한 불만은 그리 크지 않다. 마치 다른 사람이 나에게 추천한 상품이 나와는 잘 맞지 않더라도 그것에 큰 실망을 하지 않는 것처럼 말이다.

이는 정보 수집에서도 동일하게 작용한다. 알고리즘이 개인정보를 무차별적으로 수집하는 것에 대한 두려움은 날이 갈수록 커지고 있다. 구글 네스트, 애플 홈팟, 삼성 갤럭시홈 같은 스마트 스피커가 취득한 음성 정보를 바탕으로 고객에게 상품을 추천하는 것은 편의를 제공하지만 한편으로는 모든 대화를 인공지능이 수집하고 있다는 두려움을 느끼게 한다. 그러나 대화형 인공지능은 그러한 거부감이 상대적으로 적기에 대화형 인공지능의 추천을 좀 더 긍정적으로 전망하는 것이다.

하지만 대화형 인공지능을 통한 추천 또한 취약점이 있다. 대화형 인공지능은 어뷰징(허점을 이용해 부당하게 이득을 챙기는 행위)의 허들을 크게 낮추기 때문이다. 매끄러운 문장을 손쉽고 다양하게 만들 수 있기 때문에 필연적으로 다양한 차원에서 어뷰징이 이루어질 수 있는 기반이 된다.

예를 들어 특정 업체가 상품의 인지도를 높이고자 하는 목적으로 블로그에 다양한 리뷰를 올리는 경우는 어떨까? 기존엔 해당 블로그나 소셜네트워크서비스의 계정주에게 상품을 직접 제공하고 리뷰를 써달라고 요청하는 방식으로 돌아간다. 하지만 챗GPT가 등장하면서 이제 상품을 사람에게 직접 제공하고 리뷰를 써주기를 기다리지 않아도 된다. 상품을 사용하지 않고도 원하는 키워드를 넣고 특정 연령이나 성별처럼 보이도록 리뷰를 생성할 수 있기 때문이다. 이처럼 인공지능이 만들어낸 리뷰가 넘쳐나게 된다면 어떻게 될까? 우리는 그 리뷰를 믿지 못하게 될 것이다. 사진 또한 생성 이미지로 만들어내면 된다. 이미 생성형 인공지능의 이미지는 진짜와 구분하기 힘들 정도로 정교해지고 있다. 이러한 기술이 좋은 쪽으로만 쓰이고 나쁜 쪽으로 쓰이지 않는다는 주장은 환상에 불과하다. 따라서 엄청난 어뷰징 문제를 양산할 가능성도 높은 셈이다.

결국 이는 어뷰징을 만들어내는 인공지능과 어뷰징을 잡아내는 인공지능의 대결로 발전할 것인데 생성 비용이 저렴해질수록 만들어내는 쪽이 더욱 유리한 입장에 서게 된다. 인공지능이 90%의 확률로 어뷰징을 잡아낸다고 가정하더라도 모수가 커지면 10%의 잡지 못한 어뷰징으로도 큰 성과를 거둘 수 있다. 인공지능은 추천 시스템의 향상과 교란의 가능성이 동시에 존재한다고 할 수 있겠다.

양날의 검이 된 추천 알고리즘

추천 시스템과 알고리즘은 커머스 플랫폼의 권력이다

커머스 시장에서 인공지능 추천 시스템의 고도화는 분명 고객에게 선택의 무게를 덜어주어 소비효용을 극대화하는 데 도움이 될 것이다. 하지만 반대급부로 커머스 플랫폼에 대한 규제 이슈로도 번질 가능성이 있다.

거대 플랫폼 규제는 이미 시대적 흐름으로 떠오르고 있다. 2017년 로스쿨 재학 당시에 아마존의 독점에 관한 저널로 화제를 이끈 리나 칸이 미국 연방거래위원회 위원장으로 임명된 것을 봐도 알 수 있다. 물론 리나 칸은 '빅테크 저격수'라 자처한 것에 비해 연방거래위원회 위원장으로서의 성과는 높지 않다. 하지만 많은 사람이 리나 칸의 행적에 실망할 정도로 거대 플랫폼에 위협을 느끼고 있다는 것이 중요하다.

　거대 플랫폼과 대형 커머스 기업들은 이러한 흐름에 억울함을 느낄 수도 있다. 독과점 기업이란 근거로 미국 정부에 의해 강제로 쪼개지는 운명을 맞은 과거의 스탠더드오일이나 AT&T에 비하면 이커머스 기업들의 시장점유율은 분명 독점 혹은 과점이라 말하기에는 부족한 면이 있기 때문이다.

　현재 국내 이커머스 시장에서 쿠팡과 네이버는 양강 구도라 불릴 만큼 경쟁사에 비해 점유율이 높다. 워낙 많은 플랫폼이 참여하다 보니 점유율만 보자면 두 기업은 과점기업이라 판정하기에는 애매하다. 2023년 공정위가 온라인 플랫폼 독과점 심사 지침을 발표했을 때 커머스 업계가 반발한 이유다. 커머스 플랫폼들의 독과점과 공정거래 이슈는 단순히 점유율 차원에서만 놓고 볼 수는 없다. 커머스 플랫폼은 감독기관에도 고객에게도 시장점유율 이상의 영향력을 끼치기 때문이다.

　유통업계에서는 오래전부터 잘 팔리는 주력 상품을 고객의 눈에 잘 띄는 곳에 배치하고 있다. 이러한 공식은 이커머스에도 동일하게 적용된다. 단일 쇼핑몰의 경우 상위 노출 30개 상품이 전체 판매량의 70%를 차지한다고 알려져 있다.[7] 즉 고객에게 쉽게 노출되는 위치에서도 위쪽에 배치된 제품들이 전체 판매의 대부분을 차지하는 것이다. 그렇다면 잘 팔리는 상품을 두었기에 잘 팔린 것일까? 아니면 잘 팔리는 위치에 두었기에 잘 팔린 것일까? 이와 관련한 흥미로운 연구 결과가 있다. 수천 명으로 구성된 실험 참가자들을 무작위로 여덟 개의 그룹으로 배치한 후에 신인 밴드들의 72곡 가운데 한

곡 이상을 듣고 다운로드할 수 있게 했다. 과연 각 그룹의 인기곡 순위는 음악의 질에 따라 매겨졌을까?

연구 결과 그룹별로 인기곡 순위는 제각각이었다. 이는 음악의 질이 순위를 결정한 것이 아니라 무작위로 형성된 순위가 더 큰 인기를 얻게 된 것을 말한다.[8] 후속 연구에서는 이 순위가 완전히 뒤집혔다. 최하위 곡을 1위 곡으로 올렸고 기존의 1위 곡이 최하위가 된 것이다. 그 결과 낮은 순위의 비인기 곡 중에 대부분이 인기를 얻었고 반대로 높은 순위의 인기곡들 대부분이 인기를 얻지 못했다. 이는 순위 자체가 결과를 만든다는 것을 의미한다. 설사 그 순위가 잘못된 것이라 하더라도 말이다.[9]

커머스 플랫폼들은 모두 각자의 순위 시스템을 활용한다. 키워드로 상품을 검색했을 때 기본 정렬 순은 쿠팡과 네이버 둘 다 자사의 랭킹 순대로 정렬한다. 예를 들어 장마철 필수품으로 떠오른 제습기로 검색하면 가장 먼저 뜨는 제품은 광고 제품이다. 판매자들도, 커머스 플랫폼들도 이 상위노출의 중요성을 알기 때문에 가장 많은 돈을 지불하는 쪽에 가장 좋은 노출 위치를 제공하는 것이다. 광고 제품 다음으로 랭킹 순대로 제품이 나열되지만 고객은 그 기준이 무엇인지 알 수 없다. 제습기 시장의 경우 전체 시장점유율의 약 46%를 위닉스가 차지하고 있고 24%를 LG전자가 차지하고 있고 나머지 업체들이 30%를 분할하고 있다. 하지만 쿠팡과 네이버의 제품 나열 순위를 보면 판매량도 판매량이지만 그 외에 다른 조건들이 결합된 알고리즘의 추천으로 제품 나열 순위를 결정하는 것으로 보인다.

제습기에 대한 검색 결과

(출처: 쿠팡)

　　순위를 결정할 수 있는 추천 시스템과 알고리즘은 곧 권력이다. 잘못된 순위도 결과를 만들어낼 수 있다. 좋은 위치일수록 잘 팔리거나 잘 팔려야 하는 상품을 배치함으로써 결과를 만드는 것이다. 상품의 가짓수가 상대적으로 적고 직접 만져보고 확인할 수 있는 오프라인 커머스와 달리 이커머스는 상품의 가짓수가 엄청나게 많다. 그리고 오직 화면 속 사진이나 텍스트로만 정보를 습득할 수 있는데 그 정보량이 방대해서 순위가 끼치는 영향이 훨씬 클 수밖에 없다. 특히나 이커머스는 공간적 제약을 받지 않는다는 특성상 상위 순위의 판매량이 더 극대화되기 쉽다.

이는 최근 거대 커머스 기업들이 자체 브랜드PB 상품을 취급하고 있다는 점에서 더 큰 문제가 된다. 추천 시스템의 알고리즘은 기업의 영업기밀에 해당하기에 대외적으로 공개되지 않는다. 추천과 순위가 어떠한 메커니즘으로 결정되는지 해당 커머스 플랫폼 외에는 알 수 없다. 당연하다. 그 메커니즘이 공개되면 이를 악용해 순위를 조작하려는 판매자들이 생기기 때문이다. 하지만 뒤집어 이야기하면 자체 브랜드PB 상품을 판매하는 커머스 플랫폼들은 다른 경쟁자들과 달리 그 메커니즘을 이용할 수 있는 판매자란 뜻도 된다. 즉 커머스 플랫폼들은 선수이자 심판이자 운영자다. 예를 들어 쿠팡에서 상품을 검색하면 상단엔 주로 로켓배송이 가능한 상품들이 많이 뜬다. 이는 쿠팡의 이용자들이 되도록 로켓배송이 되는 상품을 선호하기 때문에 순위가 높다고 볼 수 있다. 하지만 뒤집어보면 로켓배송 상품으로 선정되느냐 아니냐에 따라 순위가 좌우될 수 있다는 뜻이다.

이처럼 커머스 시장에서 순위는 매우 큰 영향을 미친다. 이 순위는 커머스 플랫폼들의 추천 시스템에 의해 결정되고 노출된다. 커머스 플랫폼들이 취급하는 상품의 영역과 범위가 갈수록 커지고 있기 때문에 고객과 판매자에게 미치는 영향력은 점유율이란 숫자 그 이상으로 평가할 수 있다.

대형 커머스 플랫폼들은 공정위의 칼날을 피하기 위해 애써 독과점이 아니라고 강조하고 있다. 하지만 이 기조가 고객과 판매자에게 미치는 영향력이 날로 커지는 상황에서 계속 유지될 것이란 보장은 없다. 이 또한 고성장의 시대가 끝나고 성숙기로 접어들었기에 부각될 수밖에 없는 문제다.

권력이 커질수록 규제의 칼날이 다가온다

고객이 합리적인 존재라면 커머스 시장은 성장에 성장을 더할 수밖에 없다. 고객은 상품 간의 차이를 명확하게 판단하고 구분해 자신에게 맞는 최적의 상품을 찾아낼 것이고 압도적인 다양성은 완벽한 혜택이 된다. 하지만 인간은 합리적인 존재가 아니라 제한적 합리성으로 움직이며 고객 또한 그렇게 소비한다. 이 때문에 고객의 선택 마비와 혼란이 커머스 플랫폼에서 나타나기 쉬우며 상품에 대한 판단력을 떨어뜨리고 때로는 선택을 왜곡할 수 있다.

플랫폼들은 고객의 선택을 돕기 위해 다양한 수단을 제공한다. 대표적인 것이 별점과 고객 리뷰지만 이 또한 상당한 난점이 있다. 별점 4.5점과 4.4점의 상품 간에는 어떤 차이가 있을까? 4.5점의 상품은 4.3점의 상품보다 무조건 좋다고 말할 수 있을까? 리뷰의 경우도 마찬가지다. 리뷰가 고객의 구매에 미치는 영향이 매우 크기 때문에 많은 이커머스 플랫폼과 판매자가 리뷰와 평점을 주는 행위에 대해 인센티브를 제공하고 있다.

대표적으로 네이버 쇼핑은 구매한 상품에 리뷰를 쓰고 평가를 하면 네이버페이 포인트를 주고 있다. 이러한 고객 참여 인센티브가 판매라는 측면에선 분명 장점이 되지만 정보를 판단해야 하는 구매자 입장에선 상당한 곤란 거리로 작용하기도 한다. 상품을 제대로 판별하는 데 도움이 되는 리뷰는 적은 반면 인센티브를 노린 리뷰는 압도적으로 많다. 그러다 보니 수많은 리뷰 중에서 구매에 도움이 될 만한 정보를 고르는 것도 상당한 시간과 인지 능력을 요구하는 일이 된 것이다.

이를 종합해보면 커머스 시장의 성장이 둔화하는 상황에서 새로운 방향성은 고객에게 무한히 다양한 선택지를 제공하는 것이 아니라 선택지를 좁히는 것이 될 것으로 전망한다. 그렇기에 얼마나 맞춤화한 선택지를 제시하느냐가 향후 커머스 시장의 성과에 중요한 영향을 미칠 것이다. 이 때문에 고객에게 믿을 만한 선택지를 제시하는 것은 매우 중요한 이슈이며 추천 시스템의 고도화가 필요한 이유이기도 하다. 인공지능과 알고리즘의 발전은 추천 시스템을 더욱 발전시켜 고객은 더욱더 자신에게 맞는 개인화된 추천 상품을 받아들이고 소비하게 될 것이다.

이처럼 커머스 플랫폼이 고객에게 미치는 영향력이 갈수록 커지기에 독과점과 공정거래 이슈 또한 갈수록 커질 수밖에 없다. 고객이 완벽히 합리적이라면 커머스 플랫폼들은 면책이 되겠지만 제한적 합리성 때문에 점유율을 훨씬 뛰어넘는 영향력을 가지게 된 것이 문제다. 플랫폼 기업에 대한 경계심이 높아지는 현상 또한 명목상의 점유율이나 사전적 의미의 독과점 때문이 아니라 고객에게 미치는 막대한 영향력이 원인이라 할 수 있다. 이 영향력을 아직 언어로 정리하지 못했기에 막연히 독과점으로 이야기하는 것이다. 아직은 규제의 법적 근거와 기준이 명확하지 않기 때문에 큰 문제가 되지 않을 뿐이다. 하지만 향후 거대 커머스 플랫폼의 강력한 영향력이 규제의 근거로 활용될 것으로 전망한다.

어떤 산업이든 그 역사의 궤적을 살펴보면 성장기를 넘어서 성숙기에 접어들 때부터 규제의 영역으로 편입되는 길을 밟아왔다. 커머스 시장의 미래 또한 여기서 예외가 되지 않으리라 생각하며 이 규제 이슈에 어떻게 대응하느냐가 시장의 판도에도 큰 영향을 미칠 것으로 전망한다.

4장

미래 커머스의 방향은
앰비언트 커머스

김학용

㈜와츠매터 대표·IoT전략연구소 소장·전 순천향대학교 교수

대학교와 정보통신기술ICT 기업에서 이론과 실무를 겸비한 국내 최고 사물인
터넷IoT 전문가로 자부한다. ㈜와츠매터 대표와 IoT전략연구소 소장으로 있으
며 aSSIST 객원교수, 순천향대 교수로 재직하였다. 사물인터넷 관련 서적을 8
권 집필한 전문성을 바탕으로 강연과 자문에 응하고 있다. 스마트폰 이후의
시대에는 사물인터넷과 인공지능 기반의 자동화되고 지능화된 앰비언트 커머
스Ambient Commerce가 중요하다고 강조한다.

budopar@gmail.com

　미래에는 PC를 이용한 이커머스, 스마트폰을 이용한 m커머스는 거의 사라질 수도 있을 것이다. 굳이 사람이 직접 쇼핑할 필요가 없어지기 때문이다. 지금처럼 노트북이나 스마트폰으로 쇼핑하는 대신 인공지능 스피커나 스마트 가전제품을 통해 음성으로 쇼핑하게 될 것이다. 심지어는 사용자가 직접 주문하지 않더라도 어딘가에 존재하는 인공지능 비서가 나에게 혹은 우리 가족에게 필요한 것들을 알아서 주문할 것이다.

　이처럼 직관적인 방식으로 주문하거나 혹은 내 주변에 보이지 않게 존재하는 인공지능이 나에게 필요한 것을 알아서 주문하는 새로운 커머스 패러다임을 '앰비언트 커머스Ambient Commerce' 혹은 줄여서 'a커머스'라고 한다. 이런 비즈니스 패러다임의 변화는 아마존이나 마이크로소프트 같은 글로벌 빅테크 기업을 중심으로 주도되고 있다. 특히 최근 주목받는 챗GPT 같은 생성형 인공지능과 단일 스마트홈 연동 표준인 매터Matter가 이를 더욱 가속할 것으로 보인다.

그도 그럴 것이 전체 소매판매액 대비 온라인과 모바일 쇼핑 거래액 비율은 2022년 2월을 고점으로 감소 추세에 있다. 설상가상으로 스마트폰 판매량도 2018년을 고점으로 5년째 줄어들고 있다. 그동안 모바일에만 올인했던 기업들도 이제는 모바일 커머스를 넘어서는 다음 전략을 고민해야 할 때다. 그 답이 앰비언트 커머스에 있다고 생각한다.

원클릭을 넘어 제로클릭 시대로 가는 앰비언트 커머스

퇴근하고 집에 도착했더니 택배가 하나 도착해 있다. 아무리 생각해도 최근에 쇼핑한 기억도 없고 누군가로부터 물건을 보냈다는 연락을 받은 적도 없다. 의아해하며 택배를 들어보니 발송자에 내 이름이 적혀 있다. 그리고 그 옆에 '3번 선반(물)'이라고 적혀 있다. 3번 선반(물)은 생수를 올려놓는 스마트 선반으로 생수가 3병 이하가 되면 자동으로 생수를 주문하고 결제까지 하는 장치다. 택배가 묵직한 것만 보더라도 3번 선반이 보낸 것이 맞는 것 같다.

원클릭 주문으로 아마존을 1등 커머스 기업으로 만들다

이커머스 시대에 일등 기업은 누가 뭐라 해도 아마존이다. 그리고 아마존을 일등 기업으로 만든 것은 고객 집착Customer Obsession

이다. 아마존은 모든 비즈니스 활동의 중심에 고객을 두겠다는 철학이다. 아마존의 비즈니스 모델을 설명하는 디지털 플라이휠만 보더라도 플랫폼 구조를 통해 유통 비용을 최소화함으로써 고객의 구매 부담을 줄여준다. 무료배송에서 시작된 프라임 멤버십 서비스 역시 고객의 부담을 줄여주기 위한 노력에서 탄생했다.

고객 중심적인 생각에서 시작된 노력은 한둘이 아니다. 그중 오늘날의 아마존을 만드는 데 가장 중요한 역할을 한 것은 바로 '원클릭 주문1-Click Ordering'이다. 원클릭은 기본적으로 카드와 배송지 주소 같은 결제 관련 정보를 클라우드에 저장해 놓았다가 주문 버튼을 누르는 순간 호출해서 자동으로 결제하는 방법이다. 복잡했던 주문과 결제 과정을 제품 소개 페이지에서 마우스 클릭 한 번으로 해결할 수 있게 한 것이다. 오늘날 간편결제의 원형이자 인스턴트 쇼핑Instant Shopping을 가능하게 한 주된 요인이라 할 수 있다.

원클릭 주문을 이용하면 일일이 제품을 장바구니에 담을 필요가 없으며 주문할 때마다 번번이 카드번호와 배송지 주소를 입력할 필요도 없고 이상한 보안 프로그램도 설치할 필요가 없어서 고객으로서는 더할 나위 없이 편했다. 주문과 결제 과정에서 고객 이탈도 줄고 장바구니에만 담아놓고 주문하지 않는 제품들도 줄어드니 판매자 입장에서도 좋지 않을 수 없었다. 아마존은 이렇게 편리하고 좋은 기능을 자사만 독점적으로 이용하기 위해 1997년 전 세계에 특허를 출원했다. 우리가 2017년 이후에 비로소 간편결제 서비스를 쓸 수 있게 된 이유다.

한편 당시 아마존의 경쟁 상대이자 이커머스 분야 1위 기업이었

아마존의 원클릭 주문

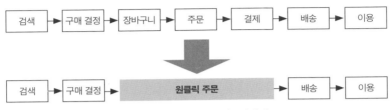

원클릭 주문은 온라인 쇼핑에서 주문과 결제 과정을 간소화했다.

던 이베이는 아마존의 원클릭 주문으로 인한 고객 이탈로 큰 타격을 받았다. 그래서 원클릭 주문에 대응하기 위한 기술을 확보하기 위해 백방으로 노력했고 그 결과 이메일 기반의 송금 중개 서비스인 페이팔을 인수했다. 하지만 한 번 빼앗긴 고객의 마음을 다시 되돌리기는 쉽지 않았다. 페이팔만으로는 전방위적으로 고객에 집착하는 아마존을 이겨내는 것이 불가능했다. 그 결과 오늘날 이베이의 시가총액은 아마존의 50분의 1 수준에 불과하다.[10]

재미있는 것은 아마존의 원클릭 주문으로 얼떨결에 일등이 된 기업들도 있다는 것이다. 일론 머스크의 스페이스X와 테슬라가 바로 그 주인공이다. 이베이에 페이팔을 매각한 일론 머스크는 매각 대금 중 1억 7,500만 달러를 손에 넣게 된다. 이 돈으로 2002년 우주탐사 기업인 스페이스X를 설립한다. 그리고 테슬라의 공동창업자인 마틴 에버하드**Martin Eberhard**와 마크 타페닝**Marc Tarpenning**의 지분을 대부분 인수하며 테슬라의 CEO가 된다. 오늘날 스페이스X는 우주탐사 분야에서, 테슬라는 전기차 제조와 서비스 생태계 분야에서 일등 기업이 됐다. 물론 일론 머스크의 열정과 집념이 있었기에 가능한 일이었지만 페이팔의 매각이 없었다면 불가능한 일이었다고 생각한다.

제로클릭 주문으로 미래의 1등 기업을 만들다

원클릭 주문이 아마존은 물론 스페이스X와 테슬라까지 일등 기업으로 만들었다면 미래의 일등 기업을 만들 기술은 무엇일까? 적어도 원클릭 주문보다 훨씬 편리한 기술임에는 틀림없을 것이다. 버튼을 클릭하는 것보다 더 편리한 기술은 바로 버튼마저 클릭하지 않는 기술이다. 즉 사용자가 주문 버튼을 클릭하지 않더라도 기계 장치나 혹은 어딘가에 존재하는 인공지능이 사용자를 대신해서 주문과 결제 과정을 대신하는 것이다. 이처럼 결제뿐만 아니라 주문 과정까지 자동으로 이루어지는 것이 '제로클릭 주문0-Click Ordering' 이다.[11]

원클릭 주문에서는 고객이 직접 마우스나 화면 터치를 통해 구매 버튼을 클릭하는 식으로 주문하면 이후 결제 과정이 자동으로 처리된다. 따라서 결제 과정을 간편하면서도 안전하게 처리하는 것이 중요했다. 반면 제로클릭 주문에서는 고객이 아무런 일을 하지 않더라도 주문(주문 신호 생성)과 결제 과정이 모두 자동으로 이루어진다. 더 나아가 제로클릭 주문에서는 주문을 위해 제품 검색과 구매 결정 과정까지 자동화한다. 이런 이유로 원클릭 주문을 기반으로 하는 제로클릭 주문에서는 사용자가 원하는 것을 정확하게 찾아서 필요로 하기 전에 주문하는 것이 중요하다. 즉 주문이 사용자의 특성을 정확히 반영한 개인 맞춤화Personalized여야 하며 선제적 Proactive이어야 한다.

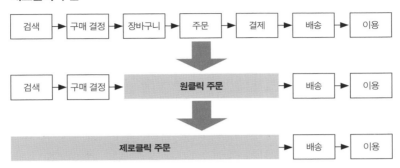

제로클릭 주문

제로클릭 주문은 주문과 결제 과정뿐만 아니라 제품 검색과 구매 결정 과정까지 자동화했다.

이런 제로클릭 주문은 다가오는 미래에, 특히 스마트폰 이후Post-Smartphone 시대에 일상적이며 보편적이게 될 것으로 기대된다. 이처럼 제로클릭 주문 기술을 바탕으로 선제적이며 사용자 맞춤형으로 상거래가 이루어지는 것을 '앰비언트 커머스' 혹은 줄여서 'a커머스'라 부른다.[12] 사전적으로 앰비언트라는 용어는 '주변의, 환경의, 나를 둘러싼'과 같은 의미가 있다. 앰비언트 커머스는 우리 주변에 있는 다양한 장치들이 사용자와 관련된 정보를 수집하고 어딘가에 있는 인공지능이 이를 분석해 주문과 결제는 물론 배송과 서비스 전달까지 모든 커머스 절차를 자동화하는 것을 말한다. 여기서 더 나아가 앰비언트 커머스는 고객들의 구매 정보를 바탕으로 상품의 생산, 수급, 판매, 마케팅 계획을 수립하고 수행하는 방법에까지 영향을 미치게 된다.

앰비언트 커머스는 스마트폰 없이도 쇼핑이 가능하다

앰비언트 커머스 혹은 a커머스는 고객이 언제 어떤 이유로 어떤 상품을 주문하려고 하는지를 결정하는 것이다. 이 과정에 고객과 관련된 다양한 정보가 필요하며 현재의 이커머스나 m커머스처럼 고객의 과거 구매 이력, 이용 패턴, 혹은 계절적인 영향은 물론 고객의 인구통계학적인 정보를 기반으로 한 유사성 분석이 활용될 수도 있다. 그러나 적절한 제품을 적시에 주문해서 배송하기 위해서는 구매한 제품의 이용 빈도나 이용 시간처럼 고객과 관련한 다양한 형태의 데이터를 더 많이 필요로 한다. 아마존이 2012년에 사용자 맞춤형 제품을 미리 배송하는 선행 배송Anticipatory Shipping 특허를 출원하고도 아직 상용화하지 못하는 이유다. 이런 이유로 앰비언트 커머스는 정해진 상품을 자동으로 주문하거나 인공지능 스피커를 통해 음성으로 주문하는 형태로 시작됐다. 아마존의 대시 보충 서비스DRS, Dash Replenishment Service와 에코 스피커가 각각 대표적인 사례에 해당한다.

대시 보충 서비스는 지금은 단종된 아마존의 대시 버튼Dash Button이나 도미노피자의 쉬운 주문 버튼Easy Order Button 같은 장치를 가상화하고 자동화한 것이다. 고객이 버튼을 클릭(원클릭)함으로써 주문 신호를 생성하는 대신에 소프트웨어가 센서 정보 등을 바탕으로 자동으로 주문 신호를 생성하게 한 것이다.

대시 보충 서비스가 적용된 대표적인 사례는 프린터다. 현재 우리가 사용하는 프린터는 토너가 거의 다 떨어지면 LED 램프를 깜박이거나 컴퓨터 화면에 경고 메시지를 띄운다. 하지만 대시 보충 서비스가 적용된 프린터는 사용자가 필요로 하는 토너를 알아서 주문한다. 현재 대시 보충 서비스는 세탁기, 정수기, 에어컨, 캡슐 커피머

아마존의 대시 버튼과 대시 셀프

대시 보충 서비스 기능이 적용된 대시 셀프는 가상의 혹은 물리적인 주문 버튼을 클릭하지 않아도 필요한 생필품을 자동으로 주문한다. (출처: 아마존)

신 등에 적용돼 사용자가 등록해 놓은 세제나 정수 필터, 공기 필터 혹은 캡슐 커피를 주문하는 데 사용되고 있다. 또한 스마트 선반에도 적용돼 생수, 음료수, 화장지, A4 용지 등 반복적으로 구매하는 다양한 생필품을 자동으로 주문하는 데 이용되고 있다. 그리고 머지않아 아마존, 삼성전자, 밀레 등이 개발 중인 자동 주문 냉장고 등에도 활용될 것으로 기대된다.[13] 필요한 소모품을 주문해달라고 기계가 사람에게 일을 시키는 대신 스스로 일을 처리한다는 점에서 매우 바람직한 기술 진화의 모습이라 할 수 있다.

앰비언트 커머스가 시작된 두 번째 유형은 음성 명령처럼 직관적인 방법을 이용해서 핸즈프리로 필요한 상품을 주문하는 것이다. 이를 '보이스 커머스Voice Commerce' 혹은 'v커머스'라고도 한다. 스마트폰의 음성 비서나 인공지능 스피커 혹은 음성 인식 기능이 있는 가전제품을 이용하는 것이 대표적이다. 사용자가 필요한 것을 말로 직접 주문해야 하기 때문에, 즉 주문 과정에 직접 개입해야 하기 때문에 개념적으로는 원클릭 주문에 가깝다고 할 수 있다. 하지만 주문할 제품이 미리 정해져 있고 마우스 클릭이나 화면 터치 같은 행위를 하지 않는다는 점에서는 제로클릭 주문의 성격을 띠고 있다.

여러 시장조사 자료를 살펴보면 음성 검색이나 음성 쇼핑을 사용하는 사람들의 비율이 미국을 중심으로 빠르게 증가하는 것으로 보인다. 업시티**UpCity**의 조사를 보면 2022년 기준 미국인의 50%가 매일 음성 검색 기능을 사용하고 있으며 34%는 일주일에 한 번 이상 사용하는 것으로 추정한다. 이들 중 72%는 이미 적게는 1년에서 많게는 5년 동안 음성 검색 기능을 사용해왔으며 5년 이상 사용한 사람들도 무려 16%에 달한다. 하지만 아직 음성 검색이 음성 쇼핑으로는 확대되지 않는 것으로 보인다. 스태티스타의 자료에 따르면 미국에서 음성 비서를 이용한 거래액이 2023년 194억 달러로 전체 이커머스 거래액의 2% 수준에 불과하다. 하지만 2021년의 46억 달러에 비해 2년 사이에 무려 4배나 증가한 수치다.[14] 이 수치는 2026년 557억 달러로 가파르게 상승할 것으로 기대된다.[15]

이런 음성 기반의 검색이나 쇼핑은 자연어 처리 기술**NLP, Natural Language Processing**이 발전함에 따라 빠르게 확산될 것으로 보인다. 음성 명령 혹은 대화가 직관적인 인터페이스 방식이기 때문에 기존 쇼핑 방식과는 달리 서비스 이용법을 배우지 않더라도 누구나 쉽게 이용할 수 있다. 특히 장애인, 고령자, 그리고 컴퓨터나 스마트폰에 대한 접근성이 떨어져 이커머스 혹은 m커머스를 이용할 수 없는 사람들이 더 쉽게 온라인 서비스를 이용할 수 있게 될 것으로 보인다.

음성 쇼핑을 포함한 초기 앰비언트 커머스에서는 주문해야 할 상품이 정해져 있고 이를 자동으로 그리고 반복적으로 구매하게 된다. 따라서 사용자는 자신이 이용하는 기존 서비스에 갇히게 되는 특징이 있다. 유사한 상품을 검색하거나 다른 상품과 가격을 비교할 필요가 사라지기 때문이다. 고객은 필요한 상품이 자동으로 주문되기 때문에 상품의 가격 변화에도 둔감해진다. 달리 말하면 이는 커머스 사업자가 가격탄력성과 가격결정권을 갖게 되므로 수익성을 높일 기회가 되기도 한다. 물론 그러기 위해서는 기업에 대한 고객의 신뢰가 뒷받침돼야 할 것이다.

새로운 기술을 흡수하는 앰비언트 커머스

우리나라에서는 인공지능 스피커에 대해 회의적인 시각이 크지만 미국에서는 이미 많은 사람이 인공지능 스피커나 모바일 음성 비서를 이용하고 있다. 스태티스타에 따르면 2022년 기준 전자상거래 이용자의 약 77%가 인공지능 스피커를 이용해 제품을 검색하고 있으며[16] 모바일 쇼핑 고객의 51%는 음성 비서를 이용해서 제품을 조사하는 것으로 나타나고 있다.[17] 미국의 스마트 스피커 보급량은 9,500만 대 수준이며 음성 비서를 이용하는 사람의 수는 약 1억 4,200만 명에 달한다. 비록 한 달에 한 번 이상 음성 비서를 이용하는 사람의 수이지만 이 수치는 2026년 미국 전체 인구의 47%에 달하는 1억 5,700만 명 수준으로 늘어날 것으로 전망된다.

여기에 최근 챗GPT 같은 생성형 인공지능이 보급되면서 음성 인식 장치나 서비스를 이용하는 사람들이 아주 빠르게 증가할 것으로 보인다. 단순히 사람이 하는 말을 이해하는 것을 넘어 의도나 미묘한 뉘앙스까지 파악할 수 있기 때문이다. 이에 아마존과 구글은 이미 스마트 스피커와 서비스 로봇에 자사의 대규모 언어 모델**LLM, Large Language Model** 적용 계획을 밝히기도 했다. 또한 벤츠, BMW, 볼보, 폭스바겐, 현대차 등 다양한 자동차 제조 회사들도 차량에 생성형 인공지능 챗봇을 탑재할 예정이다. 따라서 해당 기기의 펌웨어만 업데이트한다면 2024년부터 전 세계에 깔린 5억 대 이상의 스마트 스피커, 스마트 가전, 자동차 등에서 생성형 인공지능 챗봇 서비스를 이용하는 것도 가능할 것으로 보인다.

생성형 인공지능으로 커머스 인터페이스 방식을 바꾸다

2023년은 챗GPT 등 대규모 언어 모델에 기반한 생성형 인공지능으로 뜨거웠던 한 해였다. 구글은 바드**Bard**를 출시했으며 메타(페이스북)는 라마**LLaMA**를 출시했다.[18] 네이버의 하이퍼 클로바X와 카카오의 코GPT를 비롯해 우리나라 기업들도 독자적인 대규모 언어 모델에 기반한 서비스를 출시했다. 챗GPT가 출시된 지 수 개월 만에 국내에 관련 서적이 수백 권에 달할 정도로 많은 산업 분야에서 열기가 뜨겁다.

다행인지 불행인지 챗GPT에 대한 일반인의 관심은 2023년 하반기에 접어들며 다소 누그러지고 있다. 어느 정도 챗GPT에 대한 가능성과 한계가 파악되면서 업무와 일상생활에 적극적으로 활용하는 사람들과 그렇지 않은 사람들로 나뉘기 시작한 것이다. 대신

챗GPT 키워드에 대한 구글 트렌드

시간 흐름에 따른 관심도 변화 (대한민국)

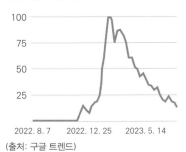

시간 흐름에 따른 관심도 변화 (전 세계)

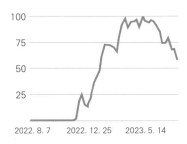

(출처: 구글 트렌드)

스마트폰 앱이나 다양한 온라인 서비스에서 적극적으로 챗GPT를 도입하고 활용하기 시작했다. 토스, 마이리얼트립, 굿닥 등 대부분 서비스는 API**Application Programming Interface**를 이용해 자사의 앱에서 챗GPT를 이용할 수 있도록 하고 있다.

반면 마이크로소프트, 조시**Josh.ai** 같은 기업들은 챗GPT를 자사의 서비스를 더 잘 이용할 수 있도록 하는 인터페이스 수단으로 활용하기 시작했다. 마이크로소프트의 마이크로소프트365 코파일럿**Copilot**과 윈도 코파일럿이 대표적이다. 윈도는 물론 워드, 엑셀, 파워포인트 같은 오피스365에서 챗GPT를 이용해서 궁금한 사항을 질문하기도 하고 필요한 작업을 수행하도록 명령을 내릴 수 있게 만들었다. 예를 들면 기존에는 엑셀에서 판매 실적 데이터 파일을 불러들인 후 다양한 기능을 이용해 수작업으로 판매 실적을 분석

인공지능 서비스에서 서비스 인터페이스로 역할을 확대한 GPT-4

했다. 이제는 코파일럿 창에서 특정 파일을 열고 가장 많이 판매되는 제품과 판매 조건을 찾아내도록 프롬프트를 입력하는 식으로 이용하는 것이다. 그리고 이렇게 분석된 결과를 파워포인트 파일이나 워드를 통해 보고서를 작성하게 할 수도 있다.

조시의 음성 제어 인공지능 스마트홈 자동화 솔루션

(출처: 조시 웹페이지)

조시는 자사의 스마트홈 시스템을 더 쉽고 직관적으로 이용할 수 있도록 하기 위해 조시GPT를 개발했다.[19] 조시GPT의 경우 한 번에 여러 개의 스마트홈 제어 명령을 수행할 수도 있으며 사용자가 "책을 읽는데 조금 어두워!"라고 말하면 사용자 주변의 조명을 책 읽기에 적합한 모드로 켤 수도 있다. 아직 쇼핑 기능은 없지만 스마트홈 기기 제어를 넘어 쇼핑을 포함한 다양한 생활 서비스를 중개하는 것은 자연스러운 수순으로 보인다.

요컨대 앞으로는 챗GPT 같은 생성형 인공지능 서비스가 단순히 사용자의 질문에 대답하거나 텍스트 기반의 콘텐츠를 생성하는 서비스형 챗GPT**ChatGPT as a Service**에서 기존 제품이나 서비스를 더 잘 이용할 수 있게 하는 서비스 인터페이스형 챗GPT**ChatGPT as an Interface**로 활용될 것이다. 마이크로소프트가 윈도와 오피스에 사용되는 챗GPT를 부조종사라는 의미의 단어인 '코파일럿'을 사용한 이유도 바로 여기에 있다. 이러한 생성형 인공지능의 역할 변화는 커머스 분야에도 그대로 적용될 것으로 보인다. 그런 측면에서 인공지능 스피커 같은 음성 기반의 사용자 인터페이스 채널을 얼마나 많이 확보하느냐가 앞으로 중요한 이슈로 떠오를 것이다.

챗GPT와 커머스가 만나 새로운 가치를 제공한다

챗GPT 같은 생성형 인공지능이 이미 존재하는 서비스의 이용 방법을 바꿀 것으로 예상되는 만큼 커머스 영역에서도 다양한 방식으로 활용될 것으로 보인다. 예를 들면 제품 검색, 개인화 추천, 콘텐츠 생성, 고객 지원 등이다. 실제로 매킨지의 보고서도 챗GPT 같은 생성형 인공지능이 온라인 소매업에서 가장 큰 영향을 미치는 분야로 마케팅, 영업, 고객 접점을 꼽고 있다.[20]

먼저 제품 검색에 활용되는 방식을 살펴보면 사용자가 한 질문의 의도를 이해하고 더 관련성 높은 결과를 제공함으로써 제품 검색을 개선하는 데 사용될 수 있다. 월마트가 2022년 12월에 선보인 챗봇 앱 '텍스트 투 숍**Text to Shop**'과 세계가전전시회**CES** 2024에서 공개한 검색 기능이 대표적이다. 생성형 인공지능에 기반한 이 서비스들은 고객이 간단한 질문만으로 자신이 필요로 하는 여러 가지 제품들을 한꺼번에 검색하고 구매하는 것이 가능하다. 예를 들어

"딸을 위해 해리포터를 테마로 하는 생일 파티를 계획하고 싶어."
라고 입력하면 인공지능이 해리포터 관련 풍선, 종이 냅킨, 깃발 등
다양한 파티용품들을 제시한다.

물론 기존처럼 사용자의 과거 구매 내역, 검색어, 인구통계학적
인 데이터를 기반으로 개인화된 제품을 추천할 수도 있다. 그러나
생성형 인공지능은 이 과정에서도 사용자나 혹은 사용자와 유사한
성향을 가진 고객들의 데이터를 통해 구매 가능성을 높일 제품을
추천한다. 예를 들어 특정 브랜드의 러닝화만 구매하는 사용자가
있다면 대규모 언어 모델은 이 사용자가 관심을 가질 만한 동일 브
랜드의 신제품 러닝화를 추천하거나 사용자의 취향과 유사한 고객
들이 많이 선택하는 다른 브랜드의 제품을 추천할 수도 있다.

또한 대규모 언어 모델은 제품 설명, 블로그 게시물, 마케팅 자료
등의 콘텐츠를 생성하는 데도 활용할 수 있다. 이로써 기업은 고객
의 마음을 사로잡을 만한 매력적인 콘텐츠를 만들어 새로운 고객을
유치하고 기존 고객을 유지하는 데 도움을 받을 수 있다.

실제로 아마존은 생성형 인공지능을 이용해 수백에서 수천 개에
달하는 제품 리뷰의 긍정 평가와 부정 평가를 요약해 제공하는 기
능을 시험하고 있다.[21] 이 외에도 미드저니, 달리2, 스테이블 디퓨
전, 크레용, 컨트롤넷 같은 이미지 생성형 인공지능으로 상품의 콘
셉트와 어울리는 이미지를 순식간에 생성해 활용할 수 있다.

마지막으로 고객 지원과 관리에도 활용할 수 있다. 생성형 인공
지능은 제품 관련 질문에 답하고 기술적인 문제를 해결하고 불만을
해결하는 등 고객 지원이 가능하다. 또한 제품 구매나 사용법에 대

아마존닷컴에서 인공지능이 요약한 에코 스피커 제품 리뷰

Customers say

Customers like the ease of setup, size, performance, sound quality, and color of the digital bundle. They mention that it's super simple to set up and use, and can even be done so from your Alexa. That said, some appreciate the sleek, slim profile and how well it blends in. That being said..

AI-generated from the text of customer reviews

(출처: 아마존 웹페이지)

해 궁금해하는 고객에게는 고객의 요구사항에 맞는 자세한 답변도 제공한다. 특히 정해진 답변만 내놓아 고객으로부터 외면받던 기존 챗봇의 기능을 강화함으로써 마치 인간 상담원이 고객을 직접 대응하는 것과 같은 경험을 제공할 수도 있다. 결과적으로 고객 이탈을 방지하고 상향 판매 같은 수익 개선 효과까지 거둘 수 있다.

도이치텔레콤Deutsche Telekom이 모바일 월드 콩그레스MWC 2024에서 소개한 '앱이 필요 없는 인공지능 경험App-Free AI Experience'은 생성형 인공지능과 커머스가 결합하는 방식을 이해하기 쉽게 보여

도이치텔레콤의 '앱이 필요 없는 인공지능 경험'

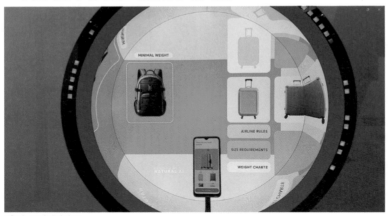

(출처: 도이치텔레콤)

주는 좋은 사례다. 생성형 인공지능 기반의 스마트폰을 사용하면 앱 없이 음성 명령만으로 제품 추천에서 구매에 이르는 전 과정이 이루어진다.

매터가 스마트홈의 새로운 표준이 된다

지금까지의 온라인 커머스는 컴퓨터나 노트북 혹은 스마트폰 같은 장치에서 이루어지는 상거래로 국한됐다. 그러나 앞으로는 온라인 커머스를 이용하는 장치의 한계가 사라질 것으로 보인다. 우리 주변의 모든 것이 인터넷을 통해 서로 연결되는 초연결 시대가 펼쳐지고 있기 때문이다. 이런 모습은 다양한 스마트 기기로 채워지고 있는 가정에서부터 자동차 등으로 확대되고 있다.

이미 미국이나 유럽의 가정에서는 인공지능 스피커를 이용해서 배달 음식을 주문하거나 우버를 부르고 청소나 세탁 같은 생활 서비스를 요청하는 것이 일상화되고 있다. 음악이나 동영상 등 콘텐츠 스트리밍 서비스를 이용하거나 음성 명령으로 온라인 쇼핑을 하는 것은 기본이다. 이런 기능들은 냉장고나 전자레인지 같은 다양한 가전제품으로 확대되고 있다. 스마트 냉장고는 반복적으로 구매하는 식자재를 주문하고 냉장실의 오염 정도를 확인한 후 냉장고 청소 서비스를 요청하기도 한다. 심지어 냉장고 문이 열리는 패턴을 분석해서 야식(밀키트)을 주문하거나 다이어트 서비스를 중개하기도 한다.

2022년 10월에 발표된 매터라는 통합 스마트홈 표준은 이런 변화를 더욱 가속할 것으로 기대한다. 매터는 아마존, 구글, 애플, 삼성전자 같은 주요 플랫폼 사업자들이 공동으로 개발한 단일 스마트홈 연동 표준이다. 이 표준을 따르는 기기는 어떤 플랫폼에도 연결해서 이용하는 것이 가능해진다. 게다가 하나의 기기를 동시에 여러 플랫폼에 연결해서 이용할 수도 있다. 그동안 스마트홈의 발전을 가로막았던 플랫폼의 폐쇄성과 그로 인한 플랫폼의 파편화 문제가 해결되는 것이다. 특히 2023년 10월에 발표된 매터 1.2 표준에는 TV, 에어컨, 공기청정기 외에 세탁기, 냉장고, 로봇청소기 등의 가전제품이 추가됨에 따라 스마트홈 플랫폼 사업자들은 이런 기기들을 활용해 생필품은 물론 생활 서비스를 중개하는 서비스 경쟁에 나설 것으로 보인다.

또한 클라우드 플랫폼이 스마트홈 기기를 제어하는 기존 방식 대신 집 안에 존재하는 컨트롤러(인공지능 스피커 혹은 TV 셋톱박스)를 중심으로 기기가 관리되고 제어된다. 이런 에지 컴퓨팅 장치에서는 기기의 이용 정보를 비롯해 사용자와 관련된 다양한 정보들이 저장되고 분석된다. 음성과 얼굴 인식을 통한 사용자 인증은 물론 앞에서 소개한 조시GPT 같은 스마트홈에 특화된 소규모 생성형 인공지능HomeGPT이 수행될 수도 있을 것이다.[22] 그리고 이를 효과적으로 관리하기 위해 컴퓨터나 스마트폰 운영체제 같은 스마트홈 운영체제HomeOS도 등장할 수 있다. 스마트홈 운영체제는 다양한 유형의 공간 컴퓨팅 장치와 결합해 가상 쇼핑 등의 서비스를 제공하는데도 이용할 수 있을 것이다.

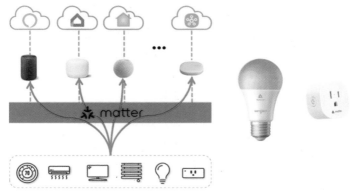

매터 표준 등장 이후 달라지는 것들

매터 표준은 스마트홈 플랫폼의 폐쇄성을 무너뜨림으로써 스마트홈 시장의 활성화와 스마트홈 기반의 커머스도 활성화할 것으로 기대된다. 매터 표준을 지원하는 장치에는 매터 로고가 부착된다.

공간 컴퓨팅이 메타버스 매장을 만들어주다

a커머스의 또 다른 형태는 공간 컴퓨팅Spatial Computing 형태로 나타날 것으로 보인다. 공간 컴퓨팅은 스마트폰이나 노트북 같은 2차원 화면이 아니라 집이나 사무실 같은 3차원 공간에서 컴퓨터와 상호작용할 수 있도록 하는 일련의 기술을 지칭하는 용어다.

공간 컴퓨팅의 개념은 사이먼 그린월드Simon Greenwold가 2003년에 처음 소개했지만 그동안 기술적인 한계로 크게 주목받지 못했다. 그러다 애플이 세계개발자회의WWDC 2023에서 비전프로라는 혼합현실MR, Mixed Reality 헤드셋을 출시하며 다시 주목받고 있다.

공간 컴퓨팅은 웨어러블 장치를 이용하는 형태와 주변 공간을 가상화하는 형태로 구현된다. 전자는 증강현실 글래스나 혼합현실 헤드셋을 착용하고 서비스를 이용하는 형태가 될 것으로 보인다. 후자는 우리 주변의 공간을 커다란 디스플레이로 둘러쌈으로써 현실

공간 컴퓨팅

(출처: 애플의 비전프로 영상(상), 터치캐스트의 메타버스 큐브 영상(하))

을 가상화하는 형태로 구현될 것이다. 웨어러블 기기를 이용해야 하는 방식은 가상 쇼핑몰 형태로 이미 오래전부터 다양하게 시도된 바 있다. 하지만 웨어러블 장치의 사용성과 비싼 가격 등으로 충분한 보급이 이루어지지 않아 사실상 모두 실패했다. 향후 출시되는 장치들도 이런 문제가 해결돼 충분히 보급되기 전까지는 성공하기 어렵다는 것이 일반적인 견해다.

오프라인 공간을 가상화하는 방식은 오프라인과 온라인이 결합된 커머스 매장으로 활용할 수 있다. 터치캐스트Touchcast의 메타버스 큐브Metaverse Cube가 대표적인 솔루션인데 매장 전체를 커다란 디스플레이로 만들어 가상 매장을 구현하고 있다. 물론 특정 부분만 디스플레이로 구현하거나 프로젝션 혹은 홀로그램 장치를 이용할 수도 있다. 중요한 것은 내가 있는 공간에서 직관적인 인터페이스 방식으로 가상의 객체와 소통하며 내가 원하는 제품이나 서비스를 구매할 수 있게 된다는 것이다.

두 방식 모두 현실 공간에 구현된 가상 매장에서 쇼핑하게 되고 가상의 점원에게 제품이나 서비스에 대해 문의하거나 구매하는 형태가 될 것이다. 따라서 대규모 언어 모델 기반의 생성형 인공지능 기술과 동작 인식 등의 기술이 중요하게 사용될 것으로 기대된다. 결제는 지금처럼 스마트폰 기반의 간편결제를 이용할 수도 있으며 홍채 인식이나 손바닥 인증 같은 기술을 이용할 수도 있다. 홍채 인식 기술은 애플의 비전프로 같은 장치에 적합할 것으로 보인다. 아마존의 손바닥 결제 기술인 아마존원은 앰비언트 매장인 아마존고 등에서 이미 사용되고 있으며 미국 전역의 홀푸드 500여 매장에 확대 적용되고 있다.

지금 앰비언트 커머스를
대비해야 하는 이유

스태티스타에 따르면 미국의 이커머스 거래액은 2020년 6,167억 달러에서 2025년 1조 2,637억 달러로 5년 사이에 두 배 증가할 것으로 보인다. 놀랍게도 이러한 현상은 전체 소매 판매액에서 온라인 거래액이 차지하는 비중이 가장 높은 우리나라에서 이미 확인된 바 있다. 2017년 92조 원이었던 온라인 쇼핑 거래액이 2022년 210조 원으로 5년 사이에 두 배 이상 증가한 것이다. 문제는 이런 온라인 쇼핑 거래액의 증가세가 예전만 같지 않다는 것이다. 이제 온라인과 모바일의 다음을 준비해야 할 때가 된 것이다.

포화된 모바일 커머스에서 신규 고객 창출은 필수다

우리나라 통계청은 매달 초 「온라인 쇼핑 동향」을 발표한다.[23] 보통 2개월 전 자료가 발표되는데 전체 소매판매량, 온라인 쇼핑 거래액, 온라인 상품 거래액, 모바일 쇼핑 거래액을 알려준다. 이 외에도 상품군별(가전, 도서, 패션, 식품, 생활, 서비스, 기타) 거래액 추이와 증감률을 보여준다. 최근 주목할 만한 점이 눈에 띄기 시작했다. 전체 소매판매량에서 온라인과 모바일 쇼핑 거래액의 비중이 크게 줄어들기 시작한 것이다.

전체 소매판매액 대비 온라인 및 모바일 쇼핑 거래액 비율의 변화

(출처: 통계청 '온라인 쇼핑 동향' 재가공)

위 그래프는 전체 소매판매액 대비 온라인 및 모바일 쇼핑 거래액 비율의 변화를 나타낸다. 온라인 및 모바일 쇼핑 거래액 비율은 2022년 2월에 각각 38.5%와 29.4%로 고점을 찍은 후 1년 정도 횡보하다가 감소하는 추세로 전환되고 있다. 그렇다고 온라인이나 모바일 거래액이 줄어든다는 것은 아니다. 거래액 규모는 꾸준히 증가하고 있지만 2022년 이전과 달리 전체 소매판매액의 증가세를 따라잡지 못하고 있을 뿐이다. 코로나19 엔데믹의 영향도 있겠지만 온라인 못지않게 오프라인의 역할이 굳건하다는 것을 의미한다고 할 것이다.

이런 사실은 전년 동월 대비 거래액의 변화로도 확인할 수 있다.

소매판매액, 온라인 쇼핑 거래액, 모바일 쇼핑 거래액 증감률의 변화

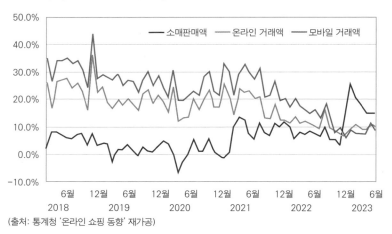

(출처: 통계청 '온라인 쇼핑 동향' 재가공)

2018년 1월부터 2023년 4월까지 매월 소매판매액(검정), 온라인 쇼핑 거래액(파랑), 모바일 쇼핑 거래액(빨강)의 전월 대비 증감률의 변화를 보자. 그래프에서 보듯 2021년까지만 하더라도 모바일 거래액 증가율은 평균 30%에 육박했고 모바일을 포함한 온라인 쇼핑 거래액 증가율도 20%를 넘나들었다. 그런데 이런 쇼핑 거래액 증가율이 2022년에 들어서면서 급격히 감소하고 있다. 특히 2023년 상반기에는 전년 대비 10%도 안 되는 성장률을 보이고 있으며

2022년 12월의 경우 모바일 쇼핑 거래액 증가율은 채 6%도 되지 않았다. 40% 이상 성장하던 모바일 쇼핑 거래액이 6% 수준까지 떨어진 것이다.

이에 비해 전체 소매판매액의 월평균 증가율은 2020년까지 2.6%였던 것이 2021년 이후 8.3% 수준으로 급격히 늘어나고 있다. 그렇다면 전체 소매판매액과 달리 온라인 및 모바일 쇼핑 거래액 증가율이 주춤하는 이유는 무엇일까? 여러 이유가 복합적으로 작용했겠지만 한도 끝도 없이 성장할 것으로만 보였던 온라인과 모바일 커머스 시장이 어느 정도 포화 상태에 다다른 것으로 보인다.

이러한 모습은 모바일 커머스의 수단이 되는 스마트폰 출하량에서도 확인된다. 글로벌 스마트폰 판매량은 2018년 정점을 찍은 이후 연평균 6.2% 수준으로 꾸준히 감소하고 있다. 2023년 1, 2분기 출하량은 전년 동기 대비 각각 13%, 10% 감소했다.[24]

글로벌 스마트폰 출하량 및 증가율의 변화

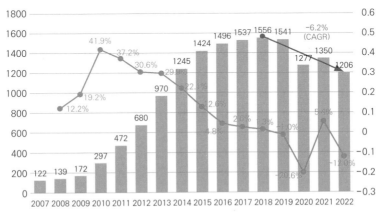

(출처: 카날리스, IDC, 스태티스타가 매 분기 발표하는 글로벌 스마트폰 출하량 관련 자료를 조합 및 재구성)

이런 상황이 지속된다면 어떤 일이 벌어질까? 지금도 치열한 마케팅 전쟁이 펼쳐지고 있지만 그 정도가 전에 없이 심해질 것으로 보인다. 기업들은 경쟁사로부터 고객을 빼앗아 오기 위해 더 싼 가격을 제시하거나 할인쿠폰을 남발해야만 할 것이며 그 결과 수익성은 악화될 게 뻔하다. 그리고 이런 상황을 극복하기 위해서는 기존과는 다른 방식으로 시장에 대응해야 한다. 바로 고객 접점을 다양화하고 쇼핑 경험을 혁신하며 이를 통해 고객을 자사의 서비스에 묶어두는 것이다. 특히 그동안 모바일 커머스에서 소외된 중장년층을 집중적으로 공략할 필요가 있다. 또한 비용도 많이 들며 객관적으로 효과도 검증되지 않은 기존의 물량 기반의 푸시Push형 마케팅 기법 대신 인공지능 기반의 고객 맞춤형인 풀Pull형 마케팅 기법을 활용해야 할 것이다.

앰비언트 커머스가 중장년층에게 다가가다

하루 평균 5시간 이상 스마트폰을 사용하는 나라에서 온라인과 모바일 비중이 전체 소매 판매의 40%를 넘기지 못하는 이유는 무엇일까? 심지어 2022년 이후로는 온라인 및 모바일 쇼핑 거래액의 증가세마저 주춤한 이유가 무엇일까? 스마트폰 판매량은 물론 온라인 쇼핑 거래액의 75% 정도를 차지하는 모바일 시장의 성장이 정체한 것이 가장 큰 이유이겠지만 여전히 많은 사람이 오프라인을 선호하기 때문일 것이다.

오프라인 매장을 구경하면서 쇼핑하는 것을 더 선호하는 사람들도 있다. 일부 상품은 직접 만져볼 필요가 있거나 혹은 디지털로 전환하기 어려운 것들도 존재한다. 다른 한편으로는 여전히 컴퓨터나 스마트폰으로 쇼핑하는 것을 어려워하는 사람들도 많기 때문이기도 하다. 이러한 사실은 통계 자료를 통해서도 확인된다. 한국인터넷진흥원이 2022년 8월에 발표한 「2021년 인터넷이용실태조사」에 따르면 12세 이상 우리나라 국민의 인터넷 쇼핑 이용자 비율은 평균 73.7%다.[25] 20대와 30대는 무려 97% 이상이며 40대도 88%에 달한다. 반면 60대는 41.2%이고 70대 이상은 23.0%에 불과하다. 60~70대의 인터넷 쇼핑 비율은 2019년의 20.8%와 15.4%에 비해 많이 증가했지만 월 2회 미만 이용 비율이 39.6%와 43.5%에 그친다. 반면 20대와 30대는 월 3회 이상 구매하는 비율이 각각 78.6%와 80.8%다. 중장년일수록 온라인 쇼핑의 이용자 비율도 낮고 이용 횟수도 적은 것이다.

하지만 직관적인 음성 명령을 통해 아주 쉽게 쇼핑하거나 심지어는 아무런 말을 하지 않더라도 쇼핑이 가능해지는 앰비언트 시대에는 상황이 달라질 것으로 보인다. 그동안 온라인 쇼핑에 적극적이지 않았던 중장년층이 신규 고객층으로 등장할 가능성이 크기 때문이다. 주목해야 할 점은 우리나라 전체 인구에서 60대 이상이 차지하는 비중이 26.8%이며 은퇴를 앞둔 50대의 비중도 16.8%에 달할 정도로 높은 비중을 차지하고 있다는 점이다.[26] 또한 이들은 전 세대와는 다르게 경제적인 여유도 있고 MZ세대처럼 자신을 위해 돈을 쓰는 데도 적극적이다. 따라서 커머스 기업들은 앞으로 a커머스 기술을 기반으로 중장년층을 적극적으로 공략해야 할 것이다.

앰비언트 커머스가 마케팅 방식에도 변화를 주다

토요일 저녁 8시 40분, 아내와 함께 주말 드라마를 보고 있는데 인공지능 스피커가 갑자기 말을 걸어온다. "배고파님, 오늘은 치맥 주문 안 하시나요?" 평소라면 토요일 저녁 9시에는 치맥을 하면서 「아는형님」 프로를 보았을 것이다. 그런데 오늘은 주말 드라마에 빠져 그만 치맥 주문을 깜박했다. 보통 8시 30분경에 인공지능 스피커에 치맥을 주문해달라고 하는데 10분이 지나도록 주문하지 않자 스피커가 먼저 말을 걸어온 것이다.

"오케이. 주문해줘!"라고 짤막하게 대답하니 이렇게 물어온다. "알겠습니다. 그런데 깐부치킨에서 신상품 '바비큐 치킨' 출시 기념으로 20% 할인 이벤트를 진행 중인데요. 여기서 주문할까요?" 평소 바비큐 스타일의 치킨을 좋아했는데 20%나 할인해준다고 하니 망설임 없이 제안을 수락했다. 20여 분이 지나자 치킨이 도착했다는 알림이 왔다. 현관문을 여니 배달 로봇이 문 앞에서 기다리고 있다. 내가 공유해둔 인증 정보를 이용해서 아파트 공동 현관문을 열고 엘리베이터도 호출해서 우리 집 문 앞에 도착해 있었던 것이다.

그리고 한 주가 지났다. 이번에는 잊지 않고 8시 30분경에 치맥을 주문했다. 그러자 인공지능 스피커가 "지난번에 주문하신 대로 주문할까요?"라고 되묻는다. "오케이"라고 짧게 답변하자 인공지능 스피커가 주문을 확인한다. "알겠습니다. 깐부치킨에서 바비큐 치킨과 맥주 1,000시시를 주문합니다." 2주 전까지만 하더라도 BBQ에서 치맥을 주문해 먹던 내가 어느새 깐부에서 치맥을 주문해 먹고 있다.

앰비언트 마케팅의 대표적인 사례

(출처: WIXblog, BoredPanda.com)

　a커머스 시대에는 이렇게 마케팅 방식도 능동적이며 적극적인 방식으로 바뀌게 된다. 이처럼 사용자의 일상에서 자연스럽게 이루어지는 마케팅을 앰비언트 마케팅이라고 한다.

　앰비언트 마케팅은 푸시형 마케팅처럼 과도한 물량 공세를 통해 광고 메시지를 전달하는 대신 비침입적인 방식으로 광고 메시지를 전달하거나 창의적인 방식으로 고객의 관심을 끄는 마케팅 기법을 의미한다. 초콜릿 색상과 비슷한 벤치에 자사 상품을 그려 넣어 자연스럽게 제품을 홍보하는 킷캣이나 매장 근처 횡단보도에 감자튀김을 그려 넣어 고객을 자연스럽게 매장으로 유도하는 맥도날드의 캠페인이 대표적이다. 이런 앰비언트 마케팅이 초연결 시대가 되면서 우리 주변에 다양하게 존재하는 스마트 기기에 확대 적용되고 있다.

　아마존은 2022년 8월 인공지능 로봇청소기 제조 회사인 아이로봇iRobot을 17억 달러에 인수했다. 최근에 출시되는 로봇청소기에는 다양한 사물을 인식할 수 있는 카메라가 탑재되고 있다. 일반적으로 청소기에 걸려 동작을 멈추게 하는 양말이나 걸레, 전깃줄, 혹은 강아지 배설물 등을 피해 청소를 하도록 하기 위해서다. 그런데 로봇청소기가 이것만 촬영할까? 사람들은 아마존이 가전제품이나 가구 등의 브랜드, 연식, 스타일 등을 분석하고 가족 구성원의 인류통계학적인 정보 등을 수집하는 데 로봇청소기가 촬영한 데이터를 이용할 것이라고 의심하고 있다. 아마존은 집 안의 다양한 정보를 바탕으로 적극적인 앰비언트 마케팅을 전개할 것으로 보인다.

앰비언트 커머스의 선결 과제는 고객 신뢰 확보다

a커머스를 성공적으로 수행하기 위해서는 인공지능을 활용해 일상생활 속에서 상거래가 자연스럽게 이루어지도록 해야 한다. 그러기 위해서는 집 안의 다양한 구성품뿐만 아니라 사용자의 생활 패턴, 행동 패턴, 기호와 성향, 과거 서비스 이용 이력 등 사용자와 관련된 방대한 데이터를 수집하는 것이 필수다. 그중 서비스 이용 이력 같은 데이터First Party Data는 기존의 온라인 혹은 모바일 커머스 채널을 통해서 확보할 수 있다. 하지만 사용자의 생활 패턴, 행동 패턴, 기호와 성향 같은 데이터Zero Party Data를 확보하기 위해서는 다양한 스마트홈 기기에서 나오는 데이터를 제공받아야 한다.

그러나 자신의 주변에 있는 다양한 사물이 인터넷에 연결돼 있다고 해서 자신과 관련된 모든 데이터를 선뜻 a커머스 사업자에게 제공할 고객은 아마 거의 없을 것이다. 따라서 기업들은 고객의 프라이버시를 최대한 지켜주면서도 자사에 필요한 데이터를 활용하는 방법을 찾아야 한다. 에지 홈서버Edge Home Server를 이용해 고객 정보를 고객과 가까운 곳(집 안)에 저장하고 필요한 데이터만 제한적

으로 이용하며 그에 따르는 적절한 보상을 지불하는 것이다.[27]

    기업들은 구글의 연합학습Federated Learning 같은 기술을 이용해서 고객 데이터를 로컬(에지 홈서버)에 저장하면서도 고객 맞춤형 서비스를 제공할 수도 있다. 즉 고객은 자신과 관련된 데이터를 서비스 사업자에게 제공하지 않으면서도 맞춤형 서비스를 이용할 수 있게 된다. 이렇게 되면 더 많은 고객이 자신의 데이터를 활용하는 것에 동의할 것으로 보인다. 물론 이에 앞서 고객의 신뢰를 확보하기 위한 기업의 노력이 전제돼야 할 것이다.

데이터가 돈이 되는 시대와 앰비언트 커머스

미국이나 유럽의 국가들과 달리 우리나라는 2022년 2월을 고점으로 온라인과 모바일 커머스의 기세가 주춤하고 있다. 온라인과 모바일 쇼핑 거래액 성장률이 전년 대비 10% 이하 수준으로 떨어졌다. 이는 3~4년 전의 20%와 30% 수준에 훨씬 미치지 못하는 것이다. 또한 전 세계 스마트폰 판매량은 5년째 급감하고 있으며 동영상 시청 시간을 제외하면 스마트폰 이용 시간도 정체하거나 감소하고 있다.

그렇다면 사용자는 어떤 장치를 이용하여 시간을 보내고 있을까? 또 그런 장치를 어떤 방식으로 이용하고 있을까? 현재 시장을 주도하는 모바일 기술을 기반으로 비즈니스를 하는 사람들이라면 이런 시장 환경의 변화에 민감하게 반응해야 할 것이다. 그 답은 앰

휴메인의 AI 핀과 래빗의 R1

(출처: 각 사 홈페이지)

비언트에 있다. 즉 사용자의 커머스 이용 정보뿐만 아니라 생활 패턴과 주변에 존재하는 스마트 기기들의 이용 정보까지 활용해 맞춤형 서비스를 선제적으로 제공하는 것이다.

또한 고객이 커머스 서비스를 이용하는 방식은 직관적이어야 한다. 이제 6인치의 작은 화면을 여러 차례 터치하며 쇼핑하는 방식은 게임이나 이동 중 동영상 시청 등 일부 제한된 상황에서만 유효한 유물이 될 것이다. 휴메인Humane의 AI 핀Pin이나 래빗Rabbit의 R1 그리고 도이치텔레콤의 앱이 필요 없는 인공지능 폰을 이용하는 것처럼 사람들은 생성형 인공지능과 자연스럽게 대화하며 쇼핑을 하게 될 것이다. 그리고 우리 주변에 존재하는 스마트 기기들과 주변 지능은 말하지 않아도 고객의 숨겨진 니즈를 찾아 주문으로 연계할 것이다. 그 결과 고객은 특정 서비스 사업자에 록인Lock-in될 것이다.

앰비언트 시대는 그동안 말로만 하던 '데이터가 돈이 되는 시대'다. 따라서 기업들이 준비해야 할 일들은 분명하다. 챗GPT 같은 직관적인 인터페이스 기술을 활용하고 스마트홈 사업자들과 협력해 고객의 일상생활과 관련된 정보를 확보해야 한다. 그리고 이를 통해 고객의 커머스 경험을 개선해야 한다. 물론 그러기 위해서는 서비스 사업자에 대한 고객의 무한 신뢰가 바탕이 돼야 할 것이다.

5장

커머스 성장을 이끄는
결제와 페이먼트의 진화

길진세

한국금융연수원 교수·국내 대형카드사 사업전략팀 차장

케이뱅크 카드계 구축, 토스머니 카드 PO, 정부재난지원금 PO 등 핀테크 최
전선에서 실무 경험을 쌓아왔다. 국내 대형카드사 사업전략팀 차장으로 근무
중이며 작가, 한국금융연수원 교수, 서울시 청년취업 멘토, 핀테크 지원센터
규제혁신 위원 및 멘토 등으로 활동 중이다. 『핀테크 트렌드 2024』『왜 지금
핀테크인가』를 집필했으며 글로벌 IT 미디어 「픽쿨」과 「아웃스탠딩」에 정기적
으로 기고하고 있다. 핀테크와 지불결제 전문가로서 지식을 나누려 노력하고
있다.

fintechmaker@gmail.com

　누구나 불편한 결제 프로세스로 인해 구매를 중단했던 경험이 있을 것이다. 온라인 커머스 태동기부터 결제 단계의 고객 이탈률은 사업자들의 골칫거리였다. 많은 사업자가 편리한 결제를 구현하는 데 집중했고 말 그대로 간편한 결제 방식인 '간편결제'가 등장했다.

　이후 모바일이 사회 전체를 흔들며 결제 분야에서도 큰 변화가 일어났다. 온라인에서 주로 사용되던 결제방식이 오프라인에서도 쓰이기 시작한 것이다. 예약, 배달 주문 등 오프라인에서 하던 결제는 온라인으로 이동했다. 네이버 지도에서 맛집을 찾고 네이버 예약에 들어가서 네이버페이로 결제하는 모습은 더 이상 낯설지 않다. 이러한 O2O**Online to Offline** 결제가 현재 단계다.

　미래의 결제는 어떻게 될까? 하루가 다르게 신기술과 비즈니스 모델이 쏟아져 나오고 있어 쉽게 예측하긴 어렵다. 하지만 분명한 법칙이 있다. 결제는 고객이 편리한 방향으로 천천히 발전해 나간다는 것이다. 이번 장에서는 지금까지 결제의 발전 과정을 살펴보고 진화 방향을 두 가지로 제시하고자 한다. 한 방향은 생체인증으로 대변되는 IT의 발전이고 다른 방향은 글로벌 커머스 환경과 함께 부각되고 있는 크로스보더 페이먼트다.

결제는 국가별 법과 제도, IT, 고객의 인식이 함께 움직여야 변화하는 일종의 종합예술에 가깝다. 이번 장을 통해 다양한 요소가 어떻게 결제 분야를 변화시켜 왔는지 흥미롭게 확인할 수 있을 것이다.

오프라인으로 파고든
아마존의 생체인증 결제

2020년 9월 아마존은 손금과 정맥 패턴을 읽고 이를 결제에 활용하는 서비스인 아마존원을 출시했다. 당시 국내 결제 전문가들은 이 서비스가 오래가지 못할 것으로 전망했다. 결제 사업자들의 오랜 염원이었던 생체인증 기반의 무無매체 결제 서비스가 구현된다면 이보다 좋은 고객 경험이 없겠지만 현실적으로 구현이 어려웠기 때문이다. 모바일 기기가 필수인 현대 사회이기에 애플페이나 삼성페이도 이미 좋은 결제 경험을 제공했다. 그럼에도 아무런 장치 없이 맨손으로 하는 결제가 최고임은 부정할 수 없다.

사실 그동안 국내외에서 지문, 홍채, 지정맥 등을 활용한 여러 결제 시도가 있었지만 모두 실패했다. 비싼 기기 가격, 복잡한 등록과 사용 절차, 사용자들의 거부감, 생체 정보 유출 시의 문제점 등 다양한 제약이 복합적으로 작용했다. 실제로 국내에서 2017년 모 금융사에서 지정맥 결제를 상용화하겠다고 발표했다. 하지만 지금 해당 금융사의 홈페이지에 들어가 보면 이 결제를 사용할 수 있는 사용처는 단 3곳뿐이다. 해당 금융사 고객만 사용할 수 있는 결제 수단이다 보니 가맹점 확대가 여의찮았다. 고객이 호기심에 이 결제 수단을 사용하려 해도 금융사 본점이나 지점을 찾아가야 한다. 사용 전 생체 정보를 등록하는 과정이 별도로 필요하기 때문이다. 기술이 개발됐다고 해도 사업으로 성공하는 것은 또 다른 문제다. 아마존원에 대한 국내 전문가들의 예상이 회의적인 것은 당연했다.

그러나 아마존은 달랐다. 출시 후 3년 동안 예상과 달리 놀라운 성장세를 보였다. 아마존원은 미국 전역에 400여 개 매장에서 300만 건이 넘게 사용됐다. 아마존이 인수한 슈퍼마켓 체인 홀푸드는 2024년 2월 기준 400여 개 매장에 아마존원을 도입했다. 우리나라에서는 실패한 생체 인식 결제가 어떻게 미국에서는 성공할 수 있었던 것일까? 그것도 개인정보보호에 극도로 민감한 미국인을 상대로 말이다.

아마존원은 미국인 대다수가 보유한 아마존 계정의 결제 수단을 오프라인에서 활용할 수 있게 했다. 따라서 초기 가입의 허들이 낮다. 계정이 없어도 되지만 서비스의 유기적인 결합을 위해서는 연결하면 좋다. 손금 정보를 스캔하고 계정에 연결하는 과정은 1분 남짓이다. 아마존원 단말기가 있는 곳이면 어디서든 연결할 수 있으니 별도의 장소에 등록하러 갈 필요가 없다.

기존에는 생체 정보가 해킹당하면 복구가 불가능한 수준의 피해

아마존원 사용 현장

(출처: 아마존원 웹사이트)

를 입었다. 생체 정보는 주민등록번호나 이름과 달리 변경이 불가능하기 때문이다. 아마존원은 생체 정보를 스캔하는 순간 고유한 벡터 데이터로 바꿔 저장하는 방식으로 해결했다. 이렇듯 미래 기술로만 보였던 비접촉 생체 인식 결제가 상용화되고 확산되는 속도는 놀라운 수준이다. 이미 해외 결제 시장은 급속도로 차세대 매체로 이동하고 있다. 근거리 통신NFC과 QR에 이어 생체 인식까지 순차적으로 발전하는 것이 아니라 병렬로 동시에 발전하고 있다.

　이렇게 진화하는 결제의 최종 진화 형태는 무엇일까? 아마존고 이후 유행처럼 무인 매장이 확대된 적이 있다. 본인임을 인증하고 매장에 입장한 후 물건을 들고 나가면 결제가 자동으로 이루어졌다. 이를 아마존은 '저스트 워크 아웃Just Walk Out'이라는 멋진 이름으로 홍보했다. '그냥 걸어 나가세요.'라는 뜻이다. 하지만 2023년 아마존은 미국 내 아마존고 매장 8개를 폐쇄했다. 코로나19의 영향도 컸지만 기존 식료품점 대비 비싸고 평범한 상품 구색을 갖춘 탓에 본연의 가치를 소홀히 했기 때문이라는 평이 많다. 실패한 실험이 될 가능성이 크지만 아마존고는 아마존원으로 이어지며 혁신을 멈추지 않고 있다.

누구도 결제의 최종 형태가 아마존고 같은 모습일 것이라는 것은 부정하지 않는다. 결제의 본질은 두 가지다. 내가 나임을 증명하는 '인증'과 신뢰할 수 있는 방식으로 내 돈을 상대방에게 간편하게 전달하는 '지불'이다. 내가 나임을 가장 쉽게 증명하는 방식은 결국 생체 인증이다. 스마트폰의 지문 인식과 안면 인식에서 보듯 이미 기술은 상용화 단계에 와 있다. 지불 또한 금융과 핀테크의 눈부신 발전 덕분에 이미 엄청난 수준에 올라 있다.

기술만 보면 결제의 최종 형태는 이미 준비가 끝난 상태다. 하지만 사업 영역에서는 넘어야 할 것이 첩첩산중이다. 당장 아마존원이 국내에 들어온다고 생각해보자. 민감한 생체 정보와 결제 정보를 다루는 사업이니 법과 규제가 정비되는 데만 한세월이 걸릴 것이다. 그뿐일까? 국내에는 이미 잘 갖추어진 플라스틱 카드 결제망이 있다. 가맹점주 입장에서는 굳이 아마존원을 들여야 할지 고민하게 된다. 또 단말기 가격은 누가 부담할 것인가. 여러 이해관계자 모두가 이익이 생기는 구조가 돼야 사업이 실제로 추진될 수 있다. 그래서 결제 분야의 혁신은 우리의 바람과는 달리 쉽지 않은 것이 현실이다.

금융 정보 업체 FXC인텔리전스에서는 매년 주요 크로스보더 페이먼트 회사를 정리해 발표한다. 2023년 발표에는 아마존, 앤트그룹(알리페이), 텐센트(위챗페이)가 이커머스 그룹에 포함돼 있다.[28]

2023 크로스보더 페이먼트 100

(출처: FXC인텔리전스 홈페이지)

　만약 결제의 최종 진화 형태가 나온다면 이 책을 관통하는 주제인 크로스보더 커머스와 크로스보더 페이먼트(결제)가 자연스럽게 완성될 것이다. 너무나도 편리한 결제라서 세계 각국에서 앞다투어 도입하는 결제방식이라면 국경이 무의미해진다. 고객은 어디서나 동일한 경험을 할 수 있어 커머스 시장 전체가 커지는 효과를 가져올 것이다. 실제로 그 가능성을 보여주는 사업자가 있다. 중국과 동남아시아를 중심으로 활발히 사용되는 결제방식인 알리페이**Ali-pay**

와 위챗페이Wechat-pay다. 유럽을 포함한 전 세계를 놓고 보면 애플페이도 강력한 후보다. 국내 대표 간편결제 사업자인 네이버페이, 카카오페이, 삼성페이도 크로스보더 페이먼트를 구현하기 위해 노력하고 있지만 아직 가시적인 성과는 부족하다.

기술을 따라가지 못하는 법과 규제에 사업자들의 안일함까지 계속된다면 어떻게 될까? 쇄국을 고수하던 일본이 페리의 흑선에 강제로 개항된 것처럼 국내 결제 시장은 계속 끌려다닐 위험이 있다. 결제 분야는 이미 국경이 없어졌다고 봐야 한다. 정부와 관계사는 현실을 직시하고 크로스보더 페이먼트 시장을 선도할 준비를 해나가야 할 것이다.

수많은 간편결제의 등장과 퇴장

　우리가 상거래 시 접하는 결제는 오프라인과 온라인으로 나눌 수 있다. 오프라인 결제는 현금과 카드를 사용하는 전통적이고 익숙한 방식이다. 온라인 역시 더 이상 낯설지 않으며 코로나19로 인해 비대면 온라인 결제가 일상이 됐다. 어느새 모두가 자연스레 각종 간편결제와 신용카드사의 앱카드(신한 쏠페이, KB페이 등)로 익숙하게 온라인 결제를 한다.

　오프라인 결제는 2016년 처음 선보인 삼성페이와 2023년이 돼서야 국내에서 활성화된 애플페이를 제외하고는 이렇다 할 변화가 없었다. 현금 사용은 줄었지만 우리나라는 세계 그 어느 나라보다 앞선 신용카드 인프라를 가지고 있기에 아직도 오프라인 결제의 중심은 실물 카드다. 반면 온라인 결제는 상황이 다르다. 국내에 간편결제라는 단어가 처음 쓰인 것이 2014년 무렵이니 벌써 10년이 돼간다. 그런데 '간편'이라는 단어는 대체 왜 붙은 것일까? 간편결제 이전에는 '불편 결제'였다는 말인가? 재미있게도 그랬다.

간편결제 이전에는 결제할 때마다 카드번호와 유효기간을 입력해야 했다. 결제를 주관하는 전자결제대행사PG, Payment Gate-way가 카드 정보를 가질 수 없었기 때문이다. 이뿐일까? PC를 한없이 느리게 만드는 액티브엑스 플러그인을 여러 차례 설치하고 나서야 겨우 결제를 완료할 수 있었다. 네이버페이나 카카오페이에 카드를 등록해 놓고 사용하는 지금은 가히 '간편'하다고 하겠다. 카드사 이외의 사업자가 카드번호를 저장할 수 있게 법이 개정된 것이 간편결제의 시작이었다. 박근혜 정부 시절 세상을 떠들썩하게 했던 '천송이 코트 사태'가 그 시발점이다. 그 후로 우후죽순으로 생겨난 간편결제는 한때 50여 개에 달했다. 수많은 ○○페이가 자고 일어나면 생겨났다가 사라졌다. 현재까지 명맥을 유지하는 10여 개의 페이는 크게 둘 중 하나다. 카카오페이와 네이버페이 같은 대형 플랫폼 사업자가 운영하는 간편결제 형태이거나 대형 커머스를 기반으로 생존하는 형태다.

국내 간편결제는 카드번호를 입력하지 않는 것만으로 간편하다는 소리를 들을 수 있었다. 반면 해외 간편결제는 또 다른 특이한 점이 있다. 대형 커머스의 간편결제가 중소형 커머스에서도 널리 쓰이고 있다는 점이다. 아마존의 원클릭, 이베이의 페이팔, 중국의 알리페이와 위챗페이는 모두 글로벌에서 통용되는 간편결제다. 해외의 크고 작은 온라인 쇼핑몰은 대부분 이들 결제방식을 지원한다. 쇼핑몰 입장에서는 절대다수의 고객이 사용하는 결제방식을 지원하는 것이 유리하다. 동서고금을 막론하고 고객은 결제가 불편하면 떠나게 된다. 그래서 쇼핑몰은 가능하면 고객의 결제를 직접 다루고 싶어 한다.

자체적으로 결제를 처리한다면 조금이라도 더 빠른 서비스를 구현할 수 있다. 쇼핑몰이 잘된다면 사업을 확장해서 직접 간편결제 사업에 뛰어들 수도 있을 것이다. 그럼에도 해외에서는 포털이나 쇼핑몰 기반의 페이가 많이 생겨나지 않았다. 간편결제는 그 숫자가 적어야 고객이 편하다. 쇼핑몰별로 카드를 등록해야 하는 상황은 고객에게 불편한 행위를 요구한다. A개의 쇼핑몰에서 B개의 간편결제를 사용하는 것이다. 이뿐일까? 주력으로 사용하는 카드가 C개라면 A×B×C의 상황을 마주하게 된다. 고객 불편이 가중되는 것이다.

그런데 우리나라에서는 다른 양상이 펼쳐졌다. 카카오 쇼핑하기에서 네이버페이를 사용하는 것은 불가능하다. G마켓에서 카카오페이를 사용하는 것도 불가능하다. G마켓과 옥션에서 간편결제를 사용하려면 자체 간편결제인 스마일페이를 사용해야만 한다. 한국내 대형 포털과 커머스 사업자들은 타 간편결제를 받아들이기보단 자체 간편결제를 만드는 쪽을 택했다. 굳이 타사에 수수료를 주고 간섭받느니 직접 만들면 그만이었다. 자체 거래액도 상당하니 여러모로 이익으로 보였다. 이게 국내 간편결제가 난립하게 된 배경이다. 대신 고객은 불편해졌다. D커머스를 사용할 때는 D페이에 내 카드 3장을 등록하고 E포털에서 결제할 때는 E페이에 내 카드 3장을 등록하는 촌극이 벌어졌다.

2014년 간편결제가 등장한 이후 10년이 흐른 지금도 이 촌극은 계속되고 있다. 물론 극에 등장하는 배우 수는 대폭 줄어들었다. 살아남은 대형 간편결제는 상대방이 쓰러질 때까지 계속 마케팅비를 쓰는 치킨게임을 벌이고 있다. 최후의 승리자가 가져갈 파이는 크겠지만 그때까지 버티는 게 쉽지 않아 보인다. 여기에다 간편결제 시장에 외래종인 애플페이가 들어왔다. 또한 지금까지 간편결제의 이면에 가려져 있던 카드사들이 직접 전면으로 나서고 있다. 간편결제에 주도권을 뺏기는 것이 큰 문제임을 이제야 알게 된 것이다. 카카오뱅크 같은 인터넷 전문 은행 역시 결제 시장에 직접 진출하겠다고 선언하며 준비 중이다.

살아남은 간편결제들은 상위권에 들어가기 위한 마지막 생존경쟁을 벌이고 있다. 네이버페이는 오프라인까지 연계해서 고객의 생활 전반을 차지하려고 움직이고 있다. 카카오페이는 해외 사업자와 연계하여 활로를 모색하고 있다. 페이코는 종합 금융 플랫폼을 표방하고 삼성페이는 타 사업자에게 솔루션을 제공하며 생존을 택했다. 다들 살아남기 위해 발버둥 치고 있다. 결제 분야에서는 향후 5년은 현재와 같은 대형 간편결제사 간의 생존경쟁이 계속될 것이며 느리지만 확실한 옥석 가리기가 진행될 것이다.

온라인 간편결제는 기술적 차별화가 어렵다. 그래서 이른바 '총알' 싸움이 될 공산이 크다. 대규모 마케팅비를 퍼붓는 치킨게임이 계속될 것이고 살아남는 자가 시장을 독점할 것이다. 반면 오프라인은 기술 발전 경쟁이 치열할 것으로 예상된다. 향후 몇 년간 국내는 해외 기술 변화를 벤치마킹하기에도 바쁠 것이다.

국내 결제 시장은 법과 규제로 인해 빠른 변화가 불가능하다. 은행법, 여신전문금융업법, 전자상거래법과 보안 관련 규정까지 촘촘히 얽혀 있다. 규제, 공급자, 고객이 모두 만족하는 변화는 어렵다. 앞으로 몇 년간은 정체 속에서 아주 조금씩 발전해 나갈 것으로 전망한다.

살아남은 강한 자들의 치열한 생존경쟁

다크패턴으로 고객을 유인해야 하는 처절한 상황이 펼쳐지다

수많은 간편결제가 등장한 이후 현재는 자체적인 수요, 즉 캡티브 마켓Captive Market을 보유한 대형 포털과 커머스 플랫폼을 제외하고는 모두 간편결제 경쟁에서 탈락했다. 남아 있는 간편결제 간의 경쟁은 장기화되며 특이한 양상을 보인다. 생존을 위해 다크패턴이 나타나기 시작한 것이다.

다크패턴이란 사용자를 속여서 이득을 취하는 온라인 인터페이스를 지칭한다. 사실 커머스 업계에서는 오래된 이야기다. 한국소비자원의 2023년 조사에 따르면 국내 온라인 쇼핑몰의 앱과 웹 114개를 조사한 결과 총 429개, 평균 5.9개의 다크패턴이 발견됐다. 2022년 6월 더불어민주당 이용우 의원은 '사용자 인터페이스

UI를 설계, 수정, 또는 조작해 소비자의 합리적인 의사결정을 방해하는 행위'를 금지하는 전자상거래법 개정안을 대표 발의하기도 했다. 커머스 전반에서 나타나는 현상이지만 결제에서는 잘 보이지 않았는데 간편결제 경쟁이 격화되면서 눈에 띄게 늘어났다.

몇 가지 예시를 보자. 우선 이마트몰이다. 신세계그룹 오프라인 커머스의 핵심인 이마트는 촘촘한 지역망을 기반으로 온라인에서도 세를 확장하고 있고 자체 간편결제인 SSG페이를 운영하고 있다. 이마트몰에서 상품을 선택하고 결제화면에 진입하면 다음과 같은 화면이 나타난다.

이마트몰 간편결제 화면

(출처: 이마트몰)

왼쪽 화면은 페이코 결제를 선택하면 나오는 화면인데 SSG페이를 결제하라고 설득하는 팝업이 떠 있다. 이마트몰 입장에서 페이코는 외부 간편결제다. 오른쪽 화면은 SSG페이 결제 시 청구할인이 됨을 알리고 있고 타 간편결제를 선택하면 별도 팝업이 떠서 다시 한번 SSG페이 결제 시 할인이 된다는 것을 강조한다.

이처럼 여러 할인과 적립에 관한 내용을 결정하는 화면에서는 고객이 고를 수 있는 옵션이 나온다. 첫 옵션은 SSG페이 카드, SSG페이 계좌, 일반결제다. 무조건 이 셋 중에서 하나를 선택해야 한다. SSG을 밀고자 하는 강렬한 의지가 느껴지는 부분이다.

일반결제를 선택하면 신용카드, SSG페이(앱), 카카오페이, 페이코, 삼성페이, 휴대폰 소액결제, 실시간 계좌이체, 해외 발급 신용카드가 동시에 나타난다. 언뜻 봐서는 흔한 결제화면으로 보이지만 여기에는 많은 고민이 숨어 있다. 신용카드를 선택하면 아래쪽으로 카드사를 선택하는 팝업이 뜨는데 과거 SSG페이에 고객이 등록했던 카드들이 먼저 나타난다. 혹시나 반가운 마음에 이 카드를 클릭하면 강제로 SSG페이를 구동해 결제가 진행된다. 처음부터 SSG페이 카드를 선택했을 때와 같은 효과가 나는 것이다.

그뿐만이 아니다. SSG페이에서 이벤트 상품을 구매할 경우에는 다른 결제 수단을 선택했어도 아래쪽에 아예 별도란으로 SSG페이로 결제 시 추가 할인이 적용된다는 것을 보여준다. 사실 이쯤 되면 다른 간편결제 담당자 입장에선 화가 날 수준이다.

두 번째로 쿠팡을 살펴보자. 2024년 2월 발표된 공시에 따르면 쿠팡은 2023년 매출액은 31조 8,000억 원, 영업이익은 6,174억 원을 기록했다. 쿠팡의 영업이익은 국내 온오프라인 전체 유통 기업 가운데 가장 큰 규모다. 같은 기간 이마트는 469억 원의 적자를 냈다. 커머스의 주도권이 온라인으로 넘어갔음을 보여주는 상징적인 순간이다.

쿠팡의 빠른 성장 덕에 쿠팡의 간편결제인 쿠페이 또한 엄청나게 성장했다. 특이한 점은 어떻게든 별도의 브랜딩을 하며 간편결제를 알리는 타사와 달리 쿠팡은 쿠페이를 노출하지 않으면서 카드번호 등록을 유도한다는 것이다. 가령 네이버에서 어떤 제품을 살 때 고객은 네이버페이에 자신이 카드를 등록하고 있음을 인지하면서 과정을 진행한다. 반면 쿠팡은 그런 점을 알리지 않고 자연스럽게 쿠페이 등록을 유도한다. 다음은 쿠팡의 결제화면이다.

쿠팡 쿠페이

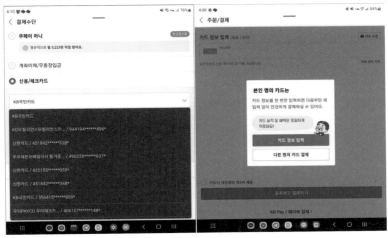

(출처: 쿠팡)

왼쪽 화면을 보면 쿠팡은 쿠페이에 한번 등록한 개인 카드를 카드사 명칭과 동시에 노출하며 자연스럽게 쿠페이 결제를 유도한다. 오른쪽 화면을 보면 타인 명의의 카드를 선택하거나 카드사 앱을 통해 결제하겠다고 해도 반복되는 팝업으로 카드번호 등록을 계속 요구한다.

일반적인 쇼핑앱들은 신용·체크카드라고 쓰여 있는 결제 수단을 선택하면 각 사의 카드앱으로 바로 넘어간다. 하지만 쿠팡은 여기서 은근슬쩍 카드번호 입력을 유도하며 쿠페이 등록을 제안하는데 화면에서 보듯 꽤 집요하다.

작은 페이가 사라지고 공룡들 간의 생존경쟁만 남다

왜 커머스 사업자들은 이렇게까지 하는 것일까? 크게 세 가지 이유가 있다.

첫째, 만고의 진리인 수수료다. 특정 쇼핑몰이 보유한 자체 결제 수단이 있더라도 고객이 타 간편결제를 사용하면 수수료가 더 올라간다. 간편결제사의 마진이 추가된 수수료율이 되기 때문이다.

간편결제사의 일반가맹점 대상 수수료율

(2024.1. 31. 기준)

네이버파이낸셜	2.19%	2.19%
비바리퍼블리카	1.87%	1.49%
11번가	2.45%	2.00%
배민	3.00%	3.00%
지마켓	2.59%	2.49%
카카오페이	1.72%	1.60%
쿠팡페이	2.40%	2.40%
페이코	2.27%	2.21%
SSG	2.37%	2.49%

(출처: 한국핀테크산업협회 통합공시)

위 표는 2024년 1월 기준 간편결제 수수료율이다. 각 페이사는 실질적으로 전자결제대행사의 역할을 하면서 추가 수수료를 받는 것인데 서로 간에도 많게는 1.3%까지 차이가 나는 것을 볼 수 있다. 각 커머스 사업자, 간편결제사, 카드사 간의 수수료율은 대외비라서 명확히 알 수 없다. 다만 타사의 간편결제를 가져다 쓰는 것이 자사의 간편결제와 비교해 수수료가 더 발생하는 것은 특수한 계약 조건이 없는 한 사실이라고 봐야 한다. 그러니 사업자 입장에서는 가능하면 자사의 간편결제를 고객이 쓰도록 유도하는 것이다.

둘째, 고객 이탈 방지다. 커머스가 직접 자체 간편결제를 운용하면 결제화면을 설계하면서 프로세스를 더 줄일 수 있다. 실제로 고객의 결제 시점 이탈은 온라인 커머스의 골칫거리인데 그에 대한 대안이 될 수 있는 것이다. 단 이는 해당 커머스의 단골에게 해당되는 사안이다. 앞서 언급한 것처럼 고객에게 또 다른 간편결제 등록을 강요하는 것이 될 수 있다.

마지막으로 자사의 간편결제가 확대되면 고객의 외부 구매 내역을 수집할 수 있다. 이 정보를 바스켓 데이터**Basket Data**라고 한다. 말 그대로 외부 커머스 사이트에서 고객이 무엇을 구매했는지 알 수 있는 장바구니 데이터를 말한다. 카드사는 총결제 금액만을 확인할 수 있지만 간편결제사나 전자결제대행사는 고객의 구매 내역을 쇼핑몰로부터 전달받는다. 고객 민원에 대응해야 하기 때문이다. 이를 기반으로 고객을 더 잘 이해하고 맞춤형 광고나 금융상품을 제공한다는 것이 초기 간편결제의 비즈니스 모델이었다. 앞서 말한 A×B×C 환경이 돼 오히려 어려워졌지만 말이다.

온라인 결제 시장에서 간편결제 간의 경쟁은 극한으로 치닫고 있다. 지난 몇 년간 엄청난 마케팅비를 불태우며 출혈경쟁을 한 결과

군소 간편결제들은 시장에서 떨어져 나갔다. 이제 공룡들 간에 승부가 진행되고 있다. 향후 몇 년간은 경쟁에서 이기기 위해서 더 강력한 다크패턴을 활용하고 마케팅비를 더 많이 사용하는 출혈경쟁에 임할 것이다. 승자독식을 기대하며 여기까지 왔으니 말이다. 고객은 이 상황을 즐기면 된다. 커머스 사업자라면 간편결제 사업자 간의 동향을 잘 파악하여 이용하는 전술이 필요하다.

NFC와 QR의 오프라인 결제 시장 경쟁

QR 결제가 글로벌 표준이 되다

오프라인 커머스 결제의 변화도 살펴보자. 14년 전인 2009년 SKT는 하나카드를 인수했다. 곧이어 2011년 KT는 비씨카드를 인수했다. 당시 국내외적으로 모바일 카드에 대한 관심이 커졌기 때문이다. 그 배경에 근거리 통신, 즉 NFC라고 하는 비접촉 결제 기술이 있었다. 지금은 대중화된 애플페이나 스마트폰 기반의 교통 기능(티머니, 캐시비)도 모두 NFC를 활용한 서비스다. 그러나 당시는 NFC를 지원하는 단말기가 막 출시되던 시점이었다. 당시 공전의 히트를 기록한 갤럭시S2가 NFC를 탑재하고 나오면서 국내에서 활발한 논의가 시작됐다.

그러나 다들 아는 바와 같이 NFC는 주류 결제 수단이 되지 못했다. 가장 큰 문제는 NFC 단말기 보급 이슈였다. 국내 카드사들은 내심 NFC가 주류가 되길 기대하고 있었다. 카드 원가 중 공카드 제작과 배송비가 차지하는 비중이 꽤 크다. 카드 분실로 인한 손실 보상 이슈도 카드사에는 비용 요소다. 따라서 카드사들도 NFC 모바일 카드가 대중화된다면 새로운 기회 요소가 있었다. 당시 카드사들은 KS규격까지 만들며 NFC 모바일 카드를 추진했다.

그러나 이를 위해서는 가맹점의 카드 단말기를 교체하거나 동글 Dongle을 추가해야 한다. 카드사들이 이를 추진하려 했지만 법이 문제가 됐다. 카드사에 영향을 주는 여신전문금융업법에서는 가맹점 리베이트 제공을 금지하고 있었다. 카드 가맹점 확대 경쟁이 과열되지 않도록 하자는 취지였다. 규제기관에서는 NFC 단말기도 리베이트로 보았기에 카드사들은 어찌할 수 없었다. 이후 나온 안드로이드 스마트폰은 대부분 NFC가 장착됐지만 가맹점 인프라가 지원되지 않아 결제까지 가는 데는 더딜 수밖에 없었다.

그 사이 중국에서는 알리페이와 위챗페이의 QR 결제가 급부상하고 있었다. 중국은 2000년대 초까지만 해도 통신망과 결제망 등 사회 인프라가 잘 정비돼 있지 않았다. 그래서 유선을 건너뛰고 빠르게 무선으로 이동했다. 이후 오픈소스 기반의 저렴한 안드로이드를 활용한 제조 회사가 우후죽순으로 생겨나며 빠르게 스마트폰 시대로 접어들었다. 구매력이 낮은 고객이 주류였던 만큼 제조 회사들은 NFC 모듈을 빼서 원가절감을 추구했다. 하지만 카메라를 빼고 만드는 스마트폰은 없었다. QR은 NFC 대비 태생적으로 경쟁력을 가진 셈이다.

QR은 1994년 일본의 덴소Denso가 개발하고 무료로 특허를 공개한 정보 교환 방식이다. 바코드보다 더 많은 정보를 저장할 수 있어 다양한 분야에서 활용돼왔다. 고객이 스마트폰에서 QR코드를 직접 생성해 보여주는 방식CPM, Customer Presented Mode과 고객이 매장의 QR을 촬영해 결제하는 방식MPM, Merchant Presented Mode으로 사용할 수 있다. 중국에서 QR 결제가 빠르게 늘어난 데는 다양한 이유가 있다. 국민 대다수가 은행 서비스 접근이 어려웠던 점, 그 와중에도 온라인 결제는 필요했기에 선불 충전이 활성화된 점, 워낙 위폐가 많아 현금 거래 위험이 컸던 점 등이다.

당시 국내로 유입되는 중국 관광객들은 한국에서 QR 결제를 할 수 있길 바랐다. 또한 국내에서도 해외 간편결제의 성공 사례로 언급되는 알리페이와 위챗페이를 따라잡아야 한다는 분위기가 조성됐다. 그래서 2016~2017년경 QR 결제가 본격적으로 추진됐다. 카카오페이, 네이버페이는 편의점 오프라인 간편결제를 QR로 구현했고 몇몇 카드사들도 온라인과 오프라인에서 결제를 QR로 추진하기 시작했다. 가맹점 인프라 구현이 문제가 됐지만 NFC와 달리 QR은 가맹점에 QR 스티커를 붙여 문제를 해결했다. 카카오페이는 가맹점주가 신청하면 귀여운 디자인의 매장 QR 입간판을 무료로 보내주며 홍보했다.

당시 지자체의 지원금으로 크게 성장한 제로페이도 QR을 주요 결제방식으로 선택했다. 결정적으로 정부가 2020년 코로나19 때 QR 체크인을 도입함에 따라 모든 국민이 인지하는 입출력 방식이 됐다. 지금도 많은 국민은 NFC라는 단어는 잘 모르지만 QR은 안

QR 결제 홍보

(출처: 카카오페이, 제로페이, 행정안전부 홈페이지)

다. 어떤 서비스를 기획하고 실행할 때 대중의 인지도 차이는 매우 큰 격차를 만들어낸다. NFC가 하지 못했던 것들을 QR은 하나씩 해결해나가는 것처럼 보였다.

애플페이가 사라져가던 NFC를 살리다

2023년 3월에 또 한 번의 반전이 국내 결제 시장을 강타했다. 그동안 소문만 무성했던 애플페이가 국내에 정식으로 서비스를 시작한 것이다. 애플페이는 아이폰, 아이패드, 애플워치 같은 애플 제품군에서 온오프라인으로 쓰는 간편결제다. 온라인에서는 전자결제 대행사와 연계해서 빠른 결제를 지원하며 오프라인에서는 NFC를 활용한다.

애플은 하드웨어를 강력하게 통제하기로 유명하다. 기기에 NFC가 내장돼 있지만 애플을 제외한 다른 사업자는 사용할 수 없도록 설정해 두었다. 안드로이드에서는 NFC 결제를 다양한 사업자가 사용할 수 있는 것과 큰 차이이다. 그래서 그동안 아이폰 사용자들은 QR 외에는 모바일 결제 수단이 없었다. 미국에서 2014년 10월 출시한 이후 국내 사용자가 9년을 기다릴 수밖에 없었던 이유다.

애플페이는 현대카드를 지원하며 서비스를 시작했고 추후 대응 카드사가 늘어날 예정이다. 현대카드 정태영 부회장은 자신의 소셜 네트워크서비스에 오픈 첫날에만 100만 개의 토큰이 발행됐다고 밝혔다. 토큰은 기기당 발행되기 때문에 100만 명이라고 할 수는 없지만 대중의 관심이 높은 것은 확실해 보인다. 애플페이 도입으로 인해 국내 오프라인 결제 시장은 기존에 없던 특이한 상황이 됐다. NFC와 QR은 별도의 결제 수단으로서 공존하며 경쟁하는 구도가 될 것이고 실물 카드와는 대립하게 됐다. 카드사와 간편결제사 간의 수읽기 경쟁도 한층 치열해질 전망이다.

5

온오프라인을 동시 공략하는
네이버페이와 삼성페이 연합

애플페이의 등장으로 경쟁에서 협력으로 바뀌다

애플페이 출시는 국내 결제 시장에 작지 않은 파장을 일으켰다. 애플은 강력한 하드웨어 경쟁력과 폐쇄적인 전략으로 여러 분야를 빠르게 잠식했다. 국내 카드사와 간편결제 사업자에게도 애플은 위협적인 존재였다. 그래서일까. 쉽게 보기 힘들 것으로 생각됐던 제휴가 이루어졌다. 삼성전자와 네이버가 각 사의 결제 서비스인 삼성페이와 네이버페이의 전략적 제휴를 선언한 것이다.

삼성페이는 삼성 갤럭시폰에서만 사용된다는 한계가 있지만 국내 점유율이 매우 높다는 장점이 있다. 또한 미국의 루프페이Loop pay를 인수해 원천기술을 가진 덕분에 기존 오프라인 가맹점 인프라를 사용해 결제할 수 있다는 엄청난 강점이 있다. 삼성페이를 실행하고 스마트폰을 결제기에 가져가서 결제하는 것을 자주 보았을 것이다. 이때 폰 뒷면에서는 신용카드의 마그네틱 띠를 흉내 낸 전자파가 흐른다. 이른바 MST_{Magnetic Stripe Transmission}라고 하는 기술이다. 앞서 살펴본 것처럼 최신 결제를 도입할 때 가장 장애가 되는 것이 가맹점 인프라다. 삼성페이는 기존 가맹점 망을 바꾸지 않아도 되니 시작부터 우위에 있었다고 하겠다.

그러나 그 이상 발전하지 못하는 것이 삼성페이의 한계로 늘 지적됐다. 고객은 자신이 사용하는 카드를 등록해두고 결제 때 사용한다. 그뿐이었다. 삼성페이도 페이 플래너나 선물하기 등 다양한 기능을 추가하며 확장을 시도했지만 빅테크와 핀테크에 미치지 못하고 있었다. 삼성페이 또한 핀테크의 최전선에 있었기에 토스나 카카오페이가 지향하는 종합 금융 플랫폼을 꿈꾸지만 쉽지 않은 상황이었다.

네이버페이는 삼성페이와는 반대의 상황이었다. 네이버를 기반으로 온라인 결제를 확실히 장악하고 있었지만 오프라인 결제 확대에서 어려움을 겪고 있었다. QR 기반으로 편의점 등 일부 결제를 구현했으나 사용률은 높지 않았다. 오프라인 결제까지 잡을 수 있다면 세력을 크게 확장할 수 있을 것 같았다. 그러던 차에 애플페이의 국내 진출이 확정되자 네이버페이는 큰 결단을 내렸다. 잠재적인 경쟁자일 수 있는 삼성페이와 협력을 선언한 것이다.

언론에 보도된 내용은 협력이라고는 하지만 사실 솔루션 도입에 가깝다. 네이버페이는 삼성페이의 네이버페이 도입 가맹점에 진출을 돕고 삼성페이는 자사의 MST 기술을 네이버페이 앱에 이식한

삼성페이와 네이버페이, 네이버지도 O2O 메뉴

삼성페이 구동화면(좌), 네이버페이에서 삼성페이 기능을 사용하는 화면(중), 네이버지도에서
O2O 메뉴가 활성화된 모습. 네이버페이로 현장 수령이나 배달 요청이 가능하다(우).

다는 것이 주요 내용이다. 업계에서는 네이버페이가 삼성전자에 상
당한 사용료를 매년 지불할 것으로 예측하고 있다.

전자금융업자 네이버페이가 광고 사업자 네이버를 등에 업다

네이버페이의 움직임은 몇 년간 큰 변화가 없었던 국내 결제 시
장에서 새로운 시도라고 할 수 있다. 고객은 온라인에서는 네이버
페이를 통해 결제하고 오프라인에서는 네이버페이에 내장된 삼성
페이를 사용한다. 이뿐만이 아니다. 네이버지도를 비롯한 네이버의

O2O 서비스에서도 활발히 고객의 결제 정보가 모이고 있다. 네이버페이는 고객의 온라인 쇼핑, 오프라인 결제, 배달 주문까지 모두 확보하는 것이다.

카드사에 누적되는 고객 정보를 분석하면 고객에 대한 자세한 프로파일링이 가능하다. 그러나 카드사는 그 정보를 쉽사리 쓰지 못한다. 너무나도 민감한 개인정보이기도 하며 애초에 고객 동의 없이 상업적으로 사용할 수가 없기 때문이다. 고객이 동의한다고 해도 촘촘한 관련 규제로 인해 사용이 쉽지 않다.

그러나 네이버페이는 전자금융업자로서 규제 형태가 다르다. 또한 모회사인 네이버의 광고 사업과도 직간접적 연계가 가능할 것으로 보인다. 네이버는 고객의 모든 결제 형태를 지배하겠다는 전략이다. 실제로 네이버페이를 오프라인에서 삼성페이 기능으로 사용해보면 매우 편리하다. 삼성페이와 손을 잡은 전략은 성공적이었으며 향후 간편결제 전쟁에서 살아남는 데 유리한 고지를 점유했다고 하겠다.

6

BNPL을 바라보는 해외와 국내의 상반된 시선

해외 BNPL은 신용 결제의 대안이 되다

BNPL은 선구매 후지불Buy Now Pay Later의 약자로 빠르고 간편한 소액 신용대출이라고 정의할 수 있다. 엄격한 법규로 무장한 국내보다는 해외에서 먼저 유명해진 사업이다. 금융 시스템이 잘된 우리나라와는 달리 해외는 금융권 대출이 쉽지 않다. 선진국도 신용거래를 위해서는 오랜 기간의 금융거래기록을 요구하거나 사회적인 위치를 증명할 것을 요구한다. 이러니 BNPL 서비스는 해외에서 폭발적인 환호를 받을 수밖에 없었다. 관련 스타트업들이 급속하게 성장했는데 호주의 애프터페이Afterpay, 스웨덴의 클라르나Klarna, 미국의 어펌Affirm 등이 유명하다.

더 이상 해외의 유명세를 모른 체할 수 없었던 국내 사업자 중 핀

애프터페이 홈페이지

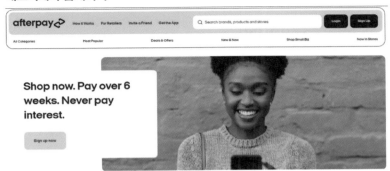

(출처: 애프터페이)

테크 쪽에서 먼저 칼을 뽑았다. 네이버페이를 운영하는 네이버파이낸셜은 금융위원회를 통해 혁신금융서비스로 지정받고 BNPL을 시작했다. 신용거래가 곤란한 사회초년생, 주부, 금융 소외 계층에 소액 신용 기회를 제공하겠다는 취지였다. 연체료는 연리 12%이며 이용 한도는 최대 30만 원까지 제공된다. 토스도 월 30만 원 한도의 BNPL을 시작했으며 카카오페이는 2022년 1월부터 월 15만 원 한도로 후불 모바일 교통카드 서비스를 시행하고 있다. 페이코도 연내에 BNPL 시장에 뛰어들 것임을 선언했다.

네이버에 이어 쿠팡도 '나중결제'라는 이름으로 BNPL을 시도했다. 그러나 2022년 10월 과소비와 연체를 유발한다는 우려에 나중결제의 분할결제를 중단했다. 일시불 나중결제는 쿠팡의 기준에 맞는 고객에게 앱에서만 지원하고 있다. 쿠팡의 BNPL은 좀 특이했는데 금융상품이 아니라 외상 결제 형태였다. 쿠팡은 판매자들을 입점시켜 판매하기도 하고 자사에서 직접 매입해서 판매하기도 한다. 쿠팡은 거래 중개자로서 받은 대금을 입점 판매자에게 지급하지만 직

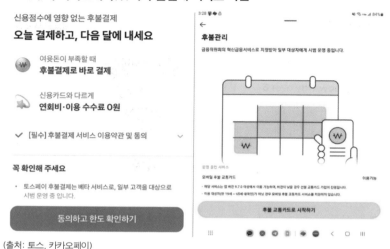

토스(좌)와 카카오페이(우)의 후불결제 서비스 화면

(출처: 토스, 카카오페이)

접 판매한 상품은 외상거래로 처리할 수 있다. 그래서 한도를 30만 원보다 큰 200만 원까지 설정할 수 있었다.

BNPL은 기존에 고객이 보유한 신용등급을 보지 않기에 금융 소외 계층(무직, 학생, 주부)에게 대안이 될 수 있다는 장점이 있다. 금융권에서는 이른바 신파일러Thin Filer라고 부르는 계층인데 금융거래가 거의 없어 관련 기록이 없는 고객을 말한다. 거래 구조상의 이점도 있다. 카드는 부가통신망VAN, 결제대행PG 등 중간 사업자가 결제망에서 비용이 발생하는 구조이지만 BNPL은 핀테크 사업자와 가맹점이 직접 거래한다. 비용 절감의 여지가 있는 것이다.

그러나 사업의 위험도 있다. 30만 원 한도의 BNPL을 쓰는 사람들은 바꿔 말하면 30만 원이 없어서 이용하는 사람들이라는 말이기도 하다. 1금융권에서는 고위험군으로 취급하는 계층이다. 이런 고객군은 정교하게 신용 관리를 하지 않으면 연체율이 기하급수적으로 높아질 수 있다. 미국의 신용 관리 회사인 크레딧카르마에 따르면 미국 BNPL 사용자의 34%는 최소 1건 이상 결제를 연체했고 72%는 신용등급이 떨어졌다고 한다. BNPL의 높은 연체율이 이슈가 되자 2021년 12월 미국 금융소비자보호국이 과소비와 연체율 급등과 관련해 BNPL 업체의 조사에 착수하기도 했다.

국내 BNPL은 신용 사회에서 자리 잡지 못하다

국내는 어떨까? 금융감독원이 2023년 5월 국민의힘 최승재 의원실에 제출한 자료에 따르면 2023년 3월 네이버파이낸셜(네이버페이)과 토스의 후불결제 서비스 연체율은 각각 2.7%, 5.0%로 나타났다. 같은 기간 전업계 카드사의 연체율이 1%대를 기록한 것과 비교하면 매우 높은 수치다. 외국처럼 국내도 BNPL의 위험성이 부각되기 시작한 것이다. 혹 BNPL이 고객에게 신용카드 이상의 혜택을 준다면 또 모르겠으나 구조적으로 어려운 이야기다. 체크카드는 1~2%, 신용카드는 3~5%까지도 고객에게 혜택이 돌아간다. BNPL도 여러 이벤트와 캐시백을 하면서 고객을 유혹하지만 카드의 혜택을 이기는 것은 어려워 보인다.

미국의 신용평점모델 개발 회사인 페어 아이삭Fair Issac에 따르면 현재 미국에는 신용 평가를 할 수 없는 성인이 5,300만 명에 달한다고 한다. BNPL을 쓸 수밖에 없는 사람들이 그만큼이나 있다는 의미다. 일찍이 BNPL이 발달한 국가들은 우리가 잘 모르는 특징이 있다. 우리에게는 익숙하고 당연한 '무이자 할부가 되는 카드'가 매우 적다는 것이다. 해외에는 리볼빙(일부 결제금액 이월 약정)은 쓰여도 무이자 할부는 잘 쓰이지 않는다. BNPL은 이러한 틈새를 잘 공략해서 해외에서는 킬러 서비스로 자리를 잡았다. 그러나 우리나라에서는 찻잔 속 태풍으로 남을 것으로 보인다. 많은 대체재가 있고 해외보다 훨씬 더 강력한 결제 서비스와 규제가 있기 때문이다. 초거대 커머스 사업자로 성장한 쿠팡이 BNPL을 실험해보고 중단한 것은 시사하는 바가 크다.

7

온라인 기반의 간편결제와 오프라인 기반의 앱카드

신세계는 2023년 4월 자사의 간편결제인 SSG페이와 스마일페이를 토스에 매각하는 협상을 진행 중이라고 밝혔다. 이어 7월 신세계는 토스를 우선협상대상자로 선정했음을 밝혔다. 그러나 다음 해인 2024년 4월 신세계와 토스는 매각이 무산됐음을 발표했다. 거대 기업 간의 간편결제 매각은 처음 있는 일이었기에 업계의 뜨거운 관심을 받았다. 신세계는 자체 간편결제인 SSG페이 외에 지마켓과 옥션을 인수하며 스마일페이까지 가지고 있었다. 조선일보 보도에 따르면 매각 대금은 7,000억 원선이었다. 이마트 시가총액이 2024년 3월 기준 약 2조 원임을 고려하면 SSG페이와 스마일페이의 가치가 적정한 것인지에 대한 논란이 일견 이해가 된다.[29]

앞서 커머스 사업자가 왜 자사의 간편결제를 추진하는지를 설명한 바 있다. 그런데 신세계그룹은 2015년부터 운영해온 자사의 페이를 왜 매각하려 했던 것일까? 내부 자료를 공개하지 않기에 외부에서는 정황으로 유추할 수밖에 없다. 각 언론보도에서 내세우는 이유는 카카오페이, 네이버페이, 삼성페이 등과의 경쟁에서 뒤처져서라는 것이다. 강력한 자체 소비처Captive Market가 있음에도 확장되지 못하니 한계에 직면했다는 의미일 것이다. SSG페이와 스마일페이가 외부의 강력한 가맹점 확보에 성공한 사례가 많지 않음을 볼 때 일리 있는 지적이다. 여기에 옥션, 지마켓, 스타벅스를 인수한 이후 악화되기 시작한 신세계의 재무구조 영향도 있을 것이다.

토스는 자사의 토스페이를 강화하겠다는 목적으로 인수를 검토했던 것으로 알려졌지만 한편으로는 모회사인 비바리퍼블리카의 상장을 고려한 시도였다고 보는 것이 타당하다. 토스페이를 운영하는 토스페이먼츠는 현재 국내 상위권의 전자결제대행사다. 전자결제대행사는 거래액이 커지면 매출액도 비례해 커진다. 따라서 그룹 전체의 매출액을 대폭 높일 수 있다. 토스의 2023년 3월 공시 자료를 보면 그룹 전체 매출 1조 1,188억 원 중 토스페이먼츠가 65%인 7,362억 원을 견인했다. 신세계그룹의 간편결제를 가져오면 매출이 수직으로 상승할 것으로 예상됐다. 상장을 준비하는 토스로서는 해볼 만한 딜이었다. 또 거래액이 늘어날수록 카드사와 수수료 협상에서 유리해지는 점도 인수를 검토하는 중요한 요인이었다.

SSG페이와 스마일페이는 각각 9년, 10년 된 간편결제다. 대기업 유통 기반의 페이로서 자리를 잡아도 수익성이 좋지 못했다는 것 때문에 시장에서는 간편결제 비즈니스 모델에 대한 우려가 나온다. 카카오페이, 네이버페이 정도 외에는 살아남기 힘들 것으로 예측한다.

대형 카드사들의 앱카드 경쟁이 접전으로 치닫는다

그렇다면 자체 앱카드를 만들어 간편결제와 대치 중인 카드사는 어떻게 될까? 커머스의 결제화면에서 '간편결제'가 아니라 '신용카드'를 선택하고 카드사를 고르면 해당 카드사의 앱카드로 결제가 가능하다. KB페이, 신한 쏠페이 등이 앱카드다. 이들은 자사 카드를 편하게 사용할 수 있도록 하여 간편결제와 경쟁한다. 카드사 입장에선 앱카드나 간편결제나 결제에 차이가 없다. 자사 앱카드로 결제돼 다운로드 수, 월간 활성 사용자 수MAU를 높이는 것이 향후 사업 기회 확대 측면에서 카드사에 유리하다. 그래서 카드사들은 최근 들어 앱카드를 통한 결제에 많은 프로모션을 하고 있다.

그러나 카드사의 앱카드는 자사 카드의 결제에만 쓰인다는 태생적인 한계가 있다. 카드사의 앱카드 간 결제를 공유하려는 오픈페이라는 정책적 시도도 있었다. 예를 들면 KB페이에서 현대카드 결제가 가능하게 하자는 것이었다. 그러나 이마저 카드사 간 이견으로 몇몇 카드사만 참여해 반쪽짜리 사업이 된 상태다. 또 간편결제 앱이 다양한 콘텐츠로 무장하며 종합 금융 포털로 진화하고 있는데 반해 카드사의 앱카드는 결제 외에 이렇다 할 킬러 콘텐츠가 없어 점차 경쟁에서 밀려나는 추세다.

향후 몇 년간은 앱카드와 간편결제 간에 주도권 경쟁을 할 것이나 장기적으로는 1~3개의 간편결제가 국내 온오프라인 커머스를 독점할 가능성이 크다. 고객은 몇 개의 간편결제만으로 거의 모든 가맹점에서 사용할 수 있어 편리하다고 느낄 수 있다. 그러나 커머스 사업자와 온오프라인 가맹점은 독과점으로 인한 결제 수수료 압박과 경쟁적인 프로모션으로 인한 비용 증가로 어려움을 겪게 될 것이다.

온오프라인 크로스보더 페이먼트를 꿈꾸는 애플페이

애플페이는 찻잔 속 돌풍으로 그칠까

애플페이 도입 이후 오프라인 결제도 변화될 수 있을지에 대한 논쟁이 계속되고 있다. 애플페이 도입으로 인해 빅테크와 핀테크의 간편결제도 타격을 받고 나아가 NFC 기반의 결제로 국내 환경이 바뀌게 될 것이라는 관측이다. 정말 그럴 수 있을까?

애플페이가 국내에 도입되고 시간이 흐른 지금 초기 현대카드 가입자가 단기간에 급증한 것을 빼면 극적인 변화는 없어 보인다. 여신금융협회의 공시에 따르면 2023년 3월 출시 이후 현대카드의 본인 명의 신용카드 신규 가입자 수는 3월부터 5월까지 월평균 16만 4,000명이 순증했다. 이것만 보면 카드 업계 중 가장 높은 수치다. 재미있는 부분은 같은 기간 체크카드 회원 수 증가율이 25.5%

로 신용카드 회원 수 증가율 1.4% 대비 높다는 것이다. 같은 기간 현대카드의 신용카드 사용액은 72.1% 증가하여 카드사 평균 69.7% 대비 큰 차이가 없었지만 체크카드 사용액은 110.9% 증가하여 카드사 평균 69.4% 대비 차이를 보였다.

이게 어떤 의미일까? 애플페이에 호기심을 가진 젊은 고객들이 체크카드를 발급받아 많이 사용해본 것으로 해석할 수 있다. 체크카드는 발급은 쉽지만 신용카드 대비 가맹점 수수료가 낮다 보니 카드사에는 수익성이 좋지 않다. 애플페이로 인해 애플에 별도의 수수료를 지급해야 하는 점(업계 추정 0.15%의 수수료)을 고려할 때 현대카드는 화제성은 얻었지만 수익성에 대한 고민이 커질 것으로 보인다.

간편결제사들은 어떨까? 애플페이 도입 당시만 해도 국내 간편결제 사업자의 타격이 클 것이라는 예상이 많았다. DB금융투자는 애플페이 출시 직전 달인 2023년 2월 카카오페이에 대한 투자 의견을 '매수'에서 '비중 유지'로 하향 조정했다. "아이폰 사용자들이 주로 카카오페이를 썼다. 그런데 애플페이가 서비스를 시작하면 카카오페이 대신 애플페이를 쓸 수 있어 간편결제 서비스 경쟁이 심화될 것"이라는 이유였다.[30]

각 간편결제사가 데이터를 공개하지 않아 실제 확인은 어려우나 관계자들 말로는 애플페이로 인한 타격은 체감되지 않는다고 한다. 애초에 QR 기반의 오프라인 페이 결제액이 크지 않았고 현재는 전체 카드가 아니라 현대카드 사용자만 이탈하기 때문으로 보인다.

이처럼 애플페이의 초두 효과는 생각보다 크지 않았다. 1개 카드사에 한정해서 출시된 데다 전체 가맹점을 아우르지 못하는 탓이다. 애플페이로 인해 국내 가맹점의 NFC 보급에 관한 논의가 가속할 것은 분명하다. 그러나 결제, 특히 오프라인 결제의 절대 불문율은 '전부 아니면 전무All or Nothing'다. 애플페이가 전국의 모든 가맹점을 커버한다면 고객은 아이폰 하나만 들고 나가서 모든 상거래를 처리할 수 있다. 즉 실물 카드를 들고 다니지 않는 것이 가능해진다. 시장조사업체 카운터포인트리서치에 따르면 2023년 아이폰의 국내 점유율은 25%였다. 이를 감안할 때 애플페이로 인해 빠르게 NFC 가맹점이 늘어날 가능성은 작다고 하겠다.

그러나 2024년부터 애플페이를 지원하는 카드사가 늘어날 수 있는 가능성과 애플페이가 크로스보더 페이먼트 플랫폼으로서 작동하는 점은 큰 변수다. 2024년 3월에 KB국민카드는 애플페이에 대한 적극적인 사업 참여 의사를 밝혔다.[31] 애플페이는 2023년 9월 21일부로 현대카드와의 독점계약이 만료돼 타 카드사가 참여할 수 있다. 사용자가 많아지면 가맹점도 NFC 단말기 도입에 좀 더 적극적으로 될 수 있다.

글로벌 크로스보더 페이먼트를 꿈꾸다

이제 막 서비스를 시작했기에 국내 애플페이 사용자가 해외에서 사용하는 빈도는 낮다. 그보다는 해외 애플페이 사용자가 국내에서 애플페이를 찾는 경우가 늘 것이다. 신용카드 초창기에 국내를 여행하는 해외관광객은 가맹점 앞 유리에서 비자나 마스터카드 로고를 보고 카드를 사용했다. 이와 비슷하게 해외관광객이 애플페이

Pay 또는 마크가 있는 곳이라면 어디서든 Apple Pay로.

(출처: 한국 애플페이 홈페이지)

로고를 찾아 가맹점에 들어가는 현상이 생길 수 있다. 30년의 세월을 두고 데자뷰가 일어나는 것이다.

애플페이가 그리고 있는 모습은 진정한 크로스보더 페이먼트의 실현이다. 어디서나 동일한 결제 경험을 하게 하는 결제 수단을 만드는 것은 정말 어렵다. 나라마다 법과 규제가 다르고 결제 기술도 다르기 때문이다. 그럼에도 애플은 애플페이를 타 사업자에게 개방하지 않고 폐쇄적이고 독점적으로 생태계를 구축하고 있다. 부작용도 많지만 국내와 해외 모두 완벽하게 동일한 경험을 할 수 있다는 점은 모든 결제 사업자의 이상향이다. 라인페이 결제망을 활용하는 네이버페이나 알리페이 결제망을 이용해 결제하는 카카오페이로서는 부러운 부분이다.

6장

고객 중심의 LOD와
물류 온디맨드 시대

엄지용
커넥터스 대표이사

유료 구독자 기준 국내 최대 유통·물류 버티컬 콘텐츠 멤버십 ‘커넥터스‘의
창업자이자 콘텐츠 창작자다. 현재 커넥터스 대표이사로 재직 중이며 구독자
네트워크를 연결하는 콘텐츠 기반의 비즈니스 커뮤니티를 구축하고자 노력하
고 있다.

connect@beyondx.ai

그동안 우리는 물류 서비스를 선택할 수 없었다. 우리 눈에 보이는 물류란 플랫폼과 판매자가 설정한 배송료 정도가 전부이기 때문이다. 당연히 고객은 같은 상품, 같은 가격이라면 배송료가 저렴한 상품을 구매할 것이고 최소 주문 금액에 따른 배송료 할인이 있다면 그에 맞춰 장바구니를 채울 것이다. 그 물류를 CJ대한통운, 한진, 롯데글로벌로지스 중 누가 배송할지는 관심 밖의 일이다. 사실 그 선택권이 고객에겐 없다. 플랫폼이나 판매자가 어느 택배사와 계약하느냐의 문제다.

물론 쿠팡이 촉발한 배송 전쟁으로 택배 이상의 '빠른 물류' 서비스가 눈에 띄게 늘어난 것은 사실이다. 컬리는 '샛별배송'을 통해 새벽 배송을 유행시켰고 CJ올리브영은 '오늘드림'을 통해 3시간 단위

배송 서비스를 확장했다. 우아한형제들의 B마트는 30분에서 1시간 이내 '즉시배송' 카테고리를 늘리고 있다. 그 이유는 명백하게도 빠른 배송이 고객이 플랫폼을 선택하는 기준이자 경쟁사와 차별화하는 요인이 됐기 때문이다.

하지만 생각해보면 여기서도 고객의 선택권은 실종됐다. 그저 우리는 그때그때 상황에 맞춰 원하는 물류 서비스를 갖춘 플랫폼을 취사선택할 뿐이다. 예를 들어 내일 회사 행사에 필요한 명패가 필요하다면 쿠팡의 로켓배송을 이용하고 내일 새벽에 먹을 아침거리가 필요하다면 컬리에서 밀키트를 구매한다. 혹여 지금 당장 휴대전화 충전기가 필요하다면 B마트를 이용하는 식이다.

'빠른 물류'뿐일까. 더 나아가 생각해본다면 구매하는 상품의 특성에 따라서도 고객에게 필요한 물류 서비스는 바뀔 수 있다. 만약 값비싼 명품을 구매한다면 철저하게 가품을 검증하는 검수 서비스가 필요할 수 있다. 이를 누군가에게 선물로 준다면 그에 맞는 선물 포장과 메시지 카드의 동봉을 원할 수 있다. 누군가는 이러한 서비스에 기꺼이 추가 비용을 지불할 수 있을 것이다.

앞서 이야기한 모든 '특화된' 물류는 현재 우리나라 어디선가 누군가에 의해서 제공되는 현실화된 서비스다. 하지만 이러한 특화된 물류 서비스를 모두 하나의 그릇에 담아서 고객에게 '선택할 수 있도록' 제시하는 플랫폼이 있는가 생각해보면 떠오르는 곳이 없다.

그러다 보니 우리는 필요에 따라 특화된 물류 서비스를 제공하는 플랫폼을 찾고 각 플랫폼에서 장바구니에 상품을 담아 개별 결제하는 번거로움을 감수한다. 더군다나 일정 주문 금액을 넘겨야 무료

배송 서비스를 제공하는 것이 일반적이다. 이런 이커머스 환경에서는 여러 플랫폼 이용에 따른 중복된 물류비를 부담해야 한다.

만약 하나의 플랫폼에서 우리가 필요한 모든 물류 서비스를 선택할 수 있다면 어떨까? 같은 밀키트를 구매하더라도 식사 시간에 맞춰서 저녁 배송, 새벽 배송, 주말 배송을 선택할 수 있다면 어떨까? 설치가 필요한 가구라면 내가 원하는 시간대에 배송받을 수 있는 옵션을 선택할 수 있다면 어떨까? 가품이 불안하다면 추가적인 검수 서비스를 요청할 수 있다면 어떨까? 인플레이션 시대인 이때 조금 느린 물류 서비스를 이용하면 상품 가격을 할인받는 옵션을 추가할 수 있다면 어떨까?

물론 현실적으로 이러한 물류 서비스 구축이 어려웠던 여러 이유가 있었다. 하지만 여러 물류업체의 서비스를 연결하는 '플랫폼'의 등장과 함께 빠른 물류를 넘어 고객이 취사선택할 수 있는 물류 서비스인 '물류 온디맨드LOD, Logistics On-Demand'의 가능성이 하나둘 보이기 시작한다. 그 변화를 전망해보고자 한다.

한국 물류 산업의 딜레마를 넘어선 쿠팡

한국 물류가 온디맨드가 될 수 없었던 이유가 있다

왜 그동안 한국의 물류 서비스는 '온디맨드'가 될 수 없었을까? 그건 역설적으로 한국의 물류 서비스가 너무나 잘돼 있었기 때문이다. 한국의 이커머스 업체라면 누구나 사용하는 '택배'는 전 세계 어디를 보더라도 찾을 수 없는 가격과 서비스 품질을 자랑한다. 팬데믹과 함께 가격이 많이 올랐다고 하지만 사업자 기준 1,000~2,000 원대이고 고객 기준 2,500~3,000원대 가격인데다 출고 시점 기준 전국 D+1일 배송이 가능한 서비스가 전 세계 어디에 있는가 생각한다면 한국을 제외하고는 딱히 떠오르지 않는다.

한국통합물류협회에 따르면 2021년 기준 국내 택배 평균단가는 2,366원이다. 팬데믹 이후 불확실성의 증가로 많이 흔들렸지만 그

국내 택배 시장 평균단가 추이

연간 단가
(단위: 원)

증감율
(단위: %)

(출처: 국가물류통합정보센터)

이전까지 한국의 택배 서비스는 오늘 출고의 익일 배송률은 3대 택배사(CJ대한통운, 한진, 롯데글로벌로지스) 모두 90% 이상 관리될 정도의 서비스 품질을 유지했다. 일본의 택배가 통상 700엔이고 미국의 택배가 8달러선에 단가가 형성된 것과 비교한다면 굉장히 저렴한 데다 품질까지 더해진 셈이다.

그러다 보니 택배를 능가하는 서비스에 대해 기업들이 쉽게 도전하지 못했다. 당일배송 영역에서 택배보다 빠른 서비스를 만들어낼 수는 있었지만 가성비 측면에서 그만한 가격을 내고 택배의 D+1일 배송을 대체할 만큼의 규모가 나오기는 쉽지 않았기 때문이다.

예컨대 한국교통연구원의 조사에 따르면 대표적인 당일배송 서비스인 퀵서비스만 하더라도 2018년 기준 1만 1,913원의 평균단가가 형성됐다. 이는 당시 평균 택배 단가(2,229원)와 비교해 5.3배 이상 비싼 수준이다. 샘플 운송으로 대표되는 긴급 배송 수요를 어느 정도 퀵서비스가 충당할 수는 있었다. 하지만 시장 규모 자체에는 한계가 있었다.

그러다 보니 이커머스 판매자들 또한 오랫동안 택배 이외의 물류 서비스를 딱히 고려하지 않았다. 물류 측면의 전략이라고 해봤자 더 큰 판매 규모를 바탕으로 더 저렴한 건당 택배 단가를 계약하는 것 정도였고 그렇게 만들어낸 원가 측면의 우위를 무료배송이라는 형태로 판매가에 녹여서 보여주는 것이 전부였다. 애초에 물류의 선택지가 각각의 출발지Spoke에서 발생하는 물량을 중심 거점 Hub으로 모으고 중심 거점에서 물류를 분류하여 다시 각각의 도착지Spoke로 배송하는 형태인 허브앤드스포크Hub and Spoke 기반의 익일배송 택배뿐이니 물류 온디맨드까지 나아가는 선택지를 만들 수 있을 리 만무했다.

쿠팡은 획일적인 물류 서비스를 확 바꾸었다

물류 업계에 변화를 일으킨 것은 쿠팡이었다. 물류센터에 재고를 사전 보관하는 방식으로 자정까지 주문하면 내일 배송되는 '로켓배송' 서비스를 구축해 택배가 만들었던 D+1일 배송 속도의 표준을 한발 더 끌어당겼다. 그전까지 국내 이커머스 플랫폼 누구도 제대로 시작하지 않았던 택배를 넘어선 물류 서비스를 자체적으로 대규모로 확충한 시도였다.

사실 앞서 택배업계의 90%가 넘는 익일 배송률은 '출고 시점'을 기준으로 한다는 한계점이 있었다. 택배기사가 판매자의 물류센터에 방문해 재고를 집화하는 것부터 시작하는 택배 허브앤드스포크 시스템으로 인해 온라인 판매자가 D+1일 배송을 위한 주문 마감 시간은 제각각이었다. 예컨대 택배기사 집화 시간에 맞춰서 오후 1시까지 주문한 고객의 상품만 당일 출고돼 D+1일 배송이 되고 그 이후 들어온 주문에 대해서는 익일 출고가 돼 고객 관점에서는 사실상 상품을 받기까지 2일 이상의 시간이 걸렸다. CJ대한통운에 따르면 이러한 한계를 고려한다면 택배의 D+1일 배송률은 실질적으로 61% 이하로 떨어진다.

쿠팡은 이러한 택배 서비스의 한계를 자체 물류센터를 구축해서 해결했다. 직매입한 재고를 물류센터에 보관함으로써 집화 과정을 생략해 주문 마감 시간을 자정까지 미뤘다. 곧바로 전국의 고객 권역별로 분류된 상품을 출고해 권역별 배송 거점인 캠프까지 간선 운송을 하고 이후 해당 상품을 쿠팡의 배송 기사인 쿠팡친구가 인수하여 지역별 고객에게 배송하는 방식이다.

쿠팡은 물류망을 더욱 다각화하고 있다. 2018년 하반기부터 오늘 자정까지 주문하면 다음 날 오전 7시까지 배송하는 '새벽 배송', 오늘 오전에 주문하면 오늘 자정까지 배송하는 '당일배송' 서비스를 추가로 확충했다. 쿠팡은 더욱 빠른 물류 서비스를 유료 멤버십 '로켓와우' 가입 회원에게만 제공하는 방식으로 차별화했다.

사실 쿠팡이 2014년 처음 로켓배송을 시작할 때까지만 하더라도 유통·물류 업계는 대부분 두 가지 이유로 회의적인 시각이었다. 첫 번째는 가성비가 충분한 D+1일 배송이 가능한 '택배'가 이미 있는데 12시간 정도의 배송 속도를 끌어올리는 것이 무슨 의미가 있겠냐는 것이다. 두 번째는 12시간 정도의 배송 속도를 끌어올리기 위해 물류센터와 배송망에 대한 수조 원의 투자를 감히 감당할 수 있겠냐는 것이다.

하지만 그 결과는 우리가 익히 알고 있는 대로다. 쿠팡은 업계의 의문을 불식시키고 파괴적인 성장을 지속했고 2022년부터 거래액 기준 국내 이커머스 플랫폼 1위를 달성했다고 평가받는다. 오랜 적 자기업이라는 오명을 떨쳐내고 2023년 연간 영업이익 흑자까지 달성했다.

쿠팡이 물류를 바탕으로 일으킨 변화의 불씨는 유통·물류 업계 에 '택배 이상'의 물류를 고도화하기 위한 새로운 도전을 만들어냈 다. 새벽 배송으로 이마트 이상의 온라인 거래액을 만들어낸 컬리 가 등장했으며 당일배송을 무기로 뷰티 버티컬 커머스 1위에 등극 한 올리브영이 나타났다. 네이버조차 2021년 7월 물류 플랫폼 네 이버 풀필먼트 얼라이언스NFA, Naver Fulfillment Alliance를 시작하며 빠른 물류 역량을 따라가는 모습이다.

물류 업계는 이러한 플랫폼들의 빠른 물류 수요를 감당하고자 택 배를 넘어서는 라스트 마일Last Mile 물류 서비스를 확충하기 시작했 다. CJ대한통운, 한진, 롯데글로벌로지스를 포함한 국내 3대 택배사 는 모두 쿠팡 물류 타임라인을 따라가며 자정 마감, 내일 배송이 가 능한 '풀필먼트'를 시작했다. 비록 엔데믹에 와서 유동성 악화와 여 전한 적자로 어려움을 겪고 있긴 하지만 팀프레시, 메쉬코리아, 바 로고 같은 새벽 배송, 당일배송, 즉시 배송에 초점을 맞춘 스타트업 들이 수천억 원까지 기업가치를 끌어올리면서 빠르게 성장했다.

물류 온디맨드는 선택이 아니라 필수

거스를 수 없는 고객의 선택은 물류 온디맨드다

요컨대 물류 온디맨드를 구축할 수 있는 재료는 모두 모였다. 업계에는 물류센터의 재고 관리를 포함하여 자정까지 주문하면 익일 배송 서비스가 가능한 물류업체도, 새벽 배송 전문 업체도, 3~4시간 배송 전문 업체도, 음식 배달 카테고리를 넘어 확장하는 즉시 배송 전문 배달대행업체도, 시간대에 맞춰 예약배송 서비스를 제공하는 물류업체도 모두 존재한다. 가구에 특화된 설치 물류망을 운영하는 업체도, 물류센터 단위에서 고객의 선물 포장을 지원하는 업체도 당연히 존재한다.

여기서 완연한 물류 온디맨드를 구축하기 위해선 단순한 물류업체 계약을 넘어서 '시스템 통합'이 필요하다는 점을 유의해야 한다.

물류 온디맨드에는 서로 다른 여러 물류업체의 서비스가 연결된다. 이러한 복수 물류업체에 서로 다른 판매 채널에서 발생한 여러 주문 정보를 엑셀로 모아서 각각 특성에 맞춰 할당한다고 생각해보자. 초기 기업이라면 주문이 많지 않아서 수기 대응이 가능할지 모른다. 하지만 어느 정도 선이 넘어간다면 분명히 사람의 실수가 발생할 것이고 그 과정에서 공급망의 정물 일치는 무너진다. 여기서 왜 쿠팡이 물류 온디맨드를 구축하는 데 경쟁력이 있는지를 알 수 있다. 쿠팡은 기본적으로 자체 구축한 인프라와 시스템을 바탕으로 물류를 설계했다. 물론 쿠팡과 다양한 방식으로 협력하는 간선운송업체, 물류센터 운영사, 택배사는 많다. 하지만 이들 역시 쿠팡의 시스템에 자사의 운영방식을 맞춰야 한다.

예컨대 쿠팡은 공급사에 상품을 입고할 물류센터와 물동량을 지정하고 통보한다. 이는 쿠팡이 당일배송, 새벽 배송, 익일배송 등 고객 수요에 맞춰 여러 물류센터에 보관할 재고를 사전에 최적화하기 위함이다. 마찬가지로 공급사의 물류센터에 보관된 상품을 곧바로 고객에게 출고하는 '벤더플렉스Vender Flex'나 쿠팡 물류센터에서 할 검품과 송장 부착 작업을 산지에서 해서 미리 출고해 속도를 끌어올리는 '모바일 플렉스Mobile Flex'는 모두 쿠팡의 시스템이 설정한 기준에 입점 파트너가 맞춰서 만들어진 서비스다. 쿠팡의 압도적인 고객 트래픽 권력이 입점 파트너들이 번거로움을 감수하고 움직이게 만드는 요인이 됐다.

그 결과 쿠팡 고객은 배송지별로 검색하는 상품에서 '최적의 물류 서비스'를 사전에 안내받을 수 있다. 고객의 거주지역에 따라서

쿠팡 배송지별 검색 상품

(출처: 쿠팡)

당일배송, 새벽 배송, 로켓배송(익일배송)이 가능한 상품들이 서로 다르게 노출된다. 단적인 예로 육지에서 섬까지 도선 시간으로 인해 물리적인 배송 시간이 늘어나는 제주도의 로켓프레시 평균 배송 시간은 수도권처럼 새벽이나 당일배송이 아니라 D+2일 배송이다. 쿠팡은 고객에게 선택지를 안 줬을 뿐이고 이미 속도라는 기준점을 바탕으로 상품별 최적 물류 옵션을 거주지역에 따라 고객별로 다르게 보이도록 하는 물류 온디맨드를 구현하고 있는 셈이다.

그렇다면 쿠팡처럼 직접 물류망을 운영하지 않는 업체는 어떤 방식으로 물류 온디맨드를 구축할 수 있을까? 여기에서 필요한 것은 다시 한번 '통합 시스템'이다. 다양한 물류 서비스를 고객 니즈에 맞춰 조합해 물류 온디맨드를 구축한 몇 개 업체의 사례를 살펴보고자 한다.

올리브영은 물류 온디맨드로 뷰티 커머스 1등이 되다

CJ올리브영은 국내에서 쉽게 찾기 어려운 디지털 전환에 성공한 오프라인 리테일 기업 사례로 꼽힌다. 와이즈앱에 따르면 2023년 기준 올리브영의 월간 활성 사용자 수MAU는 462만 명으로 국내 뷰티 버티컬 커머스 중에서 1위이고 국내 전체 버티컬 커머스 중에서는 3위에 자리했다. 인테리어 버티컬 1위인 오늘의집과 신선식품 버티컬 1위인 컬리보다 높은 순위다

2023년 주요 버티컬 커머스 월간 활성 사용자 수 순위

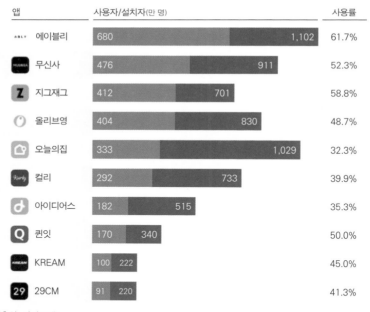

앱		사용자/설치자(만 명)	사용률
ABLY	에이블리	680 / 1,102	61.7%
HUSINSA	무신사	476 / 911	52.3%
Z	지그재그	412 / 701	58.8%
○	올리브영	404 / 830	48.7%
⌂	오늘의집	333 / 1,029	32.3%
Kurly	컬리	292 / 733	39.9%
♂	아이디어스	182 / 515	35.3%
Q	퀸잇	170 / 340	50.0%
KREAM	KREAM	100 / 222	45.0%
29	29CM	91 / 220	41.3%

(출처: 와이즈앱)

업계에서는 올리브영이 빠르게 온라인 뷰티 시장 1위를 석권하는 데 기여한 요소로 2018년 12월 시작한 '오늘드림'을 꼽는다. 오

늘드림은 올리브영이 CJ대한통운을 통해 아웃소싱하는 택배와 별도로 구축한 빠른 배송 서비스다. 쿠팡을 겨냥한 '로켓보다 빠른 배송'이라는 캐치프레이즈로 화제가 됐던 서비스이기도 하다. 특히나 올리브영의 주력 카테고리인 뷰티는 부피가 작고 마진율이 높은 특성으로 인해 이륜차 기반의 당일배송을 이용했을 때 효율을 올리기 적합한 카테고리로 꼽힌다.

올리브영의 오늘드림 효과

(출처: 모바일인덱스)

오늘드림은 CJ올리브영이 이미 전국에 확충한 H&B스토어인 1,289개(2022년 말 기준)의 올리브영 매장을 판매거점이자 물류거점으로 활용한다. 배달의민족이 별도로 도심형 물류센터**MFC, Micro Fulfillment Center**를 구축한 B마트와 달리 CJ올리브영이 물류 인프라 투자 없이 전국 퀵커머스 사업을 전개할 수 있었던 배경이다.

올리브영은 고객이 선택할 수 있는 오늘드림 배송 서비스의 선택지를 세 개로 쪼갰다. 첫 번째는 '3!4!배송'으로 낮 1시까지 주문하면 오늘 낮 3~4시까지 도착하는 서비스다. 두 번째는 '미드나잇배송'으로 밤 8시까지 주문하면 오늘 밤 10~12시 사이에 도착하는 서비스다. 마지막은 '빠름배송'으로 밤 8시까지 아무 때나 주문하면 주문 후 3시간 이내 도착하는 실시간 배송 서비스다. 주문 마감 시간의 차이(낮 1시, 밤 8시, 실시간)는 있지만 모두 주문 후 3시간 이내 상품을 받는다는 공통점이 있다. 배송비는 즉시 배송인 빠름배송은 5,000원이고 특정 주문 마감 시간까지 주문을 모아서 일괄 처리하는 나머지 두 서비스는 2,500원이다.

올리브영 앱 사용자는 상품이 필요한 시간에 맞춰서 오늘드림의 세 가지 서비스 중 하나를 이용할 수 있다. 예컨대 오늘 저녁에 바르고 나갈 화장품이 필요하다면 3!4!배송을 선택해 오후 3~4시까지 상품을 받을 수 있다. 내일 아침에 바르고 나갈 화장품이 필요하다면 미드나잇배송을 이용해 밤 12시까지 넉넉하게 상품을 받아보는 것도 방법이다. 기다릴 여유가 없이 곧바로 상품이 필요하다면 주문 후 3시간 안에 도착하는 빠름배송을 이용할 수 있다.

올리브영에 따르면 오늘드림 서비스의 평균 배송 리드타임은 약 45분으로 즉시 배송의 조건을 충족한다. 그럼에도 올리브영이 1시간 이내 즉시 배송이 아니라 '3시간 배송'이라는 넉넉한 타임라인을 갖춘 이유는 올리브영과 협력하는 라스트 마일 물류업체의 운영 변수를 고려해서다.

올리브영은 메쉬코리아, 바로고, 카카오T퀵 같은 다양한 서비스 업체들과 협력하고 연동해 오늘드림 서비스를 제공한다. 이들은 모

올리브영의 MFC

(출처: CJ올리브영)

두 물류망의 직영 비중이 작다. 바꿔 말하면 언제든 수급 불균형으로 라이더가 제대로 잡히지 않아 고객에게 약속한 타임라인이 깨질 우려가 있다는 이야기다. 예컨대 3시간 안에 배송한다고 했는데 1시간 30분 만에 도착하는 것은 고객에게 기쁜 일이지만 40분 안에 배송한다고 했는데 1시간 30분 만에 도착하는 것은 고객의 불만을 일으킬 수 있다. 이런 상황에서 CJ올리브영은 전략적으로 빠름보다 '안정성'을 퀵커머스에서 강조하는 선택을 한 것이다.

토스모바일은 3중화된 물류 온디맨드로 알뜰폰 시장에 진출하다

또 다른 물류 온디맨드 구축 사례로 토스모바일을 꼽을 수 있다.

토스모바일은 2023년 2월 알뜰폰 통신 요금제 가입을 전국으로 확장했다. 토스모바일을 통해서 신규 요금제를 개통한 사용자를 대상으로 전국 유심 배송 서비스를 제공하고 있다.

역시나 토스모바일의 기본 배송 옵션은 택배였다. 전국으로 확장한 배송은 기본적으로 일반 택배를 활용해 익일배송 타임라인을 전달하는데 운영 파트너는 CJ대한통운이다. 유심 재고를 지정 물류센터에 보관하고 있다가 고객 주문에 맞춰서 택배기사에게 출고하고 이후 택배 허브앤드스포크 프로세스를 따라서 고객에게 전달되는 방식이다.

여기서 토스모바일이 서비스 차별화를 위해 사용한 방법은 토스가 '유심 배송 3중화'라 명명한 방법이다. 토스모바일은 서울, 수도권, 광역시 일부 지역은 일반 택배뿐만 아니라 '퀵'과 '당일택배' 배송 옵션을 선택할 수 있도록 했다. 다시 말해 유심을 신청한 고객에게 즉시 배송을 포함해 N시간 당일배송 서비스를 제공하고 있다. 실제 내가 저녁 7시에 토스모바일 유심 배송 서비스를 신청하니 불과 2시간도 안 돼 유심을 받았다.

토스모바일의 퀵 배송은 배달 대행 플랫폼 '바로고'와 협력해 속도를 끌어올렸다. 2021년 기준 바로고는 전국 1,000여 개 배달 대행 거점이자 라이더 쉼터인 '허브(배달 대행 가맹점)'를 운영하고 있다. 이곳에 토스모바일이 유심 재고를 사전에 배치해두면 음식 배달 라이더가 배달 과정에서 유심을 픽업해 부가적인 수익을 올리는 방식이다.

바로고 측에 따르면 유심 배달 서비스와 관련해 라이더의 만족도

바로고 도심 허브

(출처: 커넥티스)

는 매우 높다. 유심은 부피가 작고 무게가 매우 가벼워서 적재량이 한정적일 수밖에 없는 이륜차 배달통에 넣고 대량의 상품을 배송하기에 부담이 없기 때문이다. 또 라이더에게는 픽업에 드는 노동력과 시간도 비용이다. 유심은 휴식 공간처럼 활용하는 허브 사무실에서 빠르게 픽업할 수 있는 데다 실물 재고가 이미 존재하기에 배송 지연의 대표 원인 중 하나인 음식점의 조리 대기 시간이 없기도 하다.

토스모바일은 또 하나의 배송 옵션인 당일배송 서비스를 제공하기 위해 물류업체 체인로지스(두발히어로)와 협력했다. 체인로지스는 올리브영이 매장과 별도로 구축한 온라인 전용 도심 창고인 MFC에서 발송하는 물동량을 처리하는 당일배송 파트너이기도 하다. 이미 토스모바일 이전에 KT엠모바일, LG헬로모바일, SK7모바일 같은

두발히어로

(출처: 커넥티스)

알뜰폰 사업자의 유심 배송 서비스를 처리하고 있다.

체인로지스는 서울에 5개와 경기도 고양시와 부천시에 1개씩 총 7개의 허브센터를 운영하고 있다. 화주사의 물량을 입고하고 분류하는 일종의 도심형 물류센터다. 이 공간을 통해 집화한 상품은 오전 10시, 오후 1시, 5시에 맞춰서 하루 3회 출고되며 출고 시간을 기준으로 4시간 이내 배송을 목표로 고객에게 전달된다.

토스모바일은 유심 재고를 이 허브센터에 사전 배치하는 방식으로 운영한다. 토스모바일과 체인로지스 양 사의 API를 연동하여 체인로지스 허브센터에서 직접 주문별 송장을 발행한 뒤 배송을 진행한다. 체인로지스는 바로고의 허브 배송권역 밖에 있는 서울과 수도권 내 나머지 지역에 대한 당일배송을 수행한다. 기존 체인로지스 출고 시간에 맞춰서 움직이기 때문에 빠르면 주문 후 1시간에서 늦어도 4시간 이내에 유심을 받을 수 있다고 한다.

토스모바일에 따르면 배송 3중화에 대한 고객 서비스 만족도는 굉장히 높게 나타났다고 한다. 토스모바일이 알뜰폰 요금제 사전

가입자 816명을 대상으로 한 만족도 조사 결과에 따르면 답변자의 대부분이 '편리한 가입과 개통 과정'에서 가장 만족했다고 답했다. 실제 토스모바일에 따르면 요금제 탐색부터 유심 배송 신청까지 걸린 시간은 평균 3분이며 퀵 배송이 가능한 지역의 경우 총 17분 만에 유심을 수령할 수 있었다고 한다.

네이버는 도착 보장으로 물류 온디맨드 확대를 꾀하다

마지막으로 소개할 사례는 네이버다. 이번에 소개한 기업 중에서 네이버는 유일하게 2021년 7월 네이버 풀필먼트 얼라이언스NFA를 론칭하면서 물류 온디맨드 플랫폼을 구축했다고 직접적으로 언급했다.

네이버는 2020년부터 위킵, 두핸즈, 파스토, 아워박스, 브랜디, 신상마켓, CJ대한통운 등 현재 네이버 풀필먼트 얼라이언스에 합류한 파트너 업체들의 지분을 확보하기 시작했다. 네이버의 목표는 판매자들의 서로 다른 물류 니즈를 서로 다른 물류 역량을 가진 물류업체에 매칭하는 온디맨드 물류 플랫폼을 만드는 것이었다.

그 예시로 네이버는 신선 물류 관리가 필요한 업체에는 '아워박스' 같은 저온물류 전문 업체를, 동대문 사업 물류가 필요한 업체에는 '신상마켓'과 '브랜디'의 물류 서비스를, 더 안전한 배송 서비스가 필요한 업체에는 '발렉스'의 프리미엄 배송 서비스를, 가구 설치와 배송이 필요한 업체에는 '하우저'의 가구 전문 물류 서비스를 연결한다.

이와 같이 네이버의 온디맨드 물류는 고객보다는 '판매자' 관점

모든 마트 오늘 도착 화면

내일 도착	내일 도착	내일 도착	내일 도착	8/8(화) 도착
09:00	10:00	11:00	18:00	05:00
이마트몰	GS 프레시몰	트레이더스	Homeplus	올가

8/8(화) 새벽 ~	8/8(화) 도착	2시간 내 &	전 상품	2시간 이내
06:00	06:00	당일배달	무료배송	당일배달
SSG 새벽배송	프레딧	동네시장	브랜드 직영관	CU 편의점

(출처: 네이버 장보기)

의 키워드에 가깝다. 네이버에 입점한 56만 개 이상의 스마트스토어 판매자들의 카테고리와 맞는 물류 서비스 견적을 내고 네이버 판매자 관리 시스템을 통해서 네이버 풀필먼트 얼라이언스 계약업체의 물류를 처리할 수 있도록 연동하는 개념까지 구현했다.

하지만 네이버의 물류는 사용자 관점의 온디맨드까지는 완연히 나아가지 못했다. 하나의 브랜드로 어느 정도 상품의 주도권을 갖고 물류망을 통제하는 올리브영과 토스모바일과는 다르게 네이버는 기본적으로 포털이고 오픈마켓이다. 네이버는 중개할 뿐 판매하지 않는다. 따라서 수많은 입점 업체에 각각 파편화된 물류 서비스를 제공하고 있다. 네이버 풀필먼트 얼라이언스를 포함한 물류 서비스의 선택권은 이들 업체에 있다. 결과적으로 네이버쇼핑 사용자는 품질이 담보되지 않는 제각각의 물류 서비스를 사용할 수밖에 없다.

네이버는 이러한 숙제를 해결하고 싶었다. 그러한 맥락에서 강화한 것이 2022년 12월 출시한 '도착보장'이다. 도착보장은 고객 관점에서 네이버가 '도착 예정일'을 보장하는 빠른 물류 서비스다. 쿠팡의 로켓배송 필터 같은 도착보장 필터를 적용한 상품 검색이 가능하다. 만약 제시한 시점(통상 주말 제외 D+1일 배송)까지 상품이 배송되지 않으면 네이버페이 포인트 1,000원을 구매자에게 보상한다.

도착보장의 뒤에서는 네이버의 물류 플랫폼인 네이버 풀필먼트 얼라이언스가 연동된다. 네이버 입점 판매자와 브랜드는 CJ대한통운, 두핸즈(품고), 파스토, 테크타카(아르고) 등 도착보장 제휴 물류업체와 계약하고 재고를 지정 물류센터에 입고해야만 도착보장 솔루션을 적용할 수 있다.

네이버는 판매자와 브랜드가 기존에 이용하던 물류업체 혹은 자사의 물류망을 바꾸고 네이버 풀필먼트 얼라이언스로 물량을 이동시킬 이유를 만들기 위해 도착보장 솔루션의 매출 증대 효과를 강조했다. 네이버가 갖춘 다양한 채널과 별도로 마련된 전용관에 도착보장 상품을 노출한 결과 도착보장 솔루션을 이용하는 브랜드 업체의 거래액은 전년 대비 1.5~3배까지 증가할 정도로 높은 마케팅 효과가 나타난다고 강조했다. 네이버에 따르면 2023년 2분기 기준 전체 브랜드 스토어 입점 판매자의 30%가 네이버 도착보장 솔루션을 사용하고 있다.

네이버가 도착보장 솔루션을 강화하는 이유는 빠른 물류 카테고리를 확장하고자 하는 의도도 있지만 한편에는 그럼으로써 '운영 데이터'의 흐름을 파악하고자 하는 목적이 크다. 이러한 운영 데이터는 향후 '수요 예측' 같은 공급망 관리 솔루션을 고도화하는 도구로 활용할 수 있다. 이는 네이버가 강화하는 머천트 솔루션Merchant Solution의 수익 모델이 될 수 있을 것이다.

더 많은 운영 데이터가 축적된다면 네이버 입점 판매자가 다루는

네이버쇼핑 검색에서 장보기와 연계한 새벽배송, 당일배송 추천 연계 노출

(출처: 네이버 앱 캡처, 2024년 3월 기준)

다양한 상품 정보를 바탕으로 네이버 풀필먼트 얼라이언스 물류 플랫폼에 들어선 다양한 파트너사의 적합한 물류 서비스를 추천하는 서비스 또한 가능해질 것이다. 당장은 도착보장 솔루션을 바탕으로 한 자정까지 주문하면 내일 배송하는 타임라인의 물류 서비스만 노출되고 검색된다. 그럼에도 향후 네이버가 다양한 물류 서비스를 취사선택할 수 있는 검색 필터를 구매 고객에게 제공할 수 있을 것으로 예측되는 배경이다.

물류 1위 CJ대한통운은 피할 수 없는 선택의 시간을 맞이했다

이 장 앞부분에서 우리나라 물류 서비스의 발전을 가로막은 가장 큰 장벽 중 하나가 너무 잘 구축된 '택배 서비스'라고 이야기했다.

실제로 국내 택배 사업은 2020년대 초반까지만 하더라도 CJ대한통운이 50% 이상의 점유율을 차지하면서 압도적인 '규모의 경제'를 바탕으로 철옹성을 구축하는 것이 아닌가 싶은 모습이었다.

그러나 현재 CJ대한통운의 과반 점유율은 꺾였다. 코로나19와 맞물린 연이은 택배 단가 인상 행보와 올라간 단가를 합리화하지 못하는 서비스 품질 관리 실패가 고객사 이탈의 원인이 됐다. 그리고 현시점 CJ대한통운의 가장 큰 위협은 2, 3위 택배사 한진과 롯데글로벌로지스가 아니다. 쿠팡이 '쿠플렉스'라는 이름으로 호시탐탐 기존 택배사의 네트워크와 화주사까지 갉아먹으며 세를 확장하고 있다. 아마존이 이미 경쟁 이커머스 플랫폼의 주문에 대한 물류까지 대신 처리하는 것처럼 향후 쿠팡이 네이버의 물류를 대신 처리하는 그림이 나오지 않으리란 법은 없다. 한국통합물류협회에 따르면 쿠팡의 택배 자회사인 쿠팡로지스틱스서비스의 택배 시장점유율은 2022년 12.7%에서 2023년 8월 말 기준 24.1%로 2배 가까이 증가하며 국내 2위 택배사가 됐다. 같은 기간 CJ대한통운의 시장점유율은 40%에서 33.6%까지 떨어졌다.

CJ대한통운이 사실상 36시간인 익일배송을 기준치로 움직였던 허브앤드스포크를 넘어서 새벽 배송과 당일배송을 포괄하는 방식으로 다양한 물류 서비스 타임라인을 확장하게 된 배경이다. 1위 택배사인 CJ대한통운이 쿠팡과 맞서기 위해서는 그 이상의 서비스 품질을 갖춰야 했기 때문이다.

실제로 CJ대한통운은 새벽 배송 서비스를 확장하기 위해 통제할 수 있는 '직영망'을 확장하면서 컬리를 비롯한 고객사의 물류를 확

데이터 처리를 기반으로 한 물류 처리 시스템의 변화

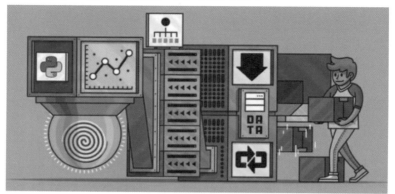

(출처: https://realpython.com/logistic-regression-python/)

충해 대행하기 시작했다. 배송 기사의 근무일, 근무 시간, 배송권역을 통제할 수 있어야만 새벽 시간에 움직이는 차량 네트워크를 가동할 수 있다고 봤기 때문이다.

당일배송의 경우 도심 물류거점과 네트워크를 갖춘 외부 업체와 협력하는 방식으로 물류망을 설계했다. 체인로지스 같은 당일배송 전문 업체뿐만 아니라 SK에너지의 주유소 네트워크, 중앙일보 M&P의 신문 배달망 등 기존 유휴 자원에 부가가치를 올리고 싶은 다양한 업체와 연합했다.

CJ대한통운은 2023년 3월 통합 배송 브랜드 '오네O-NE'를 출시하기에 이른다. 이 안에 지금까지 쿠팡 타임라인을 따라가며 만든 모든 물류 역량을 담았다. 자정까지 주문하면 '내일배송', 내일 오전 7시까지 도착하는 '새벽배송', 오늘 안에 받는 '당일배송', 네이버에서 반응이 좋았다는 '일요일 배송'이 그것이다.

하지만 남은 숙제가 있다면 완연한 '물류 온디맨드'다. 고객에게 보이는 서비스 라인업까지는 만들었다. 하지만 여전히 CJ대한통운의 물류는 쉽게 통제하기 어려운 대리점들이, 마찬가지로 쉽게 통제하기 어려운 다양한 물류 파트너사들이 함께 만들고 있다. 수요 불확실성이 상당히 큰 이커머스 특성을 고려했을 때 이렇게 통제되지 않는 연합군의 자원을 다루며 적정 수준 이상의 서비스 품질을 유지하는 것은 엄청난 과제다. 결국 여러 대체망을 포함한 자원을 단순한 계약 관계를 넘어서 하나의 시스템상에서 가시성을 확보한 채로 관리할 수 있어야만 한다.

그렇게 된다면 하나의 물류 시스템에서 화주사들이 지역별로, 카테고리별로, 상품별로 익일배송, 새벽 배송, 당일배송, N시간 배송, 나아가 시간 지정 배송까지 다양한 시간대의 물류 서비스를 취사선택할 수 있는 미래도 꿈만 같진 않을 것이다. 더 나아가 하나의 시스템상에서 상품별로 특화된 임가공 작업을 서로 다른 물류센터 작업자들에게 지시하는 것도 실현할 수 있는 꿈일 것이다.

어려운 와중에 최근 CJ대한통운을 포함한 택배사들에 호재가 있다면 중국발 크로스보더 이커머스 플랫폼의 영역 확장이다. 고물가, 고금리 기조가 장기화되면서 알리익스프레스, 테무 같은 C2M_{Customer to Manufacturer} 역량을 바탕으로 한 초저가 플랫폼의 한국 점유율 확산이 거세다. 이중 알리익스프레스의 국내 배송은 CJ대한통운이, 테무의 국내 배송은 한진이 맡아 최종 처리하고 있다. 결국 중국 플랫폼들이 국내 이커머스 플랫폼들, 특히 중국에서 상품을 소싱하는 판매자들의 매출 점유율을 일부 빼앗아 오고 있다는 관점에서 본다면 택배사들은 쿠팡에 대항할 수 있는 일말의 시간을 벌었다.

하지만 쿠팡 역시 중국 플랫폼에 대항하기 위한 본격적인 행보를 시작한 것은 매한가지다. 한국 법인을 운영하고 있는 중국 판매자들에게 국내 판매자들과 동일하게 쿠팡 물류센터에 물류를 위탁하는 풀필먼트 사업인 '판매자배송(기존 로켓그로스)'을 개방한 것이 대표적인 신호다. 결국 쿠팡은 한국의 물류뿐만 아니라 전 세계의 물류를 연결하고자 움직이고 있고 그 범위에는 국제 물류도 포함된다. 이는 아마존이 먼저 글로벌 시장에서 증명한 행보를 답습한 것이다.

이종의 침공이 가시화된 상황에서 물류 기업에 남은 시간은 그리 많지 않아 보인다. 이를 위해서는 서로 다른 회사들의 다양한 주문 관리와 물류 관리 시스템들을 유기적으로 연결하고 통합할 수 있는 디지털 역량 확충이라는 숙제가 선행돼야 한다.

7장

폭발적으로 성장하는
푸드테크

이현재

우아한형제들 대외정책 이사·코리아스타트업포럼 정책위원장

다음에서 뉴스 편집과 콘텐츠 유통을 담당했고 카카오와 배달의민족에서 대
외정책 전문가로서 성장을 견인해왔다. 현재 규제 개혁, 갈등 해소, 상생 등의
업무를 하며 스타트업과 정부기관 및 여러 기업 협회와 위원회에서 '변화와 혁
신'을 주창하고 있다. 주요 관심은 산업, 기술, 정책 그리고 사람이다.

　20만 년 전 호모 사피엔스가 출현한 이래 인류는 먹고사는 문제를 해결하고자 부단히 노력해왔다. 우리가 배운 불의 이용, 토기의 이용, 그리고 석기, 청동기, 철기 등 기술의 발전 또한 먹고사는 문제를 해결하고자 노력한 혁신의 결과다. 인류의 역사 자체가 먹고 살기 위해 자연과 투쟁한 '푸드테크'의 역사이지만 푸드테크란 단어가 사용되기 시작한 것은 불과 10여 년 남짓이다. 국내에서는 배달의민족 서비스를 운영하는 우아한형제들이 시장 선점을 위해 푸드테크란 단어를 만들어 사용하면서 널리 통용됐다.

　푸드테크Foodtech란 단어를 구글에서 검색해보면 0.3초 만에 1,000만 개 이상의 검색 결과를 확인할 수 있다. 그만큼 푸드테크란 단어가 일상어처럼 널리 이용되고 있다. 그럼에도 인터넷 백과

푸드테크 관련 시장도 지속 확장

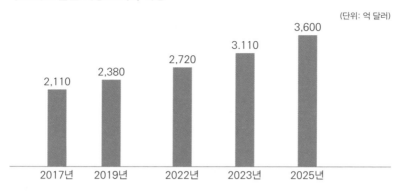

(단위: 억 달러)

3,600

3.110

2,720

2,380

2,110

2017년　2019년　2022년　2023년　2025년

사전인 위키피디아에서 검색하면 그 정의를 찾아볼 수 없다. 푸드테크란 단어의 사용은 늘었지만 그 범위나 정의가 지속 확장되며 명확히 정의되지 않기 때문이라 볼 수 있다. 두산백과에 따르면 '푸드테크는 식품food과 기술technology의 합성어로 식품산업과 관련 산업에 4차 산업혁명 기술 등을 적용해 이전보다 발전된 형태의 산업과 부가가치를 창출하는 기술'이라 돼 있다. 사전적 정의를 넘어 푸드테크는 환경, 로봇, 빅데이터 등 다양한 산업과 협업하며 그 외연이 계속 확장되고 있다.

　오늘날 푸드테크는 디지털 기술과 식품산업의 발전으로 서비스 수요가 증가하면서 그 단어가 출현한 지 몇 년 만에 폭발적으로 사용되기 시작했다. 식물성 대체육류 제품을 개발하고 생산하는 비욘드미트Beyond Meat와 임파서블푸드Impossible Food를 비롯하여 식품 안전성 강화, 식품 유통의 효율성 개선, 식품 재료와 제조 과정의 혁신, 유통과 커머스 등을 포함한 다양한 분야에서 푸드테크 기업들이 끊임없이 생겨나고 있다.

푸드테크 관련 시장도 계속 확장되고 있다. 한국농수산식품공사 등에 따르면 2017년 2,110억 달러(약 288조 원) 수준이었던 글로벌 푸드테크 시장은 2019년 2,380억 달러로 성장했고 2022년 2,720억 달러까지 규모가 확대됐다. 푸드테크 시장의 성장세는 앞으로도 꾸준히 이어질 것으로 보이며 2023년에 3,110억 달러, 2025년에는 3,600억 달러(약 491조 원)까지 성장할 것으로 전망한다.

푸드테크는 먹고사는 문제를 해결할 열쇠

개인형 맞춤 식단이 기술로 구현되다

푸드테크 시장이 매우 빠르게 확장하며 주요 산업으로 성장함에 따라 몇 년 후 미래 가정에서 푸드테크를 어떻게 활용하게 될지 다음과 같이 상상해볼 수 있다.

여느 한 가정의 저녁 식사 자리다. 가족 구성원은 각자 취향대로 인공지능 기반의 식품 제조 및 레시피 플랫폼에서 맞춤형 요리를 선택한다. 어머니는 냉장고에서 당일 신선 식재료 목록을 확인하고 요리할 수 있는 레시피를 냉장고 인공지능으로부터 추천받는다.

오늘 추천받은 저녁 메뉴는 세포 배양 소고기를 재료로 하는 불고기와 참치회 그리고 인공 달걀과 치즈를 이용한 에그 스크램블이다. 특히 가족들이 좋아하는 유명 식당의 불고기 레시피를 선택해 3D 푸드 프린터에 재료를 넣고 조리 버튼을 누른다. 디스플레이에는 3분 후 조리 완성 예고 알림이 표시된다. 에그 스크램블은 주방 조리대에 설치돼 있는 조리 로봇에게 맡기기로 한다. 주방 조리대에 설치돼 있는 로봇팔이 인덕션 위 프라이팬에 적정량의 식용유를 부은 후 인덕션 디스플레이를 터치해 적절한 조리 온도를 맞춘다. 인공 달걀은 깨지지 않게 엄지와 검지를 이용해 조심히 꺼내 들고 달궈진 프라이팬 위에 깨뜨려 올린다. 소금과 후추는 유려하게 흩날린다.

당뇨병이 있는 아버지는 당일 혈당 수치와 건강 상태 정보를 스마트워치로부터 공유받는다. 이 정보를 바탕으로 콜레스테롤 관리가 된 저염 고등어와 스마트팜에서 재배된 식이섬유가 풍부한 샐러드 그리고 저당 처리가 된 쌀밥과 인슐린 분비를 촉진하는 특별 환자식을 인공지능 기반의 레시피 서비스로부터 제안받는다.

큰딸은 오늘도 다이어트 중이다. 인공지능은 오늘 딸의 영양 섭취 정보를 확인해 일정량 이상 섭취한 탄수화물을 비추천하고 단백질 섭취를 추천한다. 인공 배양된 참치회와 지방이 제거된 우유를 준비하겠다고 알린다.

아들은 미국의 유명 셰프인 고든 램지의 버거를 먹고 싶다고 한다. 어머니가 인공지능 스피커에 고든 램지 버거를 주문하자 고든 램지 식당 버거의 레시피가 3D 푸드 프린터로 다운로드된다. 영화나 음원 다운로드처럼 레시피 저작권 비용이 결제된다. 레시피가 입력된 3D 푸드 프린터는 4분 후 완성을 예고한다. 집에 있는 3D 푸드 프린터 덕분에 전 세계 유명 식당의 음식의 레시피를 언제든

다운로드해 즐길 수 있어서 깐깐한 가족들 입맛 맞추기에 최적이다. 어머니는 3D 푸드 프린터가 최고의 효자라 늘 말한다.

저녁 식사를 하는 동안에도 가족들이 즐겨 먹는 식재료와 제품들이 푸드 전문 이커머스에서 자동으로 주문돼 배송 상황을 알려준다.

스마트팜이 식량안보와 환경보호를 위한 대안으로 떠오르다

기술의 발전은 인류의 생존을 위한 노력이고 앞으로도 끊임없는 도전과 혁신이 이뤄질 것이다. 그리고 오늘날 푸드와 기술의 결합은 단순히 먹고사는 문제를 해결하기 위한 것만이 아니라 식재료의 생산, 유통, 저장 등을 넘어 비육 환경 개선과 동물권 보장, 환경오염 저감과 지속가능한 지구 환경 마련, 우주개발과 화성 이주 현실화를 대비한 식자재 개발 등 현재의 인류가 직면하고 도전하는 여러 문제를 해결하고 대안을 마련하는 데까지 그 범위가 확장되고 있다.

TV를 보다 보면 "6초마다 아이 한 명이 굶어 죽는다."라는 국제 구호단체의 간곡한 호소가 귀에 들린다. 유엔식량농업기구**UN FAO**에 따르면 2021년 기준으로 식량 위기에 처한 인구는 1억 5,500만 명에 달한다. 농업 기술이 혁신적으로 발전하며 100년 전에 비해 농업생산량이 비약적으로 늘어났는데도 아직 지구 인구의 상당수는 매일 간신히 버텨내고 있는 것이다.

기아 문제는 단순하지 않다. 기후재난, 전쟁, 팬데믹, 유통 이슈 등 그 원인이 매우 복잡다단해 한 가지 솔루션만으로 해결하기 어렵다. 2022년 미국과 유럽은 유례없는 가뭄으로 전체 농지 43%가

식량 위기와 식량 낭비가 동시에 발생하는 모순

농업생산량이 비약적으로 늘었어도 식량 위기는 여전하다. 한편에서는 음식이 많이 버려지고 음식을 포장하는 플라스틱의 과다한 사용으로 지구 환경이 파괴되고 있다.

피해를 입었다. 중국에서는 곡창지대인 허난성 농지 일대가 홍수로 잠기는 등 생산지 환경의 변화로 생산에 차질을 빚었다.

　얼핏 보면 아무런 상관이 없어 보이는 코로나19도 식량 위기를 가중했다. 물류와 사람의 이동이 제한됨에 따라 세계 식량 공급망이 3년 가까운 시간 동안 정상적으로 운영되기 어려웠다. 여기에 더해 우크라이나-러시아 전쟁이 발발하며 주요 곡물 수출국인 우크라이나의 곡창지대에서 곡물 생산과 유통이 어려워지고 곡물 가격이 급격히 상승하며 세계 식량 위기가 더욱 가중됐다.

　생산 이슈만이 문제가 아니다. 유엔세계식량계획WFP에 따르면 매년 전 세계에서 생산하는 식량 40억 톤 중 3분의 1이 손실되거나 낭비된다. 경제적으로 연간 1조 달러(한화 기준 약 1,300조 원)가 넘는 규모다. 음식물 낭비로 발생하는 온실가스 규모를 하나의 국가로 본다면 중국과 미국에 이어 세계 세 번째 수준이다. 버려지는 음식이 지구 환경을 위협하는 동안 8억 명이 넘는 인구가 배고픔에 시달리고 있다.

이러한 전 지구적 식량 위기에 대응하는 기술로서 푸드테크를 새로운 대안으로 제시하고자 한다. 새로운 기술과 대안들이 아직은 완성되지 못했지만 현실의 문제를 해결하고 더 나은 인류 공존의 대안을 제시한다는 점에서 푸드테크의 기술을 가볍게만 바라볼 수 없다.

첫 번째로 소개할 푸드테크는 스마트팜이다. 스마트팜은 로봇, 드론, 센서 네트워크, 인공지능, 빅데이터 등을 활용해 농작물의 생산과 관리를 자동화하고 최적화하는 첨단 농업 시스템이다. 농업생산량은 일조량, 물, 토양, 병충해 등 재배 환경에 절대적인 영향을 받는다. 최근 기후재난으로 기존 방식의 생산으로는 생산량이 매우 떨어지는 식량 위기에 봉착해 '식량안보'라는 말까지 나오게 됐다. 이 위기를 넘는 데 스마트팜은 생산에서 새로운 혁신을 제시하고 있다.

스마트팜은 기존 대규모 농장과 일반 농장뿐만 아니라 건물 안에 버려진 공간이나 사막 또는 툰드라 등의 불모지에서도 가능하다. 농업 생산성과 수율을 향상하여 식량 생산의 안정성을 높이기 위해 모든 기술을 접목하고 개선하려고 노력하고 있다. 특히 도시 내에서 농작물을 생산하는 데 이용할 수 있다. 수직 재배 시스템이나 실내 작물 재배 시스템을 활용해 도시에서 작물을 재배할 수 있다. 식량 운송 및 유통 비용을 절감하고 신선한 작물을 도시 주민에게 제

스마트팜

공하는 데 도움이 된다.

국내 한 스마트팜 기업 대표는 "300명 정도의 초중고 학교에 컨테이너만 한 공간을 조성하면 학생들이 먹는 채소류를 생산하고도 남아 지역 주민에게 판매하거나 나눌 수 있다."라고 말한다. 처음에는 상추와 토마토 정도만 재배했는데 최근에는 수박, 와사비, 인삼까지 그 품목이 꾸준히 늘어나고 있다. 벼나 밀 등의 주식 작물은 비용 효율 문제가 있어 특화 작물 중심으로 재배가 이루어지고 있다. 하지만 이 또한 혁신의 대상으로 기술 향상과 개발을 통해 개선될 사안이라고 생각한다.

또한 스마트팜은 농업생산량을 늘리기 위해 물과 비료 등의 막대한 자원이 비과학적으로 사용되는 것을 인공지능과 빅데이터를 통해 최적화해 낭비를 줄이고 환경친화적인 농업을 실현하기도 한다. 병충해와 일조량 등 도시의 환경적 제약을 넘어서고 더욱 안전하고 건강한 먹거리를 생산하기 위해 기술 발전이 이뤄지고 있다.

푸드 로봇이 조리에서 서빙, 배달, 안전까지 책임진다

두 번째로 소개할 푸드테크는 로봇이다. 오늘날 로봇은 거의 모든 산업 현장에서 사용되고 있다. 상업화된 푸드 로봇은 유려하게 팔을 움직여 닭을 튀기고 정확한 양으로 커피를 내리고 음식을 서빙하기도 한다. 2023년 초반 엔데믹 이후 물가와 인건비가 상승하면서 모든 산업에서 사람을 대체할 로봇 개발에 열을 올리고 있다. 푸드테크 영역에서도 로봇은 위험한 현장에서 조리하고 사람이 하기 싫은 일들을 해냄으로써 비용 절감과 안전한 조리 환경을 조성하고 있다.

배달의민족의 음식 배달 서비스를 제공하는 우아한형제들은 2010년부터 자율주행 로봇 '딜리(딜리버리의 줄임말)'를 개발하고 있다. 우아한형제들 측이 자율주행 로봇을 만드는 것은 미래 가치를 동력으로 회사의 성장을 도모하기 위함이기도 하지만 배달과 관련된 다양한 문제를 해결하기 위함이기도 하다.

한국에서의 배달은 소위 오토바이라고 하는 내연기관 이륜차를 주로 이용한다. 내연기관 이륜차는 길이 좁은 곳이나 자주 막히는 도심 도로에서 효과적으로 음식을 배달할 수 있는 장점이 있다. 그러나 이러한 장점에도 내연기관으로 인한 환경오염, 교통사고, 배달비 등의 문제를 해결하고자 하는 것이 우아한형제들이 푸드테크 기업으로서 자율주행 로봇을 개발하는 이유다.

먼저 한국의 도로에서는 일반 자동차와 이륜차들이 구분되지 않고 뒤섞여 크고 작은 사고가 끊이질 않는다. 이륜차 운전자가 신호를 위반하거나 차량 사이로 달리는 일명 '칼치기' 운전을 하는 경우

(출처: 우아한형제들)

도 있지만 신호 위반 차량에 받히거나 부주의해서 치이는 사고도 잦다. 상대적으로 차체가 가벼운 이륜차가 받히는 경우 이륜차 운전자는 더 크게 다칠 수밖에 없다. 그리고 이러한 사고는 배달 서비스를 하는 기업에는 비용을 넘어 경영 리스크가 되기도 한다.

자율주행 로봇은 이륜차 운전자가 아파트나 대학 건물 등의 입구에 물건이나 음식을 가져다주면 이를 픽업해 지정된 장소로 전달할 수 있다. 배달원이 무리하게 운전하지 않아도 되고 라스트 마일이라 하는 최종 전달자 역할은 로봇이 대신하는 것이다. 배달원들은 아낀 시간만큼 다른 배달을 수행해 이익을 늘릴 수 있다. 실제 음식 배달 라이더들을 대상으로 한 설문에서 음식을 고객에게 전달하기 위해 이륜차에서 내려 계단을 이용하거나 엘리베이터를 타는 시간이 7~8분 정도 소요된다고 말했다. 이 시간을 줄여 라이더의 배달 효율을 높이고 수익을 보전해 도로 위에서 속도를 줄일 수 있도록

함으로써 최종적으로는 배달원의 안전을 보장하고 고객에게도 안정적인 서비스를 제공할 수 있는 것이다.

과학자들은 "자율주행 자동차를 포함해 자율주행 로봇이 언제 시장에 도입될 것이라 보는가?"라는 질문에 대해 2030년이 돼도 도입이 어려울 것이라 이야기한다. 기술이 부족해서가 아니라 자율주행 자동차나 로봇을 도입하기 전 안전에 관한 논의를 거쳐 사회적 합의에 이르기가 수월치 않을 것이라는 전망 때문이다. 그러다 보니 자율주행 로봇은 자동차가 달리는 일반도로가 아니라 아파트나 학교 등 사유지에서 그 쓸모를 먼저 인정받고 있다.

최근 여러 아파트에서 택배 차량과 배달 이륜차 진입을 제한해 배달업체와 입주민이 갈등을 빚고 있다는 뉴스가 심심치 않게 들려온다. 아파트 입주민 입장에서는 안전한 주거 환경 조성과 면학 분위기 도모를 위해 진입을 제한하는 것이 어느 정도는 당연한 권리라 느껴진다. 다만 택배나 음식을 배달해야 하는 기업 입장에서는 물건 이동 거리를 최소화해 업무 강도를 줄이고 효율을 높이고 싶은 니즈가 있다. 이 상충되는 니즈가 충돌해 사회적 이슈로까지 번지고 있는 것이다.

이런 상황에서 자율주행 로봇은 배달업체와 입주민 간의 갈등 해소 대안으로 그 효용을 인정받기도 한다. 배달원은 물건을 아파트 입구까지 배송하고 이후 고객에게 최종 전달하는 라스트 마일을 로봇이 대신하는 것이다. 덕분에 아파트 지상에는 차가 다니지 않게 되어 주거 환경을 개선할 수 있다. 특히 아파트나 학교 등 제한된 공간에서 자율주행 로봇은 일반도로보다 변수가 적어 정확하고 안전하게 물건을 전달할 수 있다. 이러한 장점으로 최근 여러 건설사에서 로봇 개발사들에 자율주행 로봇을 공동 개발하자고 제안하고 있다. 푸드테크의 대표적인 기술 중 하나인 자율주행 로봇이 사회 갈등을 일정 부분 해소할 수 있는 도구로서 그 효용을 보여주는 사례라 할 수 있다.

또한 코로나19 상황에서 비대면 라스트 마일 유통·물류를 실현해 질병 확산을 예방한다거나 개인 주거가 노출돼 혹시 모를 범죄에 노출될까 불안을 느끼는 여성들에게 자율주행 로봇은 대안이 되기도 한다. 나아가 배터리를 기반으로 하는 로봇은 탄소중립을 실천하고 이륜차 소음을 줄이는 데도 그 쓸모가 유용하다.

푸드테크에서 로봇은 비단 자율주행 배달 로봇만 활용되는 것이 아니다. 중국 음식점은 매출의 80~90%가 짜장면, 짬뽕, 탕수육 등의 메뉴에서 나온다. 중국 음식점 주방장은 종일 서너 개의 메뉴를 반복적으로 불 앞에서 조리할 수밖에 없는 힘들고 위험한 환경에 노출돼 있다. 로봇은 보통 이러한 위험하고 단순한 노동 환경에 대응하는 데도 활용되고 있다. 최근 로봇팔 형태의 조리 로봇을 이용해 재료를 한데 넣어 볶는 기술이 푸드테크에서 선보이고 있다. 특히 로봇팔은 주방장이 웍을 움직이는 모양을 그대로 학습한 모션 캡처 기술로 숙련된 맛을 편차 없이 구현함으로써 그 사용이 점차 늘어날 것으로 전망한다.

자율주행 배달 로봇, 서빙 로봇, 주방 로봇 등 다양한 형태의 로봇이 푸드테크 산업에서 널리 활용될 전망이다. 특히 로봇을 구성하는 센서 등의 하드웨어 가격이 하락하면서 우리는 몇 년 내 더욱 많

주방에서 요리하는 로봇

(출처: https://techeela.com/dyson-robots-household-chores/)

은 곳에서 로봇을 대면하게 될 것이다.

아마 다음과 같은 질문이 머릿속을 채울 것이다. '앞으로 인간의 노동이 로봇으로 대체되면 인간은 무얼 하고 살아야 하지?' 그렇다. 분명 로봇 기술이 발전하고 확장될수록 인간 노동력 중심의 노동 환경은 변하게 될 것이다. 그렇다고 로봇이 모든 인간의 노동을 대체해 자리를 뺏는 것은 아니다. 어렵고Difficult, 위험하고Dangerous, 더러운Dirty 소위 3D 환경에서부터 인간의 노동을 대체하거나 보완하기 시작할 것이다.

2

푸드테크로 혁신되는 우리의 주방

푸드테크가 가정에서 우주까지 식단과 건강을 책임진다

"이른 아침, 어머니의 칼질이 탁탁탁 박자감 있게 도마를 두드린다. 찬장에서 내려지는 그릇들은 달그락 소리를 낸다. 압력밥솥은 꼭지 가득 채운 김을 증기기관차처럼 힘 있게 뿜어내며 아침 식사 준비 완료를 알린다."

여느 가정에서 아침 식사가 준비되는 풍경이다. 한 끼 식사에는 누군가의 노동을 기반으로 하는 무한한 노력과 헌신이 있었다는 것을 모르는 사람은 없을 테다. 음식을 준비하는 과정은 간단치 않다. 가족들의 취향에 맞춰 메뉴를 고민해 식자재 쇼핑을 하고 재료를 손질하고 여러 단계의 조리 과정을 짧게는 몇 분, 길게는 며칠에 걸쳐 음식을 마련한다. 조리가 완성된 음식을 적절한 그릇에 담고 편하게 먹을 수 있도록 배치한다. 때론 분위기에 어울리는 식탁보를 꺼내고 꽃을 준비하고 어울리는 주류를 곁들여 음식을 차려 낸다. 음식을 준비하는 과정은 꽤 다양한 지식과 육체노동의 결과다. 그러나 이러한 풍경은 앞으로 보기 힘든 과거의 향수가 될지 모르겠다. 적어도 바쁜 일상에서 누군가의 고된 노동에 기대어 음식이 준비되는 과정은 상당 부분 간소화될 전망이다.

일반 가정의 주방을 포함해 상업용 주방까지 모든 주방에서 조리 과정은 일정한 조리 노하우와 인간의 노동력을 기반하고 있다. 푸드테크에서 활용되는 다양한 기술들은 이러한 인간의 노동력과 조리 과정에서의 위험을 줄이는 데 기여하고 있다. 그중에서 3D 푸드 프린터를 이용한 기술 혁신과 삶의 개선에 대해 알아보고자 한다.

3D 프린터는 컴퓨터 지원 제작CAD 소프트웨어로 디자인된 3D 모델을 3차원으로 구성하는 기술이다. 기업의 생산 단계에서 제품 디자인과 실용성을 확인하기 위한 시제품을 만드는 데 주로 사용해 왔다. 3D 프린터는 필요 소재를 활용해 쌓아올리는 방식으로 형상을 만들어간다. 각 레이어를 결합하는 데는 열화학적 반응, 접착제, 또는 레이저 소결 등의 방법이 이용된다. 3D 프린터의 소재로는 플라스틱, 금속, 세라믹, 유기물 등을 사용하며 용도와 제작할 수 있는 물체의 특성에 따라 다르게 적용할 수 있다. 이러한 다양한 소재를 활용해 다양한 형태로 편리하게 목업Mockup을 구현할 수 있다는 장점 때문에 교육, 연구, 의료, 예술 분야에서 쓰이고 있다. 콘크리트를 소재로 활용해 집을 짓는 데도 활용되고 있어 활용의 한계는 없어 보인다.

푸드테크 분야에서도 제약된 환경을 극복하고 편리를 늘리고자 3D 프린터 기술을 적용하고 있다. 기존에는 음식을 조리하는 사람의 손을 통해 맛과 모양이 만들어졌다. 그러다 보니 조리 기술 숙련도에 따라 맛과 모양의 편차가 컸다. 그러나 3D 프린터 기술을 적용하면 사람에 따른 기술 차이 없이 동일한 맛과 디자인의 음식을 만들 수 있다. 조리 방법이 같더라도 사람에 따른 기술 편차가 발생하게 마련이다. 하지만 3D 프린터를 이용하면 이러한 문제를 고민할 필요가 없다.

또한 우주정거장 같은 특수한 환경에서도 3D 프린터 기술은 매우 유용하다. 우주정거장에서는 화재 우려로 인해 음식을 조리하는 것 자체가 매우 위험한 일이다. 또한 음식들이 이리저리 날아다니다 중대한 기계 고장을 일으키거나 우주정거장 내부 환경을 오염시켜 우주비행사의 건강을 해칠 수도 있다. 그리하여 지금까지 우주비행사가 먹는 음식은 죽으로 만들어 동결하는 경우가 많았다. 그렇기에 우주비행사는 다양한 음식을 섭취하기 어려울 뿐만 아니라 오랜 기간 임무를 수행하는 경우 식욕 저하로 인해 건강이 나빠져 임무를 수행하지 못하기도 했다.

이러한 문제를 해결하고자 2019년 이스라엘의 스타트업 알레프 팜스Aleph Farms가 러시아의 3D 바이오프린팅 솔루션과 파트너십을 맺고 동물 생체에서 얻은 세포를 3D 프린터로 인쇄해 스테이크를 만드는 실험을 우주정거장에서 수행했다. 지구에서 소의 세포를 채취해 우주로 보내 배양한 뒤 성장 인자를 혼합해 3D 프린팅 재료인 바이오 잉크를 제작했다. 이 잉크로 층층이 인쇄해 실제 고기

3D 푸드 프린터

(출처: http://youtu.be/5G0m04SZq9s)

의 질감과 풍미 그리고 구조를 지닌 육류 대체품을 생산해냈다. 알레프팜스의 디디에 대표는 "우주에서 도축 없이 고기를 생산할 수 있는 방법을 찾았다."라며 "화성 탐사 같은 장기 우주여행에 도움이 될 것이다."라고 말했다. 그는 3D 푸드 프린터의 미래를 긍정적으로 전망했다.

하드웨어가 아니라 콘텐츠와 커머스 산업이다

이미 3D 푸드 프린터는 초콜릿, 케이크, 라테아트 등을 만드는 데 활용되고 있다. 머지않은 미래에는 각 가정에 전자레인지처럼 놓이게 될 날이 올 것이다. 그날이 오면 '인류 최대의 발명품' 지위가 세탁기에서 3D 푸드 프린터로 바뀌게 될 것이라고 장담한다. 이유는 단순하다. '먹고사는 문제'의 비중이 '의복의 문제'보다 훨씬 크기 때문이다. 구체적으로 3D 푸드 프린터가 개선하게 될 음식 관련 문제를 다음과 같이 정리할 수 있다.

첫째, 3D 푸드 프린터는 주방에서의 노동을 혁신적으로 줄일 것이다. 특히 주방의 노동은 많은 여성의 희생을 통해 인류가 빚져온 것이다. 따라서 여성의 인권과 자유를 향상하는 기술로서 지위를 인정받게 될 것이다. 가족들이 모두 각자의 취향에 따라 음식을 만족스럽게 즐기고 식탁에서 많은 대화를 나눔으로써 관계를 증진할 수 있도록 가정 환경을 개선한다는 점에서 3D 푸드 프린터는 인류 역사에 가장 큰 혁신의 이정표로 노벨평화상을 받을지도 모를 일이다.

둘째, 주방 공간이 혁신적으로 변화하게 될 것이다. 지금의 주방은 식자재를 손질하기 위한 공간, 그릇 세척 공간(싱크대와 개수 시설), 음식 조리 공간(가스레인지, 인덕션, 오븐, 전자레인지, 전기밥솥 거치 공간 등), 냉장고와 같은 식재료 저장 공간, 그릇과 조리도구 저장 공간, 그 밖에도 공기 순환 시설 공간 등으로 주택 공간 내에서도 많은 공간을 차지하고 있다. 그러나 3D 푸드 프린터가 오븐 정도의 크기로 주방에 설치된다면 조리, 저장, 환기 등을 위한 모든 공간이 줄어들어 여유 공간을 확보하고 조리에 따른 위생 문제와 불편을 제거해 쾌적하고 안락한 주거 환경을 누리게 될 것이다.

셋째, 3D 푸드 프린터의 활용은 단순히 하드웨어 시장에서만의 변혁으로 제한되지 않는다. 기술로서 3D 푸드 프린팅은 제조업 기반의 기술 혁신을 일차적으로 필요로 한다. 하지만 3D 푸드 프린터의 혁신을 온전히 완성하기 위해서는 레시피 등 저작권 관련 콘텐츠가 다양하게 충족돼야 한다. 유명 셰프와 식당의 레시피뿐만 아니라 엄마, 할머니, 요리 유튜버 등 개개인이 가진 조리 기술과 방법이 유통될 것이다. 예를 들어 뉴욕의 고든 램지 식당의 유명 음식을 음원이나 영화를 다운로드하듯이 콘텐츠 사용료를 내고 집에서 편하게 3D 푸드 프린터를 이용해서 먹을 수 있게 되는 것이다. 3D 푸드 프린터가 널리 사용되면 새로운 수요와 공급 그리고 시장이 출현하는 것은 물론이고 기존 식자재 유통에서의 생산, 수급, 비대칭성 문제들도 다수 해결할 수 있을 것으로 전망한다.

3

빅데이터를 통해 푸드 커머스의
전 과정을 혁신

흔히 빅데이터는 '21세기의 원유'라고 말한다. 산업혁명 이후 석유가 세계 산업을 움직여왔다면 지식경제 시대에 빅데이터는 석유만큼의 지위와 역량을 발휘할 것이라는 전망이 담긴 말이다.

위키피디아에서 빅데이터를 검색하면 '기존 데이터베이스 관리 도구의 능력을 넘어서는 대량의 정형 또는 심지어 데이터베이스 형태가 아닌 비정형의 데이터 집합조차 포함한 데이터로부터 가치를 추출하고 결과를 분석하는 기술'이라고 돼 있다. 즉 데이터의 저장 및 분석 기술이 향상함에 따라 사회, 정치, 과학 등 다양한 분야에서 새로운 가치를 제시해 인류의 편리를 확장한다는 데 그 유용성을 언급할 수 있다.

푸드테크에서 빅데이터를 활용할 수 있는 사례는 다음과 같다.

빅데이터를 통해 식품의 생산, 유통, 판매 등 모든 과정을 혁신할 수 있다.

첫째, 빅데이터를 활용해 고객의 식습관, 체질, 건강 상태 등을 분석해 맞춤 식단을 추천할 수 있다. 특히 다이어트를 하거나 암이나 당뇨 등의 질병으로 환자식을 해야 할 때 개인의 체질 같은 정보를 활용해 안전하고 개선된 식단을 추천할 수 있다. 또는 다수의 의료 정보를 확보해 질병 개선 등에 효과가 있는 레시피를 구축할 수 있다.

둘째, 빅데이터로 식품의 생산, 유통, 판매 과정을 최적화할 수 있다. 예를 들어 배추밭이나 논을 트랙터로 뒤엎는 농부의 안타까운 표정을 뉴스에서 본 적이 있을 것이다. 농산물 수요와 생산 예측에 실패한 농부들이 큰 빚을 지고 밭을 갈아엎거나 대정부 시위를 하는 모습도 심심치 않게 볼 수 있었다. 이러한 문제에서도 빅데이터를 활용한다면 특정 농산물의 수요를 예측해 생산량을 조절하거나 식품의 유통 경로를 최적화해 가격을 안정적으로 유지할 수 있다.

셋째, 식품의 안전을 관리하는 데 유용하다. 2017년 시중에 유통된 달걀에서 살충제 성분이 검출되는 사건이 발생해 많은 국민이 불안해한 적이 있다. 산란계 농장에서 공장형 사육을 하다 보니 해충이 빈번하게 발생했고 이를 방지하고자 사용했던 살충제가 달걀에서 검출됐던 것이다. 당시 정부가 난각 정보를 활용해 살충제 성분이 검출된 달걀을 검수하겠다고 했지만 데이터 관리에 오점이 발견돼 국민의 불안은 더욱 가중됐다. 빅데이터는 식품의 생산, 유통, 판매 과정을 추적해 식품의 안전을 위협하는 요소를 식별하고 제거하는 데도 유용하다.

넷째, 푸드 기반의 빅데이터를 활용해 부동산 문제를 해결할 실마리를 얻을 수 있다. 음식점을 내는 경우 여러 가지 요소 중에서도 입지가 매우 중요하다. 상권이 활성화된 곳에 있어야 매출을 기대할 수 있기 때문이다. 그러나 문제는 이러한 상권의 부동산 가치는 매우 비싸 웬만한 상인이 아니고서는 엄두가 나지 않는다. 특히 음식점 입지에 따라 권리금을 요구하기도 한다. 권리금은 부동산 가치에 더하여 형성되는 시장 활성화 정도를 가격으로 환산한 값으로 부동산 가격의 부정확을 이끄는 원인이 되기도 한다. 이러한 부정확한 가격의 결정을 배달앱의 주문 거래 수치로 보완하거나 합리적으로 제시할 수 있다. 배달앱을 통해 거래되는 특정 상권 또는 가게의 매출 데이터를 부동산 데이터와 매시업mash up하여 정확한 가치를 측정할 수 있다. 3,000만 명에 가까운 국내 배달앱 이용자가 전국 30만 개의 음식점을 통해 30조 원이 넘는 음식을 연간 소비하기에 활용할 수 있다.

다섯째, 국민 건강의 측정과 건강 정책 입안 자료로서 푸드 기반의 빅데이터의 활용도 주목받고 있다. 예를 들어 배달앱 등의 데이터를 통해 다수 국민이 먹는 음식을 알 수 있기에 설탕이나 소금 등의 섭취량 등을 구체적으로 추산하고 개선 정책을 입안할 수 있다. 국민 건강을 담당하는 보건복지부 등에서는 이러한 정책을 통해 대국민 서비스를 향상할 수 있다.

나아가 음식에 대한 소비자의 니즈는 날씨나 스포츠 이벤트 또는 사회적, 정치적 이슈에 따라 변한다. 배달앱이 발표한 자료에 따르면 비가 오는 날씨에는 밀가루 음식이 소비되는 것으로 파악된다. 이러한 데이터 간의 연결을 통해 주문을 예측하거나 필요한 식자재를 예측하는 등 앞으로 빅데이터의 활용은 더욱 확대될 것이다.

3부

플랫폼 장벽을
넘어서는 개별 브랜드의
생존 전략

8장

크로스보더 시대에
개별 브랜드의 생존법

최철용
(주)오픈한 대표

2006년 유아동 패션 아이템으로 이커머스를 창업했다. 현재 '오즈키즈' 브랜드를 론칭해 온라인 판매와 더불어 오프라인 판매와 수출로 판로를 넓히고 있다. 성인 패션, 여행·레저, 뷰티 등 카테고리를 확장하고 있다.

크로스보더 시대에 이커머스 시장은 어떻게 변할까? 환경도 바뀌고 고객도 바뀌고 있다. 좋은 쪽일까? 안 좋은 쪽일까? 안타깝게도 브랜드사 입장에서는 안 좋은 쪽이다. 앞으로 이커머스 플랫폼은 브랜드사보다 더욱 우월적인 지위에 오를 것이다. 게임이 접목된 새로운 형태의 커머스 플랫폼이 주목받을 것이며 유튜브는 라이브 커머스를 강화할 것이다. 해외 커머스 플랫폼이 한국에 직접 진출하고 장기적으로는 메타버스 쇼핑이 현실화될 가능성이 크다. 그동안 이러한 변화를 이겨낼 수 있게 지켜주었던 것이 '브랜드'라는 갑옷이었다.

하지만 그 갑옷이 이제 무용지물이 되고 있다. 주의력 결핍의 시대를 맞아서 브랜드는 고객에게 잊히고 있다. 구매에 미치는 브랜

드의 영향력이 약화되고 있는 것이다. 앞으로는 브랜드라는 갑옷을
벗고 새로운 무기를 준비해야 한다. 날카롭고 뾰족한 콘셉트로 제
품 경쟁력을 갖춰 나가거나 몸집을 키워서 '카테고리 승자'가 돼야
한다. 아니면 상위 노출 기술과 이를 도와주는 솔루션을 활용해서
유입을 늘려야만 브랜드는 지속 가능할 것이다.

플랫폼이라는 공룡 앞에서 작아지는 브랜드

고객은 브랜드를 기억하지 않는다

"어제 뭐 했어?"

이 질문에 아마 제대로 답변하기 어려울 것이다. 스마트폰은 우리의 집중력과 주의력을 극도로 산만하게 만들어 놓았다. "어제 뭐 했어?"라는 질문에 대답을 못 하는 대신에 "방금 뭐 하려고 했더라?"를 습관처럼 말한다. 산만하고 즉흥적으로 의사결정을 한다. 인지하는 것과 행동하는 것 사이에 괴리감이 커지고 있다. 행동이 이성을 따르지 않고 즉흥적으로 이루어진다. 주의력 결핍의 시대다.

주의력 결핍의 시대가 되면서 브랜드들은 난관에 봉착했다. 자본주의 탄생 이후 성공 방정식처럼 행해지던 브랜딩 공식이 무너지고 있다. 고객에게 브랜드를 각인한 후 그 신뢰를 바탕으로 제품을 판매해 왔던 '브랜딩 문법'이 바뀌고 있다. 내가 좋아하는 브랜드의 제품을 살 것이라는 믿음이 흔들리고 있다. 어느 순간부터 사람들은 내가 좋아하는 브랜드와는 상관없이 파격적인 가격에 끌리거나 SNS에서 자극적인 광고로 현혹하는 제품에 끌려가는 형태로 구매 행동 패턴이 바뀌었다. 좋아하는 브랜드를 기억한 후 그 제품을 검색해서 구입하는 고객이 계속 감소하고 있다. 브랜드를 기억해서 구입하기에는 너무 많은 에너지가 필요하다. 브랜드는 이미 노출된 제품의 구매 결정 비율을 조금 도와주는 정도로 역할이 축소됐다.

즉흥적으로, 눈에 보이는 대로, 공감 가는 광고가 SNS에 뜨면 산다. 길거리를 지나다가 눈에 보이면 사고 검색했는데 상단에 뜨면 산다. 내가 좋아하는 브랜드가 있더라도 눈에 안 보이면 찾지 않는다. 브랜드 충성도가 급격하게 약해지고 있다. 끈끈하던 브랜드와 팬덤의 연결고리가 느슨해지고 있다. 내가 좋아하는 브랜드는 좋아하는 것일 뿐 눈에 끌리는 다른 브랜드를 구매하는 빈도가 늘고 있다. 브랜드와 구매를 연결했던 브랜딩이라는 오랜 마법의 다리가 허물어지고 있다. 왜 그럴까? 이러한 시대에 브랜드 운영자는 어떻게 살아남을 수 있을까?

브랜드 후광은 사라지고 플랫폼 압박은 커진다

한때 학벌이 성공 방정식처럼 통하던 시절이 있었다. 명문대를 나오면 취업과 승진이 보장됐다. 브랜드도 마찬가지였다. 사람들이 열광하는 매력적인 브랜드라면 고객은 특혜를 주었다. 제품이 평범해도 이해했고 디자인이 어색해도 개성으로 받아들였고 실용성이 떨어져도 불편함을 감수했다. 때론 제품의 결함도 너그럽게 눈감아 주었다.

하지만 이제 그런 시대는 저물고 있다. 브랜드 후광 효과는 빠르게 사라지고 있다. 브랜드 철학에 공감해서 그 브랜드를 좋아하는 건 그냥 좋아하는 거다. 제품 구매는 또 다른 영역이다. 제품 자체도 확실하게 매력적이라면 당연히 좋아하는 브랜드의 제품을 사겠지만 과거처럼 더 이상 맹목적으로 구매하지는 않는다. 브랜드 후광보다 제품의 진짜 실력이 더 중요한 시대가 펼쳐지고 있다.

사람들이 더 지혜로워져서일까? 그건 아니다. 두 가지가 주된 원인일 것이다. 첫 번째는 앞서 언급했듯이 사람들이 더는 제품 구매에 에너지를 쓰지 않는다. 브랜드를 찾아서 소비하는 고객이 줄어들고 있다. "그게 뭐더라?"를 남발하는 주의력 결핍의 시대에 브랜드 이름을 기억해내서 검색창에 넣는 행동은 너무 많은 에너지가 필요하다. 매력적인 브랜드를 발견하더라도 6개월 후면 더 매력적인 새로운 브랜드가 탄생한다. 이 변화의 속도를 따라가기가 너무 벅차다. 매력적인 브랜드가 너무 많고 너무 빨리 사라진다. 평생을 함께하자는 지고지순한 사랑은 구시대의 유물이 됐으며 6개월짜리 짧은 연애가 늘고 있다. 브랜드의 현주소가 이렇다.

두 번째는 브랜드사들이 직접 운영하던 자사몰의 추락이다. 브랜드가 자체적으로 운영하던 자사몰이 고전을 면치 못하고 있다. 나이키와 올버즈도 자사몰의 한계 속에 외부 채널을 늘리고 있다. 대형 유통 플랫폼과 제조 회사의 헤게모니 싸움이 유통 플랫폼 쪽으로 기운 것처럼 유통 플랫폼과 브랜드 직영몰 간 전쟁 역시 유통 플

올버즈 주가 추이

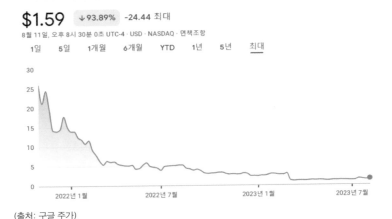

랫폼 쪽에서 승기를 잡은 모양새다. 쿠팡이든 네이버든 그 외 버티컬 쇼핑몰이든 어딘가와 손을 잡아야만 브랜드가 지속적으로 성장할 수 있는 구조로 시장이 재편되고 있다.

자사몰은 본질적으로 오프라인 비즈니스와 구조가 비슷하다. 한때 본사 직영 로드숍이 유행하던 시절이 있었다. 영원할 것 같은 프랜차이즈 로드숍은 임대료 상승이라는 외부 요인으로 인해 직격탄을 맞았다. 상가 임대료가 너무 올라서 도저히 이익을 낼 수 없는 구조가 된 것이다. 그렇다고 손님이 오지 않는 외딴곳에 매장을 낼수도 없는 것 아닌가. 어쩔 수 없이 백화점이나 아웃렛 등 자가 건물을 가진 대형 유통 플랫폼에 자리를 빌릴 수밖에 없었다.

이커머스도 마찬가지다. 한때 인스타그램이라는 알짜배기 상권의 임대료가 아주 싼 적이 있었다. 브랜드들은 우후죽순 그곳에 자사몰 매장을 냈다. 하지만 2021년 애플에서 개인정보 추적을 막으면서 메타의 임대료, 즉 광고비가 수직으로 상승했다. 이제 더 이상 그 임대료를 내면서 수익을 맞추기가 힘들어졌다. 메타뿐만 아니라 구글, 네이버, 카카오 등의 주류 상권도 사정이 비슷하다. 현재 광고수익률ROAS을 맞출 수 있는 상권은 거의 없다. 새로운 광고 채널이 부상하기 전까지 자사몰 비즈니스는 성장에 어려움을 겪을 것이다. 이는 곧 브랜드가 플랫폼에 의존할 수밖에 없다는 의미다.

브랜드는 공룡이 될 것인가, 화석이 될 것인가

그렇다면 어떤 플랫폼이 이 새로운 시대의 주인공이 될까? 2011년 초반에 탄생한 모바일 커머스는 쿠팡, 위메프, 티몬 등 소셜커머스 3사를 필두로 해 2014년경부터 폭발적으로 성장했다. 엎치락뒤치락하는 치열한 경쟁 끝에 현재는 쿠팡이 이커머스 대표 주자로 올라섰고 네이버가 이를 견제하는 양강 구도로 재편되고 있다. 그 뒤를 이어 오프라인 유통 강자인 신세계가 3위 자리를 놓고 다른 플랫폼들과 각축을 벌이고 있다.

14년째를 맞이하는 모바일 커머스는 완연한 시장 성숙기에 접어들었다. 산업수명주기 이론에 따르면 대부분의 산업은 태동기를 거쳐 빠르게 규모가 커지는 성장기를 맞이한다. 뒤이어 일시적인 조정을 겪은 후 본격적인 성숙기에 접어든다. 성숙기에 다다른 산업은 업종에 따라 이후 계속 유지되기도 하고 산업의 변화로 인해 쇠퇴하기도 한다. 분명한 건 현재의 이커머스는 성장기를 지나 이미 성숙기에 접어들었다는 점이다.

성숙기를 맞이한 이커머스는 전형적인 성숙기 산업의 패턴을 보인다. 고만고만한 기업들이 난립하던 춘추전국 시대가 끝나고 두세 개 정도의 공룡이 시장을 장악하는 모습을 보인다. 이건 시대와 장소를 불문하고 대부분의 산업에서 공통으로 나타나는 현상이다. 이커머스 플랫폼은 쿠팡, 네이버, 그리고 신세계를 주축으로 한 연합군 체계까지 최종적으로 3개 회사가 일인자 자리를 놓고 경쟁할 것으로 보인다. 2024년의 추세는 쿠팡이 승기를 잡아서 1강, 네이버가 엇비슷하게 추격 중인 1중, 신세계 연합이 1약인 형국이다. 티몬과 위메프를 인수했던 큐텐은 아직 1약에 들기엔 역부족이다. 무신사나 마켓컬리 등 버티컬 채널 기반의 전문몰도 강세를 보이겠지만 종합몰과는 규모 전쟁에서 밀릴 것이다. 버티컬 채널 강자들은 그들만의 리그에서 또 다른 경쟁을 벌여나갈 것이다.

성숙기 시장에서는 상품 판매자들의 역할에도 많은 변화가 일어난다. 2011년 태동기부터 2019년 성장기까지 소규모 자영업자와 영민한 무자본 창업가들에게 큰 기회가 주어졌다. 하지만 이제 그런 날들은 다시 오지 않을 것이다. 태동기 시장은 젤리처럼 말랑말랑해서 유연한 창업가에게 도약의 기회가 주어진다. 하지만 시장이 성숙해지면 산업 전반이 딱딱하게 굳는다. 쥐라기 시대처럼 몸집 키우기 경쟁에서 이긴 소수 대형 업체가 시장을 장악하고 그러지 못한 업체들은 멸종할 것이다.

산업의 패러다임은 늘 비슷한 유형으로 전환됐다. 일부 기득권 위주로 운영되던 시장은 혁신적인 서비스에 의해 어느 순간 붕괴되고 그 과정에서 새롭고 발 빠른 소규모 판매자들이 난립하는 시기가 한동안 유지된다. 그러다가 시간이 지나면서 혁신이 퇴색되고 수많은 판매자 중 소수의 승자가 새로운 기득권 세력이 되면서 시장을 장악하는 양상이 재현된다. 세월이 더 흘러 또다시 혁신적인 서비스가 나오기 전까지 그 기득권 위주의 체제가 지속된다.

향후 한국 이커머스 시장은 이미 과거의 몸집 전쟁에서 승리한 판매자들이 기득권을 더욱 공고히 굳힐 것이다. 새로운 창업가들이 시장에 진입해서 성공하기는 더욱 어려워질 것이다. 신생 업체에 우호적이었던 네이버마저도 쿠팡과 직접적인 경쟁이 붙으면서 대형 브랜드사 위주로 노출 방식을 바꾸고 있다. 소형 업체가 참여할 수 있는 '오늘의 특가' 등의 행사 구좌가 사라지고 대형 브랜드 위주의 '브랜드데이'가 더욱 영향력을 발휘하고 있다. 네이버 쇼핑에서 검색할 경우에도 상단에 브랜드 제품을 위한 노출 구좌가 생기고 있으며 각종 프로모션도 브랜드사 위주로 이뤄지고 있다. 어느 순간부터 네이버쇼핑 메인에 대형 글로벌 브랜드 제품이 많이 보인다는 걸 느꼈을 것이다. 네이버 입장에서는 쿠팡과 몸집 경쟁을 하려면 어쩔 수 없는 선택이기도 하다.

소규모 이커머스 업체들이 사라진 공백은 고스란히 오프라인 중견기업과 대기업이 차지할 가능성이 크다. 강력한 브랜드 파워와 체계적인 시스템을 갖춘 중견기업과 대기업은 온라인에 더욱더 집중할 것이고 영세 판매자들이 사라진 빈자리를 차지하게 될 가능성이 크다. 오프라인에서 빼앗긴 시장을 되찾기 위해서 대기업들은 이커머스 점유율을 높이는 데 사활을 걸고 전사적으로 뛰어들 것이다.

이러한 상황에서 이미 몸집을 키운 이커머스 업체들은 상대적으로 안정적으로 성장할 수 있을 것이다. 쿠팡, 네이버, 신세계 할 것 없이 모든 커머스 플랫폼은 가격경쟁력과 물량을 갖춘 브랜드사를 좋아한다. 거기에 브랜드 파워까지 강력하다면 금상첨화다. 이런 브랜드는 최고의 노출 구좌를 활용할 기회를 계속 잡을 수 있다. 이는 매출과 브랜드 인지도가 상승하는 선순환을 불러일으킨다. 반면에 이 기회를 박탈당한 소형 브랜드는 플랫폼 노출 축소로 인해 광고로 근근이 판매할 수밖에 없다. 이는 이익 저하로 이어지는 악순환으로 이어질 것이다. 즉 부익부 빈익빈 현상이 더욱 심해질 것이다.

플랫폼들의 고래 싸움에 등 터지는 신세가 되다

이커머스 세상에서 제조와 유통은 이미 경계가 무너졌다. 쿠팡이 자체 브랜드PB 상품을 늘려가면서 이미 예고된 미래였다. 이러한 현상이 더욱 빠르고 더욱 노골적으로 전개될 것이다. 제조와 유통이 협력사가 아니라 직접적인 경쟁사가 될 것이다. 유통 플랫폼은 더 이상 유통이라는 정체성에 얽매이지 않고 이익이 되는 아이템은 뭐든 직접 제조하기 위해 뛰어들려고 할 것이다.

유통사가 판매 과정에서 획득한 고객 구매 데이터를 활용하는 만큼 제조 회사는 기울어진 이 경기장에서 불리한 경기를 할 수밖에 없다. 내 패를 모두 보여준 상태에서 카드 게임을 하는 꼴이다. 제조 회사는 어쩔 수 없이 브랜드 자사몰 등을 활용해서 충성도가 높은 고객에게 더 많은 혜택을 주면서 유통사를 배제하고 직접 고객을 만나 판매하는 것을 대책으로 키워나갈 것이다. 하지만 그 길이 절대 쉽진 않을 것이다.

이런 공룡의 전쟁에 상도의를 따지는 건 사치다. 쿠팡은 국내 이커머스 시장에서 아마존이 되기 위하여 경쟁사들과 판매자들을 더욱더 강하게 몰아붙일 것이다. 주주의 이익 극대화와 압도적인 시장점유율을 가져가기 위해 제조에 더 깊숙이 발을 담글 것이다. 작은 시장은 판매자들의 놀이터로 그대로 두겠지만 큰 시장은 판매자들을 조이고 조이다가 결국 직접 제품을 만들어서 시장을 독점할 가능성이 크다.

2023년 CJ제일제당이 쿠팡과 수수료 분쟁 등으로 쿠팡에서 판매를 중단했다. 쿠팡은 해당 카테고리에 PB 상품을 출시해서 대응하고 있다. 이러한 사건은 대기업 간의 분쟁으로 언론의 조명이라도 받았다. 언제부턴가 쿠팡의 PB 상품으로 인해 심각한 타격을 입은 중소기업이 한두 곳이 아니다. 이러한 현상이 더욱 심해질 가능성이 크다.

반면 네이버는 PB 상품 대신 단독 상품으로 이에 대응하는 분위기다. 이미 '펫'과 '패션' 쪽에서 네이버단독관이 생겼다. 네이버 단독 상품은 PB 상품보다는 낫지만 이 역시 판매자에게는 리스크다. CJ제일제당 입장에서 보면 햇반을 잘 만들어서 고객이 원하는 곳이면 쿠팡이든 네이버든 이마트든 어디에서든지 판매할 수 있는 게 가장 좋다. 그런데 네이버에서 단독 상품을 제공하면 노출을 확대해준다고 해서 햇반 대신 N반을 따로 만드는 것 자체가 CJ제일제당 입장에서는 리스크다. 개발비, 관리비, 재고 이슈 등 모든 면에서 비효율적이다. 제조 회사 입장에서는 유통 플랫폼이 유통만 잘해주는 게 가장 이상적이다.

네이버쇼핑 단독 상품

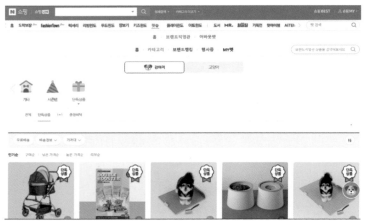

(출처: 네이버쇼핑)

하지만 네이버는 쿠팡과 싸우기 위해서 쿠팡과는 다른 차별화된 단독 상품이 절실한 입장이다. 로켓배송에 대항하기 위해 CJ대한통운 등과 제휴하여 '내일도착' 서비스를 내놓았지만 역부족인 상태에서 제품 차별화에서도 쿠팡에 밀려선 안 된다.

쿠팡이 자체 브랜드PB 상품으로 이익률을 계속 높여나가는 상황에서 네이버가 단독 상품을 포기하기는 쉽지 않다. 네이버는 상위 판매자와 단독 상품 제공이 가능한 업체부터 시작해서 점진적으로 단독 상품을 늘려갈 것이다. 이 역시 브랜드와 제조 회사에는 희소식이 아니다. 쿠팡과 네이버를 비롯한 이커머스 유통사의 제조 관여는 더욱 심해질 것이다. 제조 회사는 공식몰 운영을 통한 고객 직접판매D2C, Direct to Customer로 이에 대항해 나가겠지만 개별 브랜드가 유통 플랫폼과 대적해서 이기기 쉽지 않은 형국이다.

공룡을 이겨내는 브랜드 생존 방식

롱테일 플랫폼 시대에 브랜드는 꼬리를 두껍게 해야 한다

커머스는 인간관계와 비슷한 패턴을 보인다. 인간관계는 처음에는 목적 지향적이다. 거래를 통해 쌍방이 이익을 얻고자 한다. 이 관계를 넘어서면 소소하게 일상적인 대화를 나누면서 커뮤니티가 형성된다. 최종 단계는 함께 게임을 하거나 여행을 하는 등 재미를 공유한다.

성숙한 국내 이커머스 환경은 2단계에서 3단계로 넘어가고 있다. 가격 비교를 통해 원하는 제품을 최저가에 구매할 수 있다는 1단계 역할 수행을 마치고 커뮤니티로 확장되고 있다. 무신사와 파우더룸이 커뮤니티를 기반으로 성장한 대표적인 커머스 플랫폼이다. 인스타그램에서 제품을 판매하는 인플루언서도 커뮤니티가 근간이다.

커머스와 게임을 접목시킨 올웨이즈

(출처: 올웨이즈)

커뮤니티 다음 단계는 재미 공유다. 백화점이 초기에는 상품 판매라는 목적에만 충실하다가 성숙기에 접어들자 커뮤니티센터를 통해 고객과의 관계에 초점을 맞추는 방식으로 변해 왔다. 최근에는 각종 체험형 매장, 휴게시설, 놀이시설을 갖춘 복합 쇼핑 공간으로 진화하고 있다. '목적 → 커뮤니티 → 재미'라는 이 과정을 이커머스도 추종할 것으로 예상된다.

이런 관점에서 현재 관심을 끄는 뉴커머스New Commerce 중 하나가 올웨이즈와 토스 공동구매다. 뉴커머스는 기존의 가격 비교 위주의 일반 커머스 플랫폼과 차별화한 새로운 형태의 커머스 혹은 플랫폼을 일컫는다. 올웨이즈는 쇼핑에 게임을 접목한 모델로 2021년부터 꾸준하게 트래픽이 늘고 있다. 고객 유입 동기를 강화하고 체류 시간을 늘리기 위해 게임이라는 새로운 방식을 쇼핑에 접목한 것이다. 상당히 이질적인 두 가지를 접목한 이색적인 서비스인 만큼 업계의 반응은 엇갈린다. 참신하고 재미있어서 결국은 새로운 쇼핑 경험을 만들어낼 것이라는 장밋빛 전망과 쇼핑의 본질을 간과한 서비스로 반짝 재미에 그치고 말 것이라는 부정적인 견해가 공존한다.

양극단의 팽팽한 균형은 시간이 지나면서 어느 한쪽으로 기울게 될 것이다. 현재 추세라면 모든 카테고리는 아니지만 특정 카테고리에서는 의미 있는 지표를 보여줄 것으로 기대한다. 다만 대부분의 유통 플랫폼이 그렇듯 이용자층을 충분히 넓힐 때까지 투자할 수 있는 자금력을 확보할 수 있을지가 관건이다. 2023년 6월에 600억 원 규모의 투자 유치에 성공한 만큼 일정 수준까지는 규모를 키울 수 있을 것이다. 그러나 이커머스의 주류가 되려면 지속적인 자금 수혈이 필수적이다. 꽁꽁 얼어붙은 지금의 투자 환경이 언제 녹을지, 얼마나 매력적인 지표를 만들어서 지속적인 후속 투자에 성공할지 관심을 가지고 지켜볼 필요가 있다.

올웨이즈와 유사한 비즈니스 모델을 갖고 있는 토스의 공동구매도 성장세가 심상치 않다. 1,500만 명의 월간 활성 사용자 수를 자랑하는 토스 역시 게임과 커머스를 접목한 새로운 뉴커머스 방식이다. 2023년 테스트 판매를 시작한 후 2024년부터 프로모션을 강화하며 시장 규모를 키우고 있다. 이러한 뉴커머스가 커머스 판도에 어느 정도 영향을 미칠지 머지않아 판가름이 날 것이다.

이와 함께 라이브 커머스의 변화도 눈여겨볼 부분이다. 최근 1~2년 사이에 네이버를 축으로 한 라이브 커머스가 급성장했다. 쿠팡도 라이브 커머스를 출시했고 카카오는 라이브 커머스 전문 앱인 그립GRIP을 인수해 라이브 커머스 시장을 확장하고 있다.

유튜브 쇼핑

(출처: 카페24)

    이런 상황에 2023년 상반기 구글이 유튜브와 인공지능이라는 양대 축을 무기로 커머스에서 세를 확장한다는 뉴스가 전해졌다. 구글은 현재 국내 1위 쇼핑몰 솔루션인 카페24와 손잡고 유튜브 쇼핑을 시작했다. 유튜브에서 영상을 시청하다가 바로 카페24를 통해서 구매할 수 있는 서비스로 아직 일부 브랜드와 유튜버를 대상으로 테스트하고 있다.

    유튜브 쇼핑이 활성화되면 네이버 라이브 커머스에 대항하는 강력한 라이브 커머스 플랫폼이 될 가능성이 있다. 만약 유튜브 라이브 커머스가 성공한다면 이커머스는 1세대 텍스트 기반의 쇼핑에서 2세대 이미지 기반의 쇼핑을 지나 3세대 영상 기반의 쇼핑으로 패러다임이 완전히 전환되는 시발점을 맞이할 것이다. 그동안의 라이브 커머스가 이미지 커머스의 보완재 역할이었다면 이제는 하나의 독립된 형태로 이커머스의 주류로 자리 잡을 전망이다. 실제 베트남에서는 틱톡이 영상 콘텐츠에 커머스를 붙여서 커머스 플랫폼

3위까지 오를 정도로 인기다.

유튜브 라이브 커머스의 성공에 대해 의문을 품는 견해도 물론 있다. 유튜브라는 플랫폼 자체가 쇼핑을 하기에 적합한 형태가 아니라는 것이다. 하지만 유튜브는 사용자의 시간을 가장 많이 점유하는 플랫폼이다. 카카오쇼핑이 예상보다 성과가 부진한 건 목적이 있을 때만 짧게 접속하는 채팅 플랫폼의 한계 때문이다. 하지만 유튜브는 특별한 목적 없이 가볍게 앱을 켜서 오랫동안 체류하는 TV 같은 플랫폼이다. 사용자 인터페이스ui만 잘 설계하면 홈쇼핑처럼 큰 영향력을 발휘할 수 있다. 유튜브를 보다가 자연스럽게 영상에 뜬 제품을 클릭해서 장바구니에 담아두고 편리하게 결제를 할 수 있다고 해보자. 사람들은 유튜브 쇼핑을 친근하게 느낄 것이다. 좋은 경험은 빠른 확산을 이끈다.

게다가 유튜브는 미국에서 이미 인공지능을 활용한 가상 피팅 서비스를 출시한 상태다. 테스트 기간이긴 하지만 서비스가 안정화되면 유튜버가 입고 있는 옷을 내 체형에 맞게 바로 피팅해볼 수 있다. 이는 또 다른 쇼핑의 재미를 줄 것이다. 현재 구글 쇼핑은 단순 검색 영역에 그치고 있어서 영향력이 크지 않지만 유튜브 라이브 커머스와 인공지능 기술이 도입되면 앞으로 커머스 판도에 지각 변동이 일어날 가능성이 크다.

해외 플랫폼의 국내 진출은 위기가 아니라 기회여야 한다

직구 시장은 빠르게 성장하고 있지만 배송과 언어 이슈 등 아직 풀지 못한 몇 가지 불편한 점을 안고 있다. 배송대행지(배대지)를 써

야 하고 언어 번역에 불편함이 따른다. 그럼에도 국내 최저가가 아니라 전 세계 최저가로 제품을 구매하려고 하거나 이색적인 제품 또는 꼭 필요하지만 국내 시장에는 없는 제품을 구입해야 할 때는 직구가 최적의 대안이 된다.

앞으로 직구는 해외 커머스 플랫폼이 한국에 직접 진출해서 한글로 서비스하면서 시장을 더욱 키울 것이다. 2023년 초에 알리익스프레스가 1,000억 원대 투자를 발표하면서 한국 시장 진출을 공식 발표했다. 이미 알리익스프레스를 통해 제품을 구매하는 이들이 빠르게 늘고 있다. 가격이 워낙 저렴해서 3개 사서 2개를 버려도 이득이라고 할 정도다. 여기에 5일 배송을 기본으로 하고 일부 지역은 익일배송도 가능하게 만든다고 하니 그 영향력은 앞으로 더욱 커질 것이다.

이와 함께 중국 직구 앱인 테무의 인기도 뜨겁다. 패션 카테고리 쪽으로 좀 더 집중하고 있는 테무의 경우 2023년은 물론 2024년도 앱 다운로드 순위에서 1위를 이어갈 정도로 우리나라에서 빠르게 확산되고 있다. 특히 1020세대 사이에서 입소문이 나고 있어서 시장점유율이 더욱 커질 것으로 예상한다.

아마존의 한국 시장 직접 진출도 예측할 수 있는 시나리오다. 지금은 11번가와 파트너십을 맺고 있지만 11번가를 통해 얻은 데이터와 경험을 토대로 언제라도 직접 진출할 수 있다. 아마존은 그동안 직구 고객이 많은 국가는 언제나 직접 진출에 나섰다. 우리나라도 이미 아마존 직구가 대중화된 이상 적절한 시기에 들어와도 놀라울 게 없다. 이웃 나라 일본에서는 이미 아마존이 최강자로 군림

국내에 직접 진출한 알리익스프레스

(출처: 알리익스프레스)

하고 있는 만큼 나름대로 자신 있을 것이다.

해외 플랫폼의 국내 직접 진출은 커머스 플랫폼 입장에서는 위협적인 경쟁자가 생기는 것이다. 브랜드 입장에서도 이는 생존을 위협할 정도로 큰 위기가 될 수 있다. 그동안 국내라는 링 안에서 비슷한 수준의 업체들과 도토리 키 재기 경쟁을 했다면 이제는 전 세계의 체급이 다른 경쟁자들과 맞서 싸워야 할 지경이다. 국내 제품의 반값도 안 되는 중국 제품과 가격 경쟁을 벌여야 하고 퀄리티와 브랜드 인지도가 높은 미국과 유럽 브랜드와도 마케팅 싸움을 해야 한다.

나날이 번역 기술이 발전하고 이제 인공지능 번역까지 도입되면서 국가 간 장벽과 언어 장벽이 빠르게 사라지고 있다. 싸고 좋고 매력적인 브랜드는 전 세계를 대상으로 시장을 확장해나갈 것이다.

국내에서 힘겹게 버텼던 중소 제조업체들과 소형 브랜드는 위기를 맞을 것이다. 반면 뛰어난 품질과 탄탄한 인지도를 갖춘 브랜드는 이러한 변화를 도약의 기회로 삼을 수 있을 것이다. 더 수월하게 해외 시장에 진출해 큰 성공을 이루는 토대가 될 수 있다.

메타버스 커머스는 새로운 기회가 될 것인가

애플이 최근 공간 컴퓨팅이 가능한 비전프로라는 신제품을 출시하면서 메타버스가 또다시 주목받고 있다. 오큘러스 제품군을 필두로 한 메타와 10여 년 동안 제품 개발을 통해 2024년 2월에 제품을 출시했다. 소수의 향유물이었던 메타버스가 대중화에 성공할 수 있을까? 커머스에는 어떤 영향을 미칠까? 애플은 비전프로를 착용하고 제품을 보면 제품의 정보와 판매처를 알 수 있고 구매까지 가능하도록 만들 계획이라고 밝혔다. 가상공간 자체가 거대한 쇼핑타운이 되고 그곳에서 눈동자로 시선을 움직이는 것만으로도 편리하게 쇼핑하는 것이 실제로 구현될 전망이다.

그동안의 역사가 증명하듯 애플이 만든 대부분의 혁신적인 서비스는 업계의 판도를 바꿔놓고 세상을 변화시켰다. 메타가 사명까지 변경하며 시장을 개척했을 때는 메타버스가 먼 미래의 일로 느껴졌다. 하지만 애플은 파급력이 다르다. 500만 원에 달하는 거금을 내고 사람들이 비전프로를 통해 메타버스 세상으로 들어갈 것인가? 반짝 재미에 그치는 것이 아니라 공간 컴퓨팅이라는 새로운 플랫폼이 탄생할 것인가? 커머스에는 어느 정도 영향을 미칠 것인가? 아직은 아무것도 확신할 수 없다. 비전프로가 국내에 출시되고 사

애플의 비전프로

(출처: 패션네트워크)

용자가 확산된 이후에 그 가능성을 점쳐볼 수 있을 것이다. 찻잔 속 회오리로 끝날지, 거대한 변화의 시발점이 될지 관심을 가지고 지켜볼 일이다.

만에 하나 공간 컴퓨팅이라는 개념 속에 메타버스 커머스라는 새로운 플랫폼이 탄생한다면 이는 다시 한번 영민하고 발 빠른 창업자들에게 큰 기회를 줄 것이다. 기존 강자들이 기득권을 포기하지 못하고 조직 변화에 머뭇거리고 있는 사이에 젊고 똑똑한 창업가들이 이 기회를 재빠르게 낚아챌 것이다. 1~2년 후면 커머스의 새로운 지평이 열릴지, 스쳐 지나가는 이슈일지 곧 판가름이 날 것이다.

뾰족한 제품, 빠른 공룡, 커머스 테크로 생존하다

급변하는 시대에 브랜드는 어떻게 살아남을 수 있을까? 유통과 제조의 장벽이 무너지는 무한 경쟁 시대에 기존 유통 플랫폼은 더욱 공고해질 것이다. 한쪽에서는 새로운 형태의 커머스 플랫폼과 메타버스 쇼핑이 태동하고 있고 해외 직거래 플랫폼이 우후죽순 우리나라에 상륙하고 있다. 이 혼돈의 시대에 브랜드는 어떤 생존 전략을 펼쳐야 할까? 그동안 불사의 마법처럼 몸을 지켜주었던 브랜드라는 갑옷이 약화되고 있다. 이러한 시대에 어떻게 맨몸으로 싸울 수 있을까? 어떤 무기를 준비해야 할까?

결국 브랜드의 후광이 사라지면 남는 건 제품이다. 제품 측면에서 세 가지 대안에 대해 살펴보고자 한다. 첫째는 뾰족한 제품으로 확장하는 전략, 둘째는 우리 스스로 공룡이 되는 전략, 셋째는 감성보다 기술 위주로 무장하는 전략이다. 이질적으로 느껴지는 이 세 가지 전략이 브랜드라는 갑옷이 사라지고 있는 미래에 가장 현실적인 대안이 될 것이다.

• 뾰족한 제품을 만들어야 한다

끝이 뾰족하면 어떤 시장도 뚫을 수 있다. 제품에 대해 더 깊이 있게 이해하고 더 숙고해서 확실하게 차별화된 기능과 디자인을 채용한 제품을 만들어야 한다. 고객이 우리 브랜드를 하나에 집착하는 전문적인 제품이라고 느낀다면 성공이다. 작은 시장이더라도 이렇게 뾰족한 전문성은 어떤 공룡 기업과 싸워도 이길 수 있는 강력한 무기가 될 수 있다.

제품이 뾰족한 만큼 고객층도 다수 대중을 만족시키기보다는 소수 마니아에게 어필하는 게 낫다. 어느 분야든 마니아들은 평범한 제품보다 뾰족한 제품을 선호한다. 비록 시장은 작지만 적어도 그 분야에서는 최강자가 될 수 있다. 예를 들어 캐리어를 하나 만들더라도 누구나 만족하는 평범한 캐리어보다는 학원에 다니는 학생 전용이라든지, 지하철을 주로 이용하는 사람이 계단을 편리하게 오르락내리락할 수 있는 캐리어라든지(대치동에서는 학생들이 캐리어를 끌고 다닌다), 노년층이나 군인 대상이라든지 그 상황에 딱 맞는 최적화된 제품을 개발해서 전문성을 확보하는 것이다.

뾰족하게 파면 깊어진다. 다만 그 깊이를 좋아하는 고객에게 어필할 수 있으나 확장성에는 어려움이 따른다. 확장성을 키우기 위해 제품의 타깃을 넓게 잡는 순간 뾰족함의 매력은 사라진다. 그래서 뾰족한 제품은 채널 확장이 필수다. 온오프라인 채널 확장은 물론 해외로 채널을 확장해야 한다. 작은 눈송이를 뭉치고 뭉쳐서 큰 눈 덩어리를 만들어야 한다. 하루에 채널별로 1개가 팔리더라도 그러한 채널이 100개라면 하루에 100개를 팔 수 있다.

뾰족한 경쟁력으로 첫 전장에서 승리의 깃발을 꽂은 후 차근차근 채널을 확장해나가야 한다. 판매할 수 있는 채널은 다양하다. 소수의 메인 채널에 집중하다 보면 소규모 채널까지 관리하기가 쉽지 않다. 만약 우리 브랜드가 뾰족해지기 전략을 편다면 세상에 존재하는 모든 채널에 팔겠다는 마음으로 채널 확장에 나서야 한다.

가능한 모든 채널로 확장했음에도 여전히 시장이 작다면 어떻게 해야 할까? 그 경우엔 두 번째 뾰족한 제품을 개발하여 카테고리 확장에 나서야 할 시점이다. 이때 우후죽순 제품 개발에 나서면 위험하다. 최고가 될 수 있는 카테고리를 신중하게 골라서 두 번째 뾰족한 제품을 개발해야 한다. 카테고리를 확장할 때 기존 아이템과 연관성이 있다면 제품 개발 시 확실히 도움이 될 것이다. 완전히 새로운 산업군에 도전할 수도 있겠지만 이왕이면 노하우를 조금이라도 활용할 수 있는 카테고리가 유리하다.

이때 꼭 필요한 역량 중 하나가 조직 구성원들의 학습 능력이다. 외부에서 신규 카테고리 전문가를 영입해서 제품 개발에 나설 수도 있을 것이다. 하지만 회사의 일하는 방식과 영업 노하우 등 기존 구성원들과의 협업이 필수다. 그러기 위해서 기존 구성원들이 새로운 카테고리에 대해 빠르게 학습해서 회사에 내재된 노하우와 접목해 나가야 한다.

신규 카테고리가 연관성도 있고 조직 구성원들의 학습 능력도 뛰어나면 두 번째 카테고리도 뾰족함을 무기로 마니아층을 확보할 수 있을 것이다. 비록 큰 시장은 아니겠지만 채널 확장을 통해 인지도를 키워나간다면 두 개의 뾰족하고 강력한 제품을 가진 브랜드가 될 것이다. 굳이 한 마리의 큰 공룡이 아니더라도 10마리의 사자가 있다면 이야기가 달라진다. 뾰족함을 무기로 채널 확장과 카테고리 확장을 꾸준하게 펼쳐야 한다.

• 빠른 공룡이 되어야 한다

만약 경쟁자에 밀리지 않을 정도로 몸집을 갖추고 있다면 더욱 살을 찌워서 최대한 비즈니스 규모를 키우는 게 유리하다. 규모의 전쟁은 더욱 격화될 것이고 승자에게 더 많은 기회가 주어질 것이다. 조직력을 강화하고 더 많은 물량을 더 저렴하게 공급할 수 있는 시스템을 마련해야 한다. 이커머스는 가격 비교가 쉬운 만큼 압도적인 가격경쟁력을 갖추기 위해서 노력해야 한다. 그러기 위해서는 효율적인 생산 관리와 최적화된 조직력과 함께 디지털 도구를 활용한 생산성 향상이 필수다.

오프라인 공룡과 다르게 이커머스 공룡은 몸집도 거대하고 속도도 빨라야 한다. 오르니토미무스 공룡처럼 아주 빨라야 한다. 조직의 업무 속도를 높이려면 디지털 도구를 반드시 활용해야 한다. 파트별로 서비스형 소프트웨어SaaS, Software as a Service 활용은 물론이고 빠르고 합리적인 의사결정을 위한 체계적인 데이터 분석 솔루션을 갖춰야 한다. 시장의 변화에 유연하게 대처해나가면서 경쟁력 있는 가격으로 대규모 물량을 핸들링할 수 있다면 쿠팡, 네이버, 신세계 등 유통 플랫폼의 구애를 계속 받을 것이다. 이를 통해 노출이 확대되고 제품 인지도가 계속해서 상승할 것이다.

조직의 민첩함은 공급망 관리SCM, Supply Chain Management 전체 프로세스에 녹아들어야 한다. 이는 제품 개발부터 달라져야 한다. H&M이나 자라처럼 1주일 만에 신제품을 개발해 전 세계에 배송할 정도의 속도감을 갖춰나가야 한다. 현장의 미세한 변화들, 데이터의 평이한 흐름 속에 가끔 발견되는 특이한 지표들, 달라지는 고객의 니즈를 즉시 제품에 반영할 수 있어야 한다.

오늘날 마케팅은 굉장히 빠른 속도로 변하고 있다. 반년 전에 인기를 끌었던 마케팅 기술이 한순간에 과거의 유물이 되는 시대다. 어제의 새로움이 오늘의 진부함이 되는 지금의 마케팅에 정답은 없다. 조직의 민첩함으로 변화에 잘 대응하는 게 굳이 정답이라면 정답일 것이다. 트렌드를 얼마나 민첩하게 읽어내는지, 협업이 얼마나 빠르게 이루어지는지, 의사결정의 절차가 얼마나 간소한지, 결국은 조직이 얼마나 애자일한지가 성공과 실패를 판가름하게 될 것이다.

이런 발 빠름을 무기로 핵심 경쟁력을 갖춘 분야에서 압도적인 점유율을 가져가기 위해 노력해야 한다. 시장을 독점하든 2위 업체와 양분하든 그 분야에서는 공룡이 돼야 한다. 우리 회사 제품명이 그 카테고리의 대표 명사처럼 사용될 수 있게 확고하게 자리 잡아야 한다. 그래야만 유통사에 흔들리지 않고 유통사를 흔들면서 계속 성장해나갈 수 있다. 그래서 무자비한 승자독식의 경쟁에서 포식자의 자리를 차지할 때까지 물량 경쟁을 해나가야 한다. 조직력, 재고 관리, 내부 통제 등 각종 문제점을 지혜롭게 풀어나가다 보면 미래의 주인공이 될 것이다.

• 감성보단 노출 기술에 투자해야 한다

마지막으로 감성보단 노출 기술에 더 투자해야 한다. 이커머스는 크게 보면 2단계 구조다. 오프라인 가게로 치면 1단계 문을 열기 전과 2단계 문을 열고 난 후로 나뉜다. 마케팅에서는 1단계를 '유입(고객 유입)'이라고 하고 2단계를 '전환(구매 전환)'이라고 한다. 앞으로 무엇이 더 중요해질 것인가? 브랜드 영향력이 약화되는 이 시점에는 유입에 더 많은 에너지를 투자해야 한다.

유입 비용이 저렴하던 때는 '전환율(구매 건수/방문자 수)'이 우선시됐다. 그래서 어떻게 전환율을 높일지가 브랜드의 관심사였다. 텍스트, 이미지, 영상을 활용해서 고객을 설득했다. 그 과정에서 이성적 접근보다는 감성적 접근이 효율이 높다는 걸 경험으로 깨달았다. 고객은 '감성적'으로 먼저 결정한 후에 '이성적'으로 논리를 찾아 구매 이유를 붙인다. 갖고 싶게끔 감정적으로 만드는 게 우리 제품이 얼마나 좋은지 이성적으로 설명하는 것보다 더 유용했다. 이렇게 감성이 중요시되다 보니 '갬성'이라는 변형된 말까지 유행할 정도였다.

하지만 이제는 아무리 상세 페이지와 콘텐츠가 감성적이더라도 고객에게 전달하기까지 너무 큰 비용이 든다. 메시지 전달의 우푯값이 너무 올랐다. 멋지고 감성적인 브랜드의 콘텐츠가 고객에게 전달되지 못하고 사장되고 있다. 어떤 방식이든 우리 메시지를 고객에게 전달해야 한다. 그러기 위해서 필요한 것이 바로 노출 기술이다.

이커머스에서 절대적으로 필요한 노출 기술은 검색엔진최적화다. 검색엔진최적화는 단순히 구글이나 네이버 등의 검색 사이트에서만 필요한 것이 아니다. 네이버쇼핑, 쿠팡, 카카오쇼핑 등 모든 사이트가 자사만의 고유한 검색엔진최적화 로직을 갖고 있다. 그 로직을 분석해서 그것에 맞게 공략하는 것은 브랜드가 필수적으로 해야 할 일이 됐다. 노출 알고리즘을 추정해서 그에 맞는 기술을 활용하는 게 옵션에서 필수로 변했다.

커머스 솔루션도 반드시 사용해야 한다. 경쟁사가 쓰지 않을 때는 굳이 쓸 필요가 없었다. 하지만 이제는 발 빠른 경쟁사가 대부분 쓰고 있다. 자사몰 위주로 개발된 카페24 솔루션은 무궁무진하며 네이버쇼핑도 2023년부터 외부 개발자들을 활용해서 솔루션을 빠

네이버 커머스솔루션마켓에서 제공하는 다양한 기능의 솔루션들

NAVER 커머스솔루션마켓 | 스마트스토어센터

리뷰 노출 AI 매니저 인기
킵그로우 | 별도과금 있음

매일 쌓이는 상품리뷰, 방치하지 않으셨나요? 리뷰로 구매를 자극하는 가장 현명한 방법!

자세히 보기 →

인스타그램 챗봇 신규
루나소프트 | 별도과금 있음

인스타그램 마케팅을 위한 다양한 메시지 시나리오를 제공합니다.

자세히 보기 →

유입 Quick 모니터링 신규
NAVER | 월 사용요금 1,500원

내 스토어의 유입 이슈를 찾아 매일 톡톡메시지로 알려드려요!

자세히 보기 →

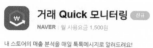

거래 Quick 모니터링 신규
NAVER | 월 사용요금 1,500원

내 스토어의 매출 분석을 매일 톡톡메시지로 알려드려요!

자세히 보기 →

매모판 Lite (상품정보 최적화) 인기
코넥시오에이치 | 별도과금 있음

상품정보 수정만으로 검색 상위노출상품 만들기! 매일 분석정보 알림 받고 바로 수정해요.

손님전화 신규
쥬피터소프트

고객관리 센터번호를 스마트폰에서 앱하나로 추가하고 편리한 고객관으로 고객응대 효율성

자세히 보기 →

(출처: 네이버)

르게 확장하고 있다. 네이버쇼핑과 관련해서는 커머스솔루션마켓에 등록된 공식적인 솔루션 외에도 상품 경쟁력 분석, 키워드 경쟁 강도, 경쟁사 분석, 랭킹 트래킹 등 다양한 사설 솔루션이 있다. 쿠팡과 카카오 선물하기 등에도 비공식적인 판매 지원 솔루션들이 계속 개발되고 있다. 앞으로는 이러한 솔루션의 도움 없이 상위 노출은 더욱 어려워질 것이다.

채널별 판매 데이터를 통합 관리해 분석하고 시각화하는 대시보드도 필수다. 경쟁이 격화되면서 채널별 광고와 판매 데이터 활용이 더욱 중요해지고 있다. 채널은 확장되는데 이를 통합 관리하지 못하면 밑 빠진 독에 물 붓기가 될 수 있다. 우리 브랜드의 채널별

공헌 이익을 정밀하게 측정해서 관리하는 역량이 그 어느 때보다 중요해졌다. 엑셀에 데이터를 수작업으로 입력해서는 도저히 시대의 변화를 따라갈 수 없다. 각 채널에 API라는 파이프를 꽂아서 모든 걸 자동화해야 한다. 그리고 이를 한눈에 볼 수 있게 적절한 그래프로 시각화해야 한다. 그래야 정확하고 빠르게 데이터를 분석해서 합리적이고 지혜롭게 의사결정을 할 수 있다.

이제 이커머스 세렝게티에 평화롭게 살던 초식동물의 시대는 끝났다. 잡아먹고 잡아먹히는 살벌한 육식동물의 시대가 도래했다. 잠시만 한눈을 팔아도 그대로 잡아먹혀 잠시도 긴장을 풀 수 없는 냉혹한 현실을 살고 있다. 하이에나에게 무력하게 잡아먹히는 신세가 될지, 변화에 맞게 진화해서 세렝게티의 주인공이 될지는 미래의 트렌드를 얼마나 잘 읽고 얼마나 발 빠르게 대비하느냐에 따라 결정될 것이다.

9장

콘텐츠 커머스는 브랜드의
새로운 생존 전략

양준균
코오롱FnC 퍼플아이오 비즈니스 파트 리더

네이처앤네이처에서 부장으로, 쿠팡에서 시니어 BM으로 재직했다. 이랜드월드 패션사업부에서 콘텐츠 마케팅과 미디어 업무 등을 담당했다. CJ ENM에서 미디어커머스 프로젝트 다다엠앤씨의 세일즈와 마케팅을 담당하며 D2C와 이커머스 영역에서 전문성을 쌓아왔다. 최근 오프라인 리테일과 글로벌 커머스를 거쳐 B2B 마케팅과 세일즈 영역으로 업무를 확장하고 있다.
ygjunkyun@hanmail.net

한국의 뷰티테크 기업 에이피알APR은 2024년 2월에 약 2조 원의 기업가치를 인정받으며 코스피에 상장했다. 에이피알은 뷰티 기기를 제조 유통하며 김희선 등의 빅스타를 모델로 내세워 2022년에 3,976억 원의 매출을 달성했고 2023년 상반기에는 2,499억 원의 매출로 이미 전년도 매출에 육박하는 실적을 거두는 등 국내 시장에서 빠르게 성장해왔다. 코스피 상장에 성공하며 본격적인 글로벌 시장으로의 진출도 예고하고 있다.

에이피알의 성공 전에도 미디어 커머스 형태의 마케팅으로 알려진 블랭크코퍼레이션의 바디럽과 마약베개 등의 성공 사례가 있었다. 이 회사 역시 페이스북 광고를 통해 약 3년 만에 1,500억 원의 매출을 기록했다.

이 두 기업은 초기 성공 비결로 퍼포먼스 마케팅을 꼽았다. 퍼포먼스 마케팅은 결과와 성과에 초점을 둔 디지털 마케팅 전략을 뜻한다. 이 전략은 광고와 마케팅 활동의 실제 효과를 측정하고 최적화하는 것을 중요시한다. 웹사이트 방문자 수, 클릭률, 구매량 같은 명확한 수치를 추적하고 광고와 마케팅 전략을 조정해 성과를 높인다.

퍼포먼스 마케팅은 국내에서는 2018년경 소셜네트워크서비스를 활용한 미디어 커머스 기업들이 출현하고 2020년 코로나19에 들어서며 본격화됐다. 오프라인이나 종합몰에 집중돼 있던 상품들이 재택근무와 온라인 구매 비중이 높아지는 시기에 디지털로 전환됐다. 이때 많은 기업이 페이스북 광고만으로도 엄청난 매출과 이익을 기록했다. 관련 업계에서는 퍼포먼스 마케팅이 앞으로 기존 브랜딩 광고를 대체하는 새로운 광고와 프로모션 방법으로 더욱 성장할 것으로 전망했다.

그러나 만병통치약과 같던 퍼포먼스 마케팅의 위기는 금세 찾아왔다. 2021년 1월 애플이 개인정보보호법에 의해 아이폰 사용자들의 정보를 더 이상 제공하지 않겠다고 결정했다. 이에 따라 많은 기업이 광고 효율의 감소로 지속적인 비즈니스 운영에 어려움을 겪게 됐다. 게다가 퍼포먼스 마케팅의 대표 플랫폼인 페이스북은 지나친 상업화로 인해 사용자들이 일부 떠나기 시작했다. 이런 가운데 에이피알의 성공 사례가 눈에 띄는 것은 단순히 광고 기반의 퍼포먼스 마케팅이 아니라 차별화된 전략과 실행이 있기 때문이다. 이에 대해 좀 더 자세히 살펴보고자 한다.

국내 아이폰과 안드로이드 사용자를 연령대와 성별로 나눈 통계

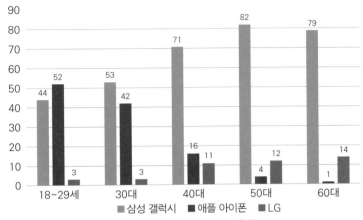

스마트폰 브랜드별 사용 연령대 비율

(출처: 한국갤럽. 2022. 09. 04. http://choistory20.tistory.com/23)

를 보면 아이폰을 주로 사용하는 부류는 젊은 연령층이거나 여성임을 알 수 있다. 즉 방문 수가 많고 소비에 적극적인 주 사용자들이 페이스북을 떠나기 시작한 것이다. 2023년 기준 페이스북의 광고 수익이 2020년 대비 절반으로 줄어들어 페이스북의 메타버스에 대한 신기술 프로젝트까지 중단됐다. 그리고 페이스북 광고를 통해 성장하던 많은 스타트업 역시 성장을 멈추었고 재무적으로도 역성장을 맞게 됐다.

페이스북의 효율이 감소했으니 다른 매체로 옮겨가라는 의미가 아니다. 다만 투자 산업의 동향이 수익 중심의 안정적인 성장을 강조하는 방향으로 변화했음에 주목할 필요가 있다. 이처럼 변화한 SNS 상황에서 고객을 설득하려면 새롭거나 취향을 반영하거나 품질이 우수하거나 비싼 가격으로 팔릴 수 있는 상품이 필요하다.

그런데 상품 가격은 왜 비싸야 할까? 예를 들어 광고 예산으로

10%를 사용할 수 있다고 가정해보자. 즉 1만 원짜리 상품을 광고하려면 1,000원이 필요하고 10만 원짜리 상품을 광고하려면 1만 원이 필요하다. 그러면 광고료가 더 큰 10만 원짜리 상품이 고객에게 더 많이 노출될 가능성이 크다. 이에 따라 더 많은 매출을 창출하고 광고 노출과 광고 지면도 더 많이 확보할 수 있다. 하지만 저렴한 가격의 상품들은 광고를 신청해도 광고료의 우선순위에서 밀려 노출 빈도가 낮아지니 판매로 이어지지 않아 역마진이 나는 구조가 형성된다. 그래서 업계에서는 퍼포먼스 마케팅을 '비용을 태우는 마케팅'이라고 표현한다. 수익을 내며 운영하기 위해서는 새로운 대안이 필요함을 깨닫게 된 것이다.

고객 시선을 잡기 위한 무한 경쟁

광고의 본질은 고객 노출 극대화다

검색엔진 알고리즘이 발전함에 따라 온라인에서 정보를 얻는 방식이 크게 변화했다. 예전에는 간단한 키워드 검색 광고로도 상위 랭킹에 노출되는 것이 가능했다. 하지만 현재는 검색엔진이 사용자의 의도를 파악해 이에 알맞은 콘텐츠를 상위에 노출한다. 이러한 변화로 콘텐츠 마케팅이 점차 주목받기 시작했다. 콘텐츠 마케팅은 기업이 가치 있는 정보나 콘텐츠를 통해 고객과 상호작용하며 브랜드 인지도를 높이고 신뢰를 구축하는 전략이다. 현대의 디지털 마케팅에서는 단순한 홍보가 아니라 유용한 정보를 제공하는 콘텐츠 마케팅이 중요한 전략으로 자리 잡았다.

그렇다면 제품이나 서비스에 대해 고객의 관심을 끌어들인 후에

각 광고 형식에 따른 활용

	디스플레이 광고	키워드 검색 광고	이커머스 플랫폼
대표 매체	페이스북, 인스타, 틱톡	구글, 네이버	아마존, 쿠팡 등
용도	제품과 서비스의 브랜드 인지도 상승	제품과 서비스의 검색 및 구매	제품과 서비스의 검색 +인지도
방식	검색량 상승	매출 상승	매출 상승
효과 제품군	패션, 뷰티	전자제품, 도서	생활용품, PB 상품

구매로 이어지게 하려면 어떻게 해야 할까? 이를 위해 디스플레이 광고DA, Display Advertising와 키워드 검색 광고SA, Seerch Advertising가 필요하다. 디스플레이 광고는 포털 사이트나 동영상 플랫폼에서 자주 보는 배너 광고를 말한다. 키워드 검색 광고는 네이버나 구글 같은 검색엔진에서 보여주는 광고를 말한다. 궁극적으로 광고의 본질은 상품과 서비스를 보여주는 것이다. 제품을 고객에게 얼마나 효과적으로 알렸는지, 해당 카테고리에서 인지도 1위를 하기 위해 광고비를 얼마나 효율적으로 사용했는지가 온라인 광고의 핵심 경쟁력이다.

디지털 영역 중 주로 탐색 구매 혹은 충동구매 영역에 활용되는 디스플레이 광고는 유료와 무료로 나뉜다. 유료 디스플레이 광고는 포털 사이트나 SNS에서 지면을 차지해 대부분 비용이 많이 들며 입찰 경쟁을 통해 노출된다. 무료 디스플레이 광고는 체험단의 제품 사용 후기를 통해 노출되며 비용을 지불하는 대신 제품을 받는 경우가 많다. 이러한 디스플레이 광고의 주요 목적은 상품이나 브랜드를 알리는 것이고 매출 상승보다는 인지도 상승을 기대한다. 일반적으로 자금 흐름이 충분한 대기업은 유료 디스플레이 광고에 예산을 투자한다. 반면 자금 흐름이 제한적인 중소·중견기업은 비용이 상대적으로 적은 무료 디스플레이 광고나 키워드 광고 방식을 주로 활용해 예산을 사용한다.

고객 시선을 예측하는 디스플레이 광고를 활용하라

퍼포먼스 광고의 효율 저하로 인한 광고 흐름의 변화는 프리미엄 콘텐츠에 투자하는 계기가 됐다. 뷰티와 패션 카테고리는 가격이 합리적이라고 느끼거나 제품 사진의 퀄리티가 높으면 구매에 즉각적인 영향을 주는 경우가 많다. 그래서 고급 스튜디오에서 고성능 DSLR 카메라로 소품과 모델을 활용해 촬영한 상품 사진을 이용하는 전략이 제품 판매를 위해 효율적이다. 비용은 많이 들더라도 말이다. 디지털 전환이 활발하고 퍼포먼스 마케팅이 효율적으로 작동하던 시기에는 이러한 콘텐츠보다는 광고 소재나 매체에 더 많은 투자가 논의되곤 했다. 하지만 지금은 상품이 한 번 노출될지라도 고객 인식에 영향을 끼치고 브랜딩과 인지도 향상에 도움이 되는 콘텐츠 마케팅이 중요한 요소로 주목받고 있다.

더불어 연예인을 모델로 내세워 상품 가치를 높이는 방법도 다시 주목받고 있다. 차별화가 어려운 카테고리일 때 상품을 직접 소개하는 것보다 연예인의 이미지를 활용하는 것이 상품의 인지도를 높이는 데 더 효과적일 수 있다. 예를 들어 유산균이나 비타민 같은 건강기능식품은 상품별 품질의 차이가 크지 않고 차별점이 없기 때문에 상품 자체보다는 연예인 모델을 활용해 신뢰도를 높이는 것이

상품 구매에 영향을 미치는 순서(시선의 흐름에 따라)

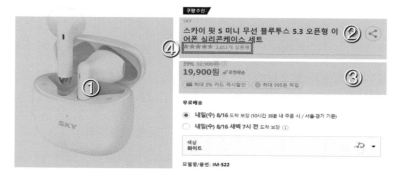

상품 구매에 영향을 미치는 순서 (시선의 흐름에 따라)

1. 상품 사진

상품사진의 품질
이 상품을 클릭하
고 구매를 결정하
는 데 가장 큰 영향
을 미친다.

2. 상품 정보

상품의 브랜드 인
지도가 높고 상품
정보가 구매 목적
에 일치하는지가
중요하다.

3. 상품 가격

할인율이 높을수록
유리하다. 상품 사
진+상품 정보의 가
치가 가격보다 높
아야 구매 전환이
이루어진다.

4. 구매 후기

구매 과정에서의
기회 비용을 줄이
기 위한 안전장치
로 활용한다.

(출처: 쿠팡)

구매 전환에 도움이 되는 경우가 많다.

최근에는 넷플릭스나 다양한 동영상 스트리밍 OTT 플랫폼에서
K-콘텐츠에 대한 수요가 늘어나고 있다. 그 때문에 드라마, 영화,
뮤직비디오 등에 제품 협찬이나 간접광고PPL를 활용해 수출 기회
를 모색하는 것이 더 효율적인 마케팅 방안으로 인정받고 있다.

이외에도 유튜브 프리미엄 콘텐츠 또한 검색량을 늘리고 타깃 고
객에게 제품을 보다 널리 알리는 데 효과적이다. 브랜드와 상품을
알리기 위한 콘텐츠와 커머스의 결합이 더 다양해지고 있다.

콘텐츠를 앞세워 등장한 커머스 크리에이터를 주목하라

연예인 모델과 간접광고 시장의 성장으로 인해 디스플레이 광고
를 활용한 광고 전략이 변화하며 커머스 크리에이터가 등장하게 됐
다. 이들은 과거 인플루언서라 불리는 사람들과는 기능과 역할에서
다소 차이가 있으며 셀럽이라 불리는 연예인들과도 역할이 다르다.

각 광고 형식에 따른 활용

구분	기능	목적
인플루언서	뷰티, 먹방, 게임, 예능 등의 소재로 콘텐츠를 만들고 구독자를 확보하는 사람들	노출 (팔로어 많음)
셀럽	영화나 드라마 등의 매체를 통해 유명해진 배우나 연예인	노출 (팔로어 많음)
커머스 크리에이터	전문성을 기반으로 상품의 기능이나 속성에 대해서 설명하고 정보를 제공하는 사람들	생활용품, PB 상품

사람들은 인플루언서에게 TV 매체에서 볼 수 없는 재미를 원한
다. TV 방송에서는 제한된 표현이나 방송심의 때문에 보여줄 수 없
는 자극적인 소재와 아이디어를 디지털 영역에서는 자유롭게 표현
할 수 있다. 인플루언서는 이에 부응하는 콘텐츠를 만들어낸다. 하
지만 DIA TV나 샌드박스 같은 MCN 사업은 커머스 분야에서는
효과적인 결과를 얻지 못했다. 콘텐츠를 즐기러 오는 고객과 제품
을 구매하러 오는 고객이 서로 다른 그룹이기 때문이다. 셀럽도 마
찬가지다. 셀럽을 이용하는 이유는 셀럽이 가진 프리미엄 이미지를
돈을 주고 빌려오기 위함이다.

반면에 커머스 크리에이터는 자신의 전문성을 바탕으로 팔로어
에게 상품에 대한 정보를 제공하면서 추천하기에 신뢰를 준다. 일
반인이 상품의 원재료나 복잡한 사용 방법을 금방 이해할 수 있도

록 쉽게 설명하고 본인의 경력과 직업을 통해 신뢰를 쌓는다.

커머스 크리에이터로 대표적인 인물이 더본코리아 대표 백종원이다. 그는 자타가 공인하는 외식 경영 전문가이며 방송인이다. 음식점, 음식, 조리기구 등 그가 추천하는 것이라면 사람들은 길게 설명하지 않아도 신뢰하고 구매한다. 인플루언서나 커머스 크리에이터는 구독자가 늘어나면서 영향력을 확대한다는 공통점이 있다. 다른 점은 인플루언서는 단지 트래픽과 인지도를 높이는 데 영향을 주지만 커머스 크리에이터는 실제 매출에 직접적인 영향을 미친다.

이처럼 커머스 크리에이터는 전문성과 신뢰를 결합하는 능력이 매우 중요하다. 학력이나 경력보다 고객 입장에서 제품을 사용한 다음 객관적 정보를 전달하는 능력이 새로운 전문성으로 강조되고 있다. 이들은 팬덤을 쌓는 속도가 상대적으로 느릴 수는 있지만 성공과 실패의 경험을 공유하며 고객과 소통하면서 신뢰도와 충성도를 높일 수 있다. 예전에는 제품을 구매하기 전에 정보를 얻기 위해 블로그나 지식인을 이용했다면 이제는 커머스 크리에이터를 찾는 것으로 변화했다.

전문가 크리에이터는 신뢰를 바탕으로 대세가 됐다

커머스 크리에이터는 광고비 혹은 수익 배분이 높다는 특징이 있다. 퍼포먼스 마케팅이나 디스플레이 광고 같은 프리미엄 콘텐츠만으로는 판매하기 어려운 고가의 상품도 커머스형 인플루언서가 추천하면 고객은 믿고 구매한다. 자녀 교육과 관련된 상품은 오은영 박사, 자동차 사고는 한문철 변호사, 반려견 시장에 대해서는 강형욱 대표를 떠올리는 것처럼 이제는 세부 카테고리 전문가의 시대다.

커머스 크리에이터의 주요 특징으로 크게 세 가지를 꼽는다. 첫 번째는 그들이 방송과 자신의 커리어를 통해 만들어낸 신뢰도에 기업이 돈을 내고 상품을 알리고자 한다는 것이다. 크리에이터 입장에서는 상품의 품질이 좋지 않으면 본인의 명성에 타격을 입는다. 따라서 홍보하려는 상품을 선정할 때는 단순히 돈을 버는 상품이 아니라 실제로 품질이 우수하고 팔로어들에게 도움이 될 수 있는 상품만 판매를 진행한다. 이를 위해 해당 상품에 대해서 철저히 공부해 객관적인 정보를 제공하기 위해 노력한다.

두 번째 특징은 커머스 크리에이터의 수가 아직 많지 않다는 점이다. 뷰티나 이너뷰티 같은 특수한 카테고리를 제외하고는 대부분의 커머스 카테고리에 대한 전문가형 크리에이터는 시장에서 드물다. 이 분야에 속한 사람들은 예전에는 주로 블로그에서 사진과 텍스트를 활용해 고객과 소통했다. 이들은 인스타그램의 모바일 콘텐츠와 유튜브를 기반으로 하는 영상 플랫폼으로의 전환이 상대적으로 더디게 이루어졌다. 이러한 전문가형 크리에이터의 공급이 많지 않기 때문에 크리에이터 시장과 대행사도 충분히 발전하지 않은 상황이다. 따라서 방송에서 활동하는 소수 전문가를 제외하고는 이러한 커머스 크리에이터가 많은 광고비를 받는 상황은 당분간 지속될 것으로 보인다.

마지막으로 커머스 크리에이터는 희소성으로 인해 광고 수수료가 매우 높다. 현재 뷰티 분야의 커머스형 크리에이터는 최대 55~60%의 수수료를 받고 제품을 판매한다. 이는 오프라인에서는

뷰티 크리에이터

(출처: 로이슈)

백화점, 면세점, H&B 스토어 같은 극소수의 유통 채널에서만 가능한 구조다. 이 카테고리의 제품들은 이제 한국콜마와 코스맥스 등 전문 제조업체가 상향 평준화된 품질의 제품을 생산해 '무엇을 판매하느냐?'보다 '누가 판매하느냐?'가 더욱 중요한 영역이 됐다.

인스타그램에서 메가 팬덤을 가진 티르티르나 블랑두부 같은 커머스 크리에이터는 자신의 팬덤을 기반으로 CJ오쇼핑 같은 홈쇼핑 영역으로 판매 채널을 확장하며 수백억 원대의 브랜드를 성공적으로 탄생시키고 있다. 따라서 상품과 브랜드를 알리기 위해 높은 수수료를 감안하고 커머스 크리에이터와 협업하거나 해당 영역에 오를 가능성이 있는 마이크로 커머스 크리에이터를 발굴해 협업하는 구조로 비즈니스가 이루어지고 있다.

뷰티와 이너뷰티 카테고리는 커머스형 크리에이터 시장이 이미 포화했거나 빠르게 성장하고 있어서 신규 브랜드가 진입하기 더욱 어려운 구조다. 반면에 리빙, 도서, 전자제품 시장은 아직 치열한 경쟁시장이 형성되지 않았다. 따라서 회사 내부에서 해당 분야의 인력을 육성하거나 마이크로 커머스 크리에이터를 새롭게 발굴할 필요가 있다.

키워드 광고는 고객의 의도를 분석하는 디스플레이다

디지털 광고는 기업의 규모에 따라 운영 형태가 나뉜다. 자금력이 있는 대기업은 대규모의 프리미엄 콘텐츠와 디스플레이 광고를 통해 검색과 수요의 증가를 만들어낸다. 중소·중견기업은 가성비 제품과 대기업의 트렌드를 좇는 패스트 팔로어 전략을 추구한다. 이 과정에서 디스플레이 광고 시장은 저마다 차별화된 브랜딩을 위해 여러 형태의 콘텐츠로 분화되고 있다. 반면에 키워드 검색 광고 시장은 이렇게 생성된 트래픽을 더욱 효과적으로 따라잡기 위해 다양한 툴이 등장했다.

디스플레이 광고를 실행하는 기업은 결국 해당 비용을 상품 가격에 반영하기 때문에 가격이 높아질 수밖에 없다. 그러나 광고비를

판다랭크 초기 페이지(키워드 분석 프로그램)

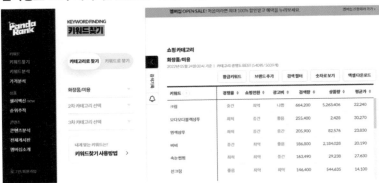

(출처: 판다랭크)

집행하지 않는 중소·중견기업들은 대기업이 이끄는 트렌드에 올라타서 고객이 상품을 검색했을 때 가성비 높은 제품을 노출시키는 일종의 엠부시(매복) 마케팅을 꾀하기도 한다.

판다랭크나 아이템스카우트 등의 툴은 과거 네이버나 구글 광고 툴을 통해서만 효과를 측정해오던 키워드 광고를 더 정교하게 분석할 수 있게 도와준다. 이에 따라 실제 제품들이 어떤 키워드와 가격으로 경쟁하는지를 더 효율적으로 파악할 수 있다. 애드테크 기업인 어센트코리아는 고객의 의도를 분석한 고객구매여정CDJ, Customer DecisionJourney 맵을 제공해 고객들이 검색창에서 키워드를 검색하는 경로를 시각화하여 광고 활용을 보다 효과적으로 진행할 수 있도록 도와준다.

또한 예산이 한정된 작은 기업들도 챗GPT를 활용해 저렴한 비

어센트코리아 고객구매여정 맵

(출처: 어센트코리아 홈페이지)

용으로 제품 후기나 블로그 포스팅을 대량 양산할 수 있게 되면서 제품을 노출할 기회가 더 많아지고 있다. 키워드 검색 광고는 목적 구매를 위해 유입되는 고객으로 구성돼 있어서 다소 적은 비용으로도 광고 효과를 낼 수 있는 장점이 있다.

다윗과 골리앗의 싸움에서 배우는
브랜드의 생존 방식

대형 커머스 플랫폼이 시장의 문지기가 되다

효과적인 플랫폼은 일정 수준 이상의 광고 규모가 형성된 영역이나 뷰티나 성형외과와 같이 경쟁이 치열한 커머스 영역에서 고객과 브랜드 모두에게 필요하다. 고객은 유사한 상품과 서비스가 풍부한 시장에서 편리하게 최선의 선택을 할 수 있고 브랜드는 광고 예산을 여러 채널에 분산하는 대신 특정 플랫폼에서 점유율을 높임으로써 인지도를 얻을 수 있다.

국내에서는 이미 의류, 식품, 리빙 등의 카테고리에 전문화된 버티컬 플랫폼이 형성되어 있으며 해당 플랫폼에는 전문 브랜드와 상품들이 치열한 경쟁을 벌이고 있다. 이런 플랫폼에서 살아남는 브랜드는 해당 카테고리의 상위 브랜드로 자리 잡게 되고 그렇지 못한 브랜드는 생존을 위해 하위권에서 허우적거리게 된다. 개별 카테고리에서 높은 점유율을 갖춘 플랫폼은 일종의 브랜드 감별사 역할을 한다. 대표적으로 신선식품 분야의 쿠팡과 뷰티 분야의 올리브영을 예로 들 수 있다.

국내 커머스 시장에서 상당한 수준의 점유율을 차지하며 진입장벽이 높은 시장이 있다. 오프라인 유통망, 홈쇼핑, 면세점이 대표적이다. 최근에는 이러한 유통망에 입점하려면 개별 카테고리의 대표 플랫폼인 올리브영과 쿠팡에서 좋은 실적을 쌓아야 한다. 이들 플랫폼이 일종의 문지기 역할을 하는 셈이다.

올리브영과 쿠팡 판매 방식에 따른 수수료 비율

판매 방식 (쿠팡 채널 기준)	올리브영	쿠팡
직매입 (1P : 로켓배송)	45~55%	35~55%
판매자 배송 (2P : 판매자 배송)	-	4~10.9%
온라인 (3P : 마켓플레이스)	18~20%	4~11%

* 브랜드와 카테고리, 상품의 인지도에 따라 수수료에 차이가 있을 수 있음.

올리브영의 수수료는 온라인 기준으로 약 18% 내외이며 오프라인 기준으로 약 45~55%로 동일 플랫폼 대비 높은 편이다. 쿠팡의 수수료는 온라인 기준으로 마켓플레이스(3P, 위탁판매 방식으로 쿠팡에 입점해 협력사가 상품을 배송하는 구조)는 10% 내외이고 로켓배송(1P 방식으로 쿠팡이 상품을 사입해 배송하는 구조)은 35~55% 내외로 높다. 여타 오픈마켓이 평균 10~20%, 편집숍 마켓이 20~30% 수수료를 기준으로 본다면 쿠팡의 로켓배송 수수료가 너무 높지 않으냐고 생각할 수도 있다. 하지만 이는 쿠팡이 직매입으로 재고 부담을 안으며 직접 배송과 고객 서비스를 수행하는 비용이 합산된 것이다.

그럼에도 쿠팡은 2023년 기준으로 전체 매출이 약 31조 원으로 국내 이커머스 시장에서 압도적인 1위 플랫폼이 됐다. 로켓배송으로 특정 카테고리에서 1등을 하면 대량의 물량을 직매입 형태로 사입하기 때문에 브랜드와 제조 회사는 경제적 이점으로 원가를 절감할 수 있다.

올리브영은 온라인에서 좋은 성과를 거두면 전국 1,200여 개의 오프라인 채널에 상품을 입점시켜 브랜딩 효과와 매출을 동시에 증가시킬 수 있다. 즉 브랜드는 상품을 판매하는 플랫폼에서의 수익뿐만 아니라 다양한 부수적인 효과까지도 고려하여 전략적으로 사고하는 것이 좋다.

커머스 플랫폼이 온라인 광고 생태계에 침투하다

신생 브랜드나 중소 제조 기업은 이러한 대형 플랫폼에 초기부터 입점하기란 상당히 어렵다. 해당 카테고리에서 높은 인지도나 평점을 가진 상품들이 우선 노출되는 알고리즘이 적용되기 때문에 처음 입점한 상품들은 상대적으로 뒷전으로 밀려나게 된다.

이는 플랫폼 입장에서는 바람직하지 못하다. 고객이 항상 기존에 구매한 제품들만 노출하게 되면 새로운 제품에 대한 관심이 줄어들어 신규 플랫폼으로 이탈할 가능성이 커지기 때문이다. 따라서 이를 극복하기 위한 방법으로 외부 SNS 광고와의 API 제휴나 플랫폼 내부 광고를 통해 새로운 상품이 고객에게 노출되도록 하는 방법이

아마존 온라인 광고 실적

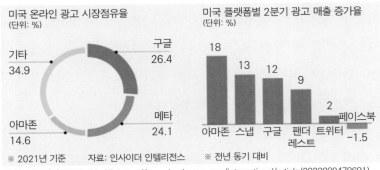

미국 온라인 광고 시장점유율
(단위: %)

기타 34.9
구글 26.4
메타 24.1
아마존 14.6

※ 2021년 기준   자료: 인사이더 인텔리전스

미국 플랫폼별 2분기 광고 매출 증가율
(단위: %)

아마존 18
스냅 13
구글 12
팬더레스트 9
트위터 2
페이스북 −1.5

※ 전년 동기 대비

(출처: 한국경제, 2022. 08. 05. https://www.hankyung.com/international/article/2022080478691)

있다.

과거에는 카페24, 고도몰, 메이크샵 같은 호스팅 사이트나 자체 개발한 웹사이트를 사용하거나 대형 온라인 플랫폼에서 메타나 구글의 스크립트를 설치해야 고객의 구매 관련 데이터를 볼 수 있었다. 하지만 이제는 매달 일정 비용 이상의 광고 예산을 투자하는 광고주는 해당 플랫폼에서 광고로 유입된 고객 데이터를 확인할 수 있다. 플랫폼도 이들을 대상으로 구매 전환을 유도하는 퍼포먼스 마케팅을 실행할 수 있도록 데이터를 공유하기 시작했다.

네이버나 구글 같은 정보 검색을 기반으로 하는 포털이나 혹은 소셜 네트워킹을 중심으로 하는 소셜네트워크서비스 채널은 광고로 유입된 고객 중 약 1~4% 내외가 실제 구매로 전환돼도 성공적인 광고라고 말한다. 반면에 아마존이나 커머스형 플랫폼에서는 광고로 유입된 고객 중 10~20% 내외가 구매로 전환되어 전환율에서 큰 차이를 보인다.

미국에서는 이미 아마존 내의 광고 매체가 기존의 구글과 페이스북의 입지를 도전하는 중요한 광고 상품으로 자리매김했다. 이는 신생 브랜드나 중소기업 브랜드가 해당 플랫폼에서 커머스 채널 내 광고 상품과 기존 광고 상품 간 연동을 통해 새로운 노출 기회를 얻을 수 있다는 의미다. 기존에 우위를 점하던 브랜드는 자신의 위치를 방어하기 위해 새로운 비용을 투자해야 한다.

개별 브랜드가 플랫폼의 권력에서 벗어나는 방법이 있다

결국 경쟁이 치열한 국내 온라인 플랫폼에서는 신규 브랜드가 상위에 노출돼 고객을 만나기 위해서는 기존 플랫폼에 자리 잡은 브랜드보다 더 큰 비용을 투입해야 한다. 이는 협력사들이 부담해야 할 비용이 늘어나고 상품 가격이 상승하는 결과를 초래하게 된다. 더욱이 연간 인건비나 커머스 플랫폼의 고정비가 상승함에 따라 상품 가격은 더 오르고 고객에게 상품을 노출할 기회는 줄어들 것이다. 이를 극복하기 위해서는 인건비, 판매관리비, 임대료 등을 절감하여 원가경쟁력을 확보하거나 혹은 해당 비용 내에서 더 높은 부가가치를 창출할 차별화된 상품 전략이나 채널 전략을 실행해야 한다.

플랫폼은 이익 극대화를 위해 협력사들의 판매 데이터를 활용해 자체 브랜드PB 상품을 출시함으로써 기존 브랜드 중 수수료와 광고비 부담으로 운영이 어려운 상품을 대체하려고 한다. 이전에는 국내 시장에서 10~20%의 이익을 얻을 수 있었던 기업들조차도 이제는 높아지는 경쟁 강도에 따라 2~3%의 이익을 긍정적으로 여겨야 할 수도 있다.

앞으로 국내 이커머스 시장은 브랜드 운영과 사업보다는 제품 인지도와 글로벌 시장 진출에 중점을 두어야 할 것이다. 이를 통해 보다 많은 기회가 있는 글로벌 시장에서는 키워드 검색 광고를 통한 상위 노출이나 전문 판매자Vendor를 통한 유통으로 상품을 고객에게 더욱 쉽게 노출하고 이익을 창출할 가능성이 커지리라 전망한다.

결국 고객에게 직접 판매하기 위한 자사몰을 구축하거나 커머스 크리에이터를 활용해 팬덤을 형성해야 하며 덧붙여 부가가치가 높은 상품을 만들어내는 브랜드만이 국내 커머스 시장에서 성공적으로 생존할 수 있을 것이다.

국내 퍼포먼스 마케팅은 어떻게 진화될까

경쟁이 낮거나 디지털 전환이 미진한 시장에서 퍼포먼스 마케팅은 효율적인 결과를 얻을 수 있는 도구다. 그러나 우리나라와 같이 경쟁이 포화된 시장에서는 유의미한 결과를 얻기 어려울 수 있다. 따라서 브랜드가 퍼포먼스 마케팅을 효율적으로 시행하려면 퍼포먼스 마케팅의 방향성을 단기, 중기, 장기적으로 구분해 전망하고 전략을 수립해야 한다.

단기적으로는 고객관계관리CRM, Customer Relationship Management와 다양한 광고·마케팅 도구를 활용해 구매생애주기LTV, Life Time Value를 늘리고 재구매율을 높이는 방향으로 진화할 것이라 예상한다. 이를 통해 광고비 수익률ROAS을 높이고 초기 고객획득비용CAC, Customer Aquisition Cost 상승에 따른 부담을 완화하기 위해 노력할 것이다. 광고비 상승은 고객획득비용의 증가를 의미한다. 이에 따른 제품 가격 인상은 한계가 있으므로 고객관계관리를 통해 재구매를 유도하고 고객 이탈을 최소화하는 전략을 강조해야 한다.

중기적으로는 니치(틈새) 커머스 카테고리에서 퍼포먼스 마케팅이 더욱 활용될 것이라 예상한다. 뷰티, 건강기능식품, 패션 등 진입 장벽이 낮은 시장에서 퍼포먼스 마케팅을 효과적으로 활용하기란 어렵다. 하지만 농산물, 어업, 2차 가공, 지식 산업 등 아직 디지털 전환이 진행되지 않은 산업 영역에서는 퍼포먼스 마케팅을 효과적으로 활용할 수 있다. 또한 규모가 작은 중소기업도 퍼포먼스 마케팅을 통해 일정 규모의 매출을 창출하는 게 가능하다. 따라서 니치 카테고리에서 퍼포먼스 마케팅을 활용해 상품과 서비스를 홍보하고 유통하는 방안이 더욱 강화될 것으로 전망한다.

장기적으로는 유튜브나 틱톡 같은 플랫폼을 활용한 퍼포먼스 마케팅의 확장과 함께 새로운 기술과 서비스의 개발이 기대된다. 유튜브는 쇼핑 기능을 추가해 홈쇼핑 시장에 진출할 의지를 보여주고 있다. 틱톡 역시 국내 이용자 중 대다수가 10대 초반이라는 특징을 고려할 때 앞으로 10년 후에는 가장 일상적으로 사용하는 소셜네트워크서비스 채널로 자리매김할 것이다. 최근에는 개인정보 이슈로 인해 개별 브랜드가 소셜네트워크서비스에서 고객 정보를 활용하는 데 제한이 생겼다. 다행히도 고객의 관심사를 기반으로 한 광고를 제공하는 새로운 기술들이 개발 중이며 3~5년 내 상용화될 가능성이 크다.

국경 없는 커머스 시대에 브랜드 생존법

K-콘텐츠를 앞세운 K-커머스가 글로벌로 진출하다

대중에게 잘 알려지지 않은 화장품 기업인 마녀공장이 2023년 5월에 8,500억 원의 가치로 코스닥 상장에 성공했다. 화장품을 비롯한 한국의 소비재는 중국 단체 관광객 '유커'와 보따리상 개념의 '따이공'을 통해 유통되며 2013~2016년에 커다란 성과를 거둔 적이 있다. 하지만 한한령과 팬데믹으로 인해 중국과의 교류가 크게 위축되면서 해외 수출길이 막히며 어려움에 부닥치게 됐다. 이 상황에서 국내 중견 뷰티 브랜드인 마녀공장은 일본 시장에서 성공하고 코스닥 시장에서 기업가치를 인정받음으로써 글로벌 시장에서 소비재 분야의 새로운 가능성을 보여주었다.

마녀공장의 성공 비결은 일본 시장에서의 매출 증가와 성공적인

글로벌 진출이다. 한국의 아이돌과 연예인의 영향으로 한류에 긍정
적인 인식을 가진 일본의 MZ세대를 주 대상으로 브랜드와 제품을
장기간 노출하여 인지도를 높였다. 이 사례를 지켜본 국내 많은 패
션·뷰티 브랜드들이 일본을 향해 나아가고 있다. 이들의 주요 무기
는 K-콘텐츠다.

크로스보더 커머스는 틱톡과 유튜브로 국경을 넘어가다

일본 이외에 북미와 동남아시아도 글로벌 시장에서 빠르게 성장
하고 있다. 이러한 시장들이 앞으로도 지속적인 성장이 예상되는
이유는 다음과 같다.

첫 번째, 중국과 미국의 외교 갈등으로 인해 글로벌 생산 기지가
분산돼 동남아시아 국가들의 소득 수준이 상승할 것으로 기대된다.
또한 동남아시아 국가들이 한류 콘텐츠의 주요 소비 국가임을 고려
할 때 이 지역이 글로벌 시장에서 계속해서 성장하게 될 것이다.

두 번째, 동남아시아 시장은 광고 노출 비용이 저렴하기 때문에
아이돌이나 드라마 같은 한류 콘텐츠의 트래픽 광고가 주로 이 지
역에 집중되어 있다. 더욱이 이 지역의 MZ세대는 한국을 긍정적으
로 인식하고 있으며 한류는 이미 하나의 장르로 자리 잡았다. 한국
아이돌과 콘텐츠에 등장하는 매력적인 연예인들은 '한국인은 잘생
기고 예쁘며 부유한 사람'이라는 긍정적인 이미지가 형성되는 역할
을 했다. 또한 '메이드 인 코리아Made in Korea' 뷰티 제품은 브랜드
에 상관없이 현지 시장에서 높은 인기를 얻으며 판매되고 있다. 그
결과 베트남, 인도네시아, 말레이시아 등의 국가에서 쇼피와 페이

스북을 통한 마케팅을 활용하는 한국 뷰티 회사들은 광고비 수익률이 300~500%대에 이르는 퍼포먼스를 달성하며 매출이 급상승하고 있다.

틱톡은 미국과 동남아시아를 중심으로 형성돼 있는 페이스북과 달리 미국과 중국의 MZ세대를 타깃으로 23억 명의 사용자를 보유하고 있는 글로벌 플랫폼이다. 국내에서는 틱톡이 매출보다는 브랜딩을 위한 도구로 활용된다. 하지만 해외에서는 한국 화장품이 틱톡숍 등 새로운 플랫폼을 중심으로 베트남 등지에서 월 20억~30억 원씩 매출을 올리고 있다. 과거에는 국내에서만 매출을 기록하거나 면세점과 올리브영 등의 특정 채널에만 입점했다. 연예인 등을 활용한 브랜드나 제품만이 제한적으로 글로벌로 진출할 수 있었다. 이제는 이런 조건이 아니더라도 크로스보더와 디지털 플랫폼을 통해 브랜드를 홍보하여 해외 현지 시장에 진출하는 새로운 기회가 열리게 됐다.

한국의 특산품으로 글로벌을 공략하다

일본 게임 회사 코에이가 개발한 '대항해시대'는 1510년대를 배경으로 국가와 도시별로 다양한 특산품이 존재한다. 조선의 한양은 인삼과 약재가 특산품이다. 수백 년이 지나 현재는 디지털 플랫폼과 크로스보더의 발전으로 전 세계의 상품과 시장이 연결되고 있다. 그중 글로벌 시장에서 경쟁력을 유지할 수 있는 것은 국가별로 가장 우수한 제품과 브랜드일 것이다.

그렇다면 우리나라는 어떤 분야에서 경쟁력을 가질 수 있을까?

한국의 특산물로서 돋보이는 것은 다섯 가지 영역이다.

첫 번째는 뷰티 영역이다. 한국은 외모에 대한 기준이 높고 서로 외모를 의식하는 경향이 있다. BTS와 블랙핑크와 싸이를 배출한 K 팝을 비롯해 드라마, 영화는 외모와 연기와 재능의 경쟁에서 최정상에 서 있다. 이들은 글로벌 시장에 한국의 멋과 아름다움을 보여주고 있다.

두 번째는 푸드 영역이다. 한국 식품의 수요는 특히 매운맛과 건강기능식품이 눈에 띈다. 국내 시장뿐만 아니라 글로벌 시장에서도 불닭볶음면과 신라면 등의 매운맛에 대한 수요가 독보적이다. 건강기능식품 분야에서도 인삼이나 홍삼 등의 각성 제품이나 다이어트 관련 제품들이 인기를 끌 가능성이 크다.

세 번째는 방산 영역이다. 한국은 분단국가로서 전쟁 위협이 존재하며 국제적으로 세계 10위권 이내의 국방력을 가지고 있다. 밀리터리용품이나 생존 장비, 캠핑, 군용 패션, 워크웨어 등이 경쟁력 있는 분야다.

네 번째는 엔터테인먼트 영역이다. 넷플릭스 같은 플랫폼에서 한국의 스튜디오와 배우들을 통해 가성비 좋은 콘텐츠를 제작하며 세계적으로 주목받고 있다. 웹소설과 웹툰 시장 역시 매우 경쟁력 있다.

다섯 번째는 게임 영역이다. 게임을 놀이보다는 전략적이고 경쟁적인 활동으로 여기며 프로게이머도 상당히 높게 대우한다. 정부에서 게임 산업을 육성하고 있으며 글로벌 시장에서도 강력한 위치를 차지하고 있다.

프리미엄 뷰티와 향수 분야는 프랑스, 명품 가방과 잡화 분야는 이탈리아, 양산형 전자제품 분야는 중국, 품질 좋은 디자이너 브랜드는 일본 등 국가별로 '메이드 인Made in'이라는 브랜딩은 제품의 품질뿐만 아니라 고객의 인식에도 영향을 미치며 이미 고정된 이미지로 자리 잡고 있다. 미국의 할리우드나 일본의 애니메이션은 콘텐츠 브랜드와 제품을 세계로 확장하는 데 큰 역할을 했다. 우리나라도 경공업과 국가 주도 중공업에서 다음 단계로 나아가기 위해 K-컬처 콘텐츠를 기반으로 한 한국 브랜드의 글로벌 확장을 추진해야 한다. 이는 산업에도, 개별 기업에도, 그리고 해당 산업의 종사자들에게도 매우 중요하다.

4부

로컬 상생을 위한
커머스 모델

10장

디지털 전환 시대의
로컬 소상공인 커머스 전략

전상열
카카오 로컬사업실장

스마일게이트, 네이버 등에서 실무를 담당했으며 나우버스킹 대표로 푸드 서비스 테크 기반의 나우웨이팅을 창업하고 야놀자에 매각했다. 이후 삼프로TV 서비스 전략을 담당했고 현재는 카카오 로컬사업실장으로 소상공인의 디지털 확장DE, Digital Expansion을 기획하여 실행하고 있다.

　로컬 소상공인의 디지털 전환은 코로나19와 인력난이라는 어려움 속에서 오히려 급속하게 확대되고 있다. 오로지 오프라인의 판매에만 주력하던 로컬 소상공인은 고객이 매장을 찾지 않는 상황을 벗어나고자 온라인 매장을 열었다. 이 기간 배달의민족 같은 배달 서비스는 폭발적인 성장을 했다. 고객이 단순히 음식만 배달시켜 먹는 것을 넘어서 대부분의 물품을 온라인에서 주문하고 배송받자 배달의민족의 B마트는 아이폰 같은 전자제품도 판매하기 시작했다.

　이러한 트렌드에 발맞춰 오프라인 편의점에서도 대부분의 상품을 배달하고 있다. 기존 배달 서비스 외에도 카카오T는 택배와 퀵서비스를 론칭하며 새로운 형태의 커머스 시장에 동참했다. 바야흐

B마트의 전자제품 판매(좌), CU의 배달 서비스(중), 카카오T의 배송 서비스(우)

(출처: B마트, CU편의점, 카카오T)

로 온라인 주문, 오프라인 실시간 배송의 시대다. 이처럼 코로나19
는 '그 공간에 꼭 가야 하는 이유'를 없애는 데 큰 기여를 했다. 이
제는 대부분의 로컬 소상공인이 매장 운영 외에 온라인으로 무언가
를 팔거나 주문받는 것을 당연하게 생각한다.

경기 침체에서 빛을 발하는 로컬 기반 커머스

투자 혹한기에 티오더와 캐치테이블은 수백억 원을 투자받다

오프라인 공간도 태블릿 같은 디지털 기기를 사용하면서 변화하기 시작했다. 정부에서 시행하는 비대면 지원 사업 바우처는 매장에 키오스크, 포스POS, 테이블 오더 등 다양한 디지털 기기를 설치하거나 예약, 웨이팅 등 디지털 서비스를 사용하는 데 크게 기여했다. 패스트푸드 매장을 중심으로 설치되던 키오스크가 빠르게 퍼지기 시작했으며 테이블 오더도 한식, 술집, 일식 등 업종과 음식의 가격대와 무관하게 빠르게 설치되고 있다. 선두 업체인 티오더의 경우 2019년 매출 4억 원대에서 2022년도 219억 원으로 급격하게 성장했다.

예약 서비스로 알려진 캐치테이블은 투자 시장이 얼어붙은 2023

티오더의 매출 성장세

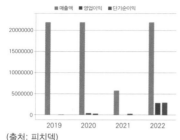

(단위: 천 원)

항목	2019	2020	2021	2022
매출액	481,680	3,358,539	5,867,146	21,956,409
매출원가	180,667	1,445,066	2,091,399	6,683,987
매출총이익	301,013	1,913,473	3,775,747	15,281,422
판관비	314,069	1,435,012	3,782,257	12,265,692
영업이익	-13,056	478,460	-6,510	3,015,730
당긴순이익	76,412	492,019	455,848	3,136,484

(출처: 피치덱)

년 7월에 우리벤처파트너스, 알토스, 컴퍼니케이, 한국증권금융으로부터 300억 원의 투자를 받았다. 서비스를 사용 중인 매장 수가 7,000여 개로 전체 식당 중 일부만 예약받는 현실을 고려하면 향후 시장 성장에 대한 기대감이 큰 투자로 이어진 것으로 보인다. 카페 결제 포스를 서비스하는 페이히어도 2만여 개의 카페에 서비스하면서 200억 원의 투자를 유치했다. 이 같은 오프라인 매장의 디지털 서비스 확대와 엄청난 금액의 투자 소식을 통해 로컬 소상공인 매장의 빠른 변화를 짐작할 수 있다.

캐치테이블(사명: 와드)의 투자 현황

날짜	투자단계	투자금	투자자
2023-07	PRE IPO	300억	우리벤처파트너스, 컴퍼니케이파트너스, 알토스벤처스, 한국증권금융
2022-04	C	300억	알토스벤처스, 컴퍼니케이파트너스, 다올인베스트먼트, 한국투자파트너스, 오라이언자산운용
2021-04	B	-	DSC인베스트먼트, 인터베스트
2020-04	-	35억	컴퍼니케이파트너스, DSC인베스트먼트, KTB네트워크, 데브시스터즈벤처스
2019-08	A	31억	DSC인베스트먼트, 한국투자파트너스, 데브시스터즈벤처스, 현대투자파트너스, KTB네트워크

(출처: 피치덱)

최근에 벌어지고 있는 인력난은 변화를 가속화하고 있다. 이미 식당의 시급은 1만 2,000원이 평균이 됐으며 1만 5,000원에도 직원을 구하기 어려운 곳이 많고 잦은 퇴사로 정상적인 운영이 어려워진 곳도 많다. 그러다 보니 주문을 받는 테이블 오더, 서빙로봇 등이 급격하게 퍼져나가고 있다. 1, 2층을 통으로 쓰는 고깃집에서 코로나19로 2층을 사용하지 않았는데 지금은 사람을 구하지 못해 여전히 2층에서 영업하지 못한다는 웃을 수 없는 이야기가 들려오는 것이 최근의 현실이다.

판매단가가 높기로 유명한 골프장 클럽하우스가 인력을 구하지 못해서 영업을 중단했다는 이야기도 들려온다. 인력 수급의 문제가 단순히 인건비의 문제가 아님을 의미한다. 유사한 인력풀이 일하는 물류 산업은 꾸준히 인력 수요가 생겨나고 있다. 일은 힘들지만 사람을 대면하지 않고 담당 업무가 명확한 물류 업무의 특성이 최근 MZ세대에게 인기를 끈 것이다. 이 같은 현실을 볼 때 로컬 식당의 인력난은 해소되기가 어려울 것으로 보인다. 따라서 매장주는 더 많은 디지털 서비스에 의존해 매장을 운영하게 될 것으로 전망한다. 즉 이제 로컬 소상공인은 디지털로 확장하는 것이 당연한 흐름이 됐으며 오프라인 운영도 온라인으로 전환하고 있는 것이 트렌드가 됐다.

디지털 자산 형성으로 플랫폼 장벽을 극복하다

이런 시장 환경에서 소위 '잘나가는', 즉 디지털 전환이 잘 이뤄져 더 많은 매출 혹은 이익을 얻고 있는 로컬 소상공인 매장은 어떤 매장일까? 결론부터 말하자면 디지털 자산화에 성공한 매장이 잘되고 있다. 디지털 기기로 매장의 업무 구조가 효율화되고 온라인 서비스를 통한 예약, 배달 주문, 밀키트 판매 등 다양한 매출 활동이 이뤄지고 있다. 이런 상황에서 어떤 매장은 온라인 매출과 방문자가 늘어나는데 반대로 어떤 매장은 일은 많은데 수익성은 낮아서 값비싼 마케팅 비용을 들여 신규 방문자를 늘려야 하는 악순환에 빠진다.

오프라인 매장 관리와 온라인 관리는 별개의 일이어서 몇 배의 노력과 자원이 들어가기에 매장 운영이 어렵다는 매장주가 많다. 실제로 강남 지역 스시 배달 1위 업체는 월 매출이 1억 원이 넘지만 사장이 가져가는 돈은 80만 원 수준이라고 알려졌다. 이러한 매장들은 디지털 전환은 했지만 디지털 자산화에는 실패한 것이라고 볼 수 있다.

그렇다면 디지털 자산Digital Asset이란 무엇일까? 디지털 자산은 매장주(소상공인)가 매장의 여러 활동을 디지털화해 얻게 되는 자원을 의미하는데 이 자원은 계속해서 활용하고 키워갈 수 있다. 좀 더 명시적으로 표현하면 '온라인으로 연결할 수 있는 고객과의 관계'가 사업자가 가질 수 있는 디지털 자산이다. 오프라인 매장은 그 가치를 상징하는 것이 권리금이다. 방문하는 고객이 있는 공간에 대해 가치를 인정하고 대가를 지급하는 것이다. 그 가치가 물리적인 공간과 연결돼 있다.

그러나 온라인은 다르다. 거래 플랫폼에 입점돼 있는 것을 가치로 인정하지 않는다. 배달의민족에서 거래량 1등이 언제든지 쉽게 바뀔 수 있다는 것을 알기 때문이다. 기존 오프라인 환경에서는 매장 숫자가 가치를 의미했지만 현재의 온라인 환경에서는 플랫폼에서 노출을 줄이면 바로 매출이 줄어드는 등 플랫폼 의존성이 높기 때문에 플랫폼에 입점된 것을 가치로 보지 않는다.

따라서 온라인 환경에서는 거래 플랫폼과 무관하게 온라인으로 연결된 고객을 디지털 자산으로 정의할 수 있다. 한마디로 말하면 '내가 매출을 올릴 수 있게 만드는 힘'이라고 할 수 있겠다. 오프라인은 특정한 상권에 위치하면 기본적으로 고객을 만날 수 있고 매출을 올릴 수 있다. 하지만 온라인은 전혀 그렇지 않다. 플랫폼에 노출되기 위해서 비용을 쓰지 않으면 고객을 만날 수 없다. 앞서 언급한 것처럼 월 매출 1억 원을 올리기 위해서는 그에 따른 마케팅 비용을 쓸 수밖에 없는데 그 결과는 이익 80만 원이라는 결과로 이어지는 것이다. 그렇다 보니 마케팅 비용을 지불해 연결되는 고객이 아니라 꾸준히 연결된 고객을 핵심 자산이라고 말할 수 있다.

온라인에서는 대부분 플랫폼에 기반해 사업이 이루어지므로 고객은 플랫폼의 고객이지 매장주의 고객이라고 보기는 어렵다. 고객을 만나기 위해서는 반드시 플랫폼을 통해야 하고 플랫폼의 정책을 따라야만 한다. 하지만 플랫폼이 강하게 고객과의 접점을 통제하기 때문에 매장은 고객과 직접 연결되지 못해 고객이 이탈하기 쉽다.

이는 배달앱의 경쟁을 보면 쉽게 드러난다. 배달의민족, 쿠팡이츠, 요기요 등의 배달 플랫폼은 코로나19를 중심으로 치열한 경쟁을 벌여왔다. 배달의민족이 과반이 넘는 점유율을 보이면서 시장을 장악한 것처럼 보였지만 쿠팡이츠의 할인 프로모션이 상당한 점유율을 빼앗아 갔다. 많은 사용자가 혜택이 높은 쿠팡이츠를 사용하면서 요기요를 제치고 점유율 2위로 올라섰다. 주요 매장들은 3개 플랫폼에 모두 등록되어 있으므로 고객은 프로모션이 많은 플랫폼을 이용하게 된다. 따라서 플랫폼은 고객을 지키기 위해서 지속적인 프로모션을 진행할 수밖에 없다.

반면 오프라인에서 고객은 상권을 벗어나기가 쉽지 않다. 이동에 물리적 시간이 걸리기 때문이다. 아무리 혜택이 크더라도 물리적 거리가 멀면 고객이 이탈하지 않는다. 이러한 특성 때문에 플랫폼은 고객을 유지하는 것에 민감하고 개별 매장이 고객과 직접 연결되는 기회를 제한한다. 당연히 개별 매장은 디지털 자산을 갖는 것이 더욱 중요해졌다.

디지털 자산화에 성공한 작은 가게
고기리막국수

디지털 자산의 수익화로 성공을 이어가다

지역 소상공인의 매장을 살펴보면 디지털 자산화의 필요가 더 명확하게 드러난다. 제품−시장 적합성PMF, Product-Market Fit의 용어를 빌자면 기존에는 맛, 서비스, 위치 등이 그 매장의 근본적인 가치였다. 하지만 이 글에서는 기존의 가치가 아니라 디지털 전환 시대에 맞춰 디지털 자산을 축적한 사례를 살펴보도록 하겠다.

사례로 언급하고자 하는 매장은 용인시 고기동에 있는 고기리막국수다. 들기름 막국수가 「수요미식회」 「허영만의 백반기행」 등 다양한 방송에서 언급되면서 유명해지기 시작했다. 이 매장은 하루에 30회전(한 테이블에 손님이 30번 앉음)을 하는 것으로 알려져 있다. 고기리막국수 김윤정 대표의 저서 『작은 가게에서 진심을 배우다』는 식당을 운영하는 사장님이라면 읽어야 하는 필독서가 됐다.

고기리막국수를 통해 정말 잘되는 로컬 소상공인의 모습을 정리하면 다음과 같다.

- 그 장소로 사람들이 찾아온다: 상권과 좀 떨어지더라도 사람들이 찾기 때문에 운영 측면에서 유리하다. 웨이팅이 있더라도 기다린다. 대체로 임대를 벗어나 자가 건물을 취득하는 경우가 많다.
  → 고기리막국수: 매우 구석진 곳에 있지만 대부분 고객들이 찾아와서 기다려서 먹는다. 식사 시간 기준으로 평균 2시간 정도 대기한다.

- 방문한 사람들이 꾸준히 온라인에 무언가를 올린다: 네이버의 영수증 리뷰, 블로그 포스팅, 각종 서비스의 리뷰, 인스타그램의 해시태그 등이 꾸준히 오른다.
  → 고기리막국수: 네이버의 블로그 리뷰, 영수증 리뷰 모두 5,000여 건이 훌쩍 넘는다. 인스타그램에도 방문한 고객들이 올리는 콘텐츠가 꾸준히 올라온다.

- 온라인으로 무언가를 팔면 잘 팔린다: 밀키트, 반찬 등 매장의 맛을 느낄 수 있는 음식을 판매한다.
  → 고기리막국수: 오뚜기와 들기름막국수 밀키트를 제조 판매하고 있으며 기타 음식인 수육과 김치도 온오프라인으로 판매

하고 있다.

- 매장을 방문한 고객과 온라인으로 연결돼 있다: 전화번호, 카 카오톡, 인스타그램 DM, 팔로어 등으로 연결돼 있다.
  → 고기리막국수: 카카오톡 친구가 2만 3,000명이 넘으며 대 표의 페이스북 계정도 팔로어만 2,500명이 넘는다.

- 확장에 대한 이야기가 자꾸 나온다: 매장을 키우거나 백화점 입점, 프랜차이즈화 등 다양한 제안이 들어온다.
  → 고기리막국수: 2018년에 확장 이전했다.

- 플랫폼들이 거래해달라고 사정한다: 배달 플랫폼, 예약, 웨이팅 등 다양한 플랫폼들이 협업을 원한다.
  → 고기리막국수: 현재 웨이팅 서비스를 사용 중이며 그 외 서 비스는 거절하고 있다.

고기리막국수는 왜 잘될까? 앞에서도 언급했지만 제품-시장 적 합성은 당연히 가장 중요하다. 여기서는 그 부분을 제외하고 자세 히 분석해보겠다.

로컬 매장이 잘되는 방법, 아니 어쩌면 모든 사업이 잘되는 방법 은 간단하다. 꾸준하게 신규 고객이 방문하고 처음 방문한 고객을 지속 방문하는 고객으로 만들면 된다. 착하게 살아야 한다는 것처 럼 너무 당연한 이야기이지만 실행하기는 어렵다. 신규 고객이 꾸준히 방문하기 위해서는 가망 고객이 매장을 꾸준히 발견할 수 있어야 한다. 매장 입장에서는 가망 고객에게 꾸준히 노출돼야 하는 것이다.

매장이 발견되는 것은 미디어를 통해 혹은 온라인 검색을 통해 이뤄진다. 유명 미디어에서 주기적으로 노출되거나 네이버 지도 등에서 노출되는 것이 매우 중요하다. 네이버 지도는 매장의 데이터베이스를 정리해 노출하는데 이 데이터베이스가 잘 정리돼 있고 양이 많을수록 상위에 노출된다. 그래서 많은 매장이 실제로 매장에서 영수증 리뷰에 대한 서비스를 제공하거나 인플루언서를 활용하는 등 다양한 방법으로 고객에게 발견될 수 있도록 노력하고 있다.

고기리막국수는 이런 데이터베이스가 충분히 쌓여 있는 상태다. 이에 따라 '막국수 맛집' '유명 맛집' '꼭 가볼 만한 곳' 등으로 고객에게 꾸준히 인지되고 있다. 다만 이러한 데이터베이스가 디지털 자산이라고 하기는 어렵다. 관리의 권한이 해당 플랫폼에 있기 때문이다. 물론 데이터베이스를 쌓아야 하는 것은 당연하지만 해당 정보의 관리, 타 플랫폼에서의 활용 등은 불가능하다는 점에서 볼 때 순수한 자산이라고 평가하기는 어렵다.

비용을 지불하면서 플랫폼의 리뷰를 쌓는 것은 내 가치를 높이기보다는 플랫폼의 가치를 높이는 활동에 가깝다. 즉 플랫폼에 데이터베이스를 쌓는 활동에 비용을 쓰는 것도 필요한 일이지만 단순히 디지털 자산을 쌓는 것이 아니라 이를 어떻게 활용하느냐가 진정한 '디지털 자산의 수익화'라고 할 수 있다.

고객과의 디지털 접점을 확보하다

고기리막국스는 여타 매장처럼 플랫폼에 리뷰를 쓰는 고객에게 혜택 등을 제공하며 비용을 쓰는 대신 고객에게 다른 형태의 혜택을 주는 것으로 차별화했다. 광고대행사에 바이럴 마케팅 비용을 주지 않고 단골에게 더 큰 서비스를 준 것이다. 대표적인 예시가 한 해 동안 3회 이상 방문한 고객에게 수육 등을 무료로 제공한 것인데 매해 다른 혜택을 제공하며 여러 요리를 체험할 수 있게 했다. 가령 막국수 판매가가 1만 원인데 2만 3,000원짜리 수육을 서비스로 주는 이벤트였으니 말 그대로 파격적인 이벤트라 할 수 있겠다.

고객들이 선물 교환권을 받기 위해서는 고기리막국수의 카카오톡 계정과 친구를 맺어야 했다. 해당 이벤트의 대상자는 400여 명이었으며 쿠폰 사용률은 97%에 달했다. 이 이벤트로 고기리막국수가 쓴 비용은 음식 재료비, 쿠폰 발송비, 홍보비를 포함하여 약 400만 원 수준이었다. 그 결과로 400명의 카카오톡 친구가 추가됐고 수십 건의 블로그 글이 작성됐고 영수증 리뷰와 평점이 수직으로 상승했다.

이러한 이벤트는 어떻게 시작하게 됐을까? 당연히 고객을 생각하는 사장님의 특별한 마음이 있었겠으나 외부적인 계기는 고기리막국수가 장소를 이전해야 했기 때문이다. 그걸 알리기 위해서 꾸준히 고객과의 관계를 늘리려고 노력한 것이다. 즉 매장의 모든 활동의 방향이 매장 이전에 대비해 고객과 연락할 방법을 구축하는 것이었다.

당시 고기리막국수는 용인시의 개발정책에 따라 해당 매장 부지가 도로로 바뀌게 돼 새로운 매장 부지를 찾아야 했다. 이미 유명해져서 이전하더라도 많은 손님이 다시 찾을 것이라고 낙관할 수도 있었을 것이다. 하지만 매장 이전 후 "맛이 변했다."라는 등의 평가와 함께 단골이 돌아오지 않고 그렇고 그런 매장이 되는 경우도 너무 많다. 그러다 보니 김윤정 대표는 매장 이전을 고객에게 잘 알리고 고기리막국수의 본질이 변하지 않았음을 전달하고자 했다. 고객이 이전 후에 다시 찾아온다면 변하지 않는 맛과 서비스로 변치 않았음을 전달할 수 있지만 방문하지 않거나 이전 장소로 가서 허탕을 치는 고객이 발생한다면 다시 방문하게 하기는 어렵다고 생각했다. 김 대표는 고객과의 접점을 만들고자 했다. 그래서 도입한 서비스가 카카오톡 기반의 웨이팅 서비스인 '나우웨이팅'이었다.

중요한 것은 웨이팅 서비스 도입의 이유가 고객과의 접점을 만들기 위해서였다는 점이다. 웨이팅 서비스를 도입하면 기다리는 사람도 편안해지고 직원들도 편안해진다. 그러나 매장주 입장에서는 웨이팅 서비스를 도입하는 것이 획기적인 변화라고 볼 수만은 없다. 웨이팅 서비스가 없더라도 고객이 대기하고 식사를 하는 것에는 그리 큰 차이가 나지 않기 때문이다. 더 중요한 것은 웨이팅 안내 카카오톡을 받으면서 생겨나는 친구였다. 그동안은 고객에게 연락하고 싶어도 연락처를 얻거나 연결되는 것이 불가능에 가까웠다. 그런데 웨이팅 서비스를 도입했더니 기다리다가 간 고객들까지도 연결될 방법이 생긴 것이었다.

고기리막국수는 여기에 주목했고 웨이팅 서비스를 꾸준히 사용하며 생겨난 카카오톡 친구들에게 소식을 전하기 시작했다. 방문 횟

꾸준히 고객과 소통하는 고기리막국수 카카오톡 채널

(출처: 고기리막국수 카카오톡 채널)

수로 단골을 초청하기도 했고 기다린 시간이 긴 고객 300명을 대상
으로 이벤트를 하기도 했다. 이러한 활동으로 기다린 고객을 소중
하게 생각한다는 이미지가 생겨났고 많은 고객이 카카오톡으로 친
구를 맺었다. 실제로 고기리막국수가 매장을 이전한 이후에 단골의
이탈은 많지 않았으며 오히려 고객과 대화가 잘되는 매장으로 자리
잡았다. 이 시점에 고기리막국수의 카카오톡 친구는 1만 5,000명
이 넘었다. 이는 이마트의 용인점(4,000명), 수지점(7,000명)을 합친
숫자보다도 많은 숫자다(고기리막국수의 친구 숫자는 2024년 3월 기준
으로 2만 3,700명이다).

이마트의 카카오톡 친구 수

계정명	친구 수	계정명	친구 수
이마트(전체)	84.1만 명	수지점	0.7만 명
동탄점	2.3만 명	용인점	0.4만 명
죽전점	1.9만 명	수원점	0.4만 명
해운대점	0.9만 명	동백점	0.5만 명

앞의 표를 보면 이마트(전체) 계정을 제외하고 고기리막국수보다 카카오톡 친구 수가 많은 매장이 없다. 카카오톡 친구가 많아지고 팬덤이 형성되자 식품업계의 대기업인 오뚜기에서 '고기리 들기름 막국수 밀키트'를 출시했다. 출시 초반인 2021년 3월에는 주문이 밀릴 정도로 많은 양이 판매됐고 지금도 판매량이 이어지고 있다. 초반의 폭풍 같은 입소문과 구매에는 이마트 용인점, 수지점을 합친 것보다 많은 고기리막국수의 카카오톡 계정 친구가 큰 역할을 한 것은 자명하다. 또한 명확하게 드러나는 친구 숫자가 밀키트를 만드는 과정에서 고기리막국수 사장님의 맛에 대한 신념을 지킬 수 있는 명분이 됐을 것이다.

지금도 '고기리 들기름 막국수 밀키트'는 온라인과 오프라인 매장에서 꾸준히 판매되고 있다. 다양한 마케팅 활동에 따라 신규 구매자가 생기기도 하지만 안정적인 매출을 일으키는 것은 매장을 방문하고 싶지만 시간적 여유가 없어서 못 가는 사람들의 구매와 매장에 방문해서 먹고 돌아가는 길에서 발생하는 구매다. 이 같은 현상은 우리에게 시사하는 부분이 매우 크다. 오프라인에서 생성된 고객과의 관계가 온라인으로 연결되면서 온라인 판매로 이어지는 확장성과 눈에 드러나는 고객과의 관계가 가져오는 협상력이 그것이다.

앞서 언급한 것처럼 온라인에서 고객과의 연결은 말 그대로 디지털 자산이다. 고기리막국수의 카카오톡 친구 숫자는 명확하게 드러나 있고 비교가 가능한 수치다. 오프라인에서 고객 숫자는 증명하기 어려웠지만 온라인은 분명하게 보여줄 수 있다. 이를 바탕으로 판매량을 예측하거나 더 효율적으로 마케팅을 진행할 수도 있다.

고기리막국수 카카오톡 채널의 쇼핑 연결

(출처: 고기리막국수 카카오톡 채널)

그리고 이런 역량을 가진 매장은 플랫폼과의 협상에서도 당연히 우위에 있게 될 것이다.

3

로컬 소상공인의 생존을 위한
플랫폼 활용 방안

세분된 타깃 마케팅은 작은 매장에서도 실현할 수 있다

전국에는 무수히 많은 맛집이 있고 무수히 많은 매장이 있다. 그리고 그 많은 매장에는 엔데믹 이후 많은 고객이 방문하고 있다. 이런 오프라인의 트래픽을 적극적으로 디지털 자산으로 전환해야 한다. 대표적으로 이러한 활동을 적극적으로 하는 곳으로 나이키를 이야기할 수 있다.

고기리막국수가 로컬 소상공인의 성공 사례였다면 글로벌 기업 나이키는 직영 아웃렛 매장을 중심으로 입장 웨이팅과 피팅룸 웨이팅 등을 통해서 적극적으로 오프라인 방문자를 카카오톡으로 연결하려 하고 있다. 제품을 구매한 후 결제할 때도 카카오톡 친구를 맺은 고객에게 멤버십 혜택과 할인쿠폰 등을 제공하는데 이는 카카오톡 친구 수를 확보하기 위한 전략이다.

이런 노력에 힘입어 2024년 3월 기준 나이키의 카카오톡 채널은 500만 명에 가까운 친구를 맺고 있다. 나이키 강남점이나 압구정점은 20만 명이 넘는 친구를 보유하고 있으며 상당수의 나이키 지점이 2만 명이 넘는 친구를 보유하고 있다. 이러한 나이키의 노력으로 플랫폼에 대한 협상력을 갖는 것과 동시에 디지털 자산을 늘릴 수 있었다. 또한 이러한 노력과 결과는 대형 브랜드만이 아니라 고기리막국수 같은 소상공인도 가능한 것임을 알 수 있다

나이키의 카카오톡 친구 수

계정명	친구 수	계정명	친구 수
나이키닷컴	498만 명	홍대	18만 명
서울	52.8만 명	명동	17.6만 명
강남	45.8만 명	타임스퀘어	12.5만 명
압구정	21.6만 명	롯데잠실	10.8만 명

앞서 고기리막국수가 웨이팅 서비스를 도입하면서 주목했던 점이 웨이팅의 개선보다 온라인으로 고객과 연결하여 디지털 자산으로 삼은 것이다. 고기리막국수의 웨이팅 서비스는 단순히 매장 서비스의 개선으로만 볼 것이 아니라 디지털 자산화라는 장기적인 관점에서 바라봐야 한다. 이미 많은 서비스가 예약하면서 주문하면서 계산하면서 적립하면서 친구가 맺어지도록 유도하고 있다. 이런 다양한 고객과의 접점을 이용하여 디지털 자산화를 구축한다면 매장주가 오프라인에서 열심히 장사하는 동안 디지털 자산이 차곡차곡 쌓이게 되는 것이다. 이렇게 쌓인 디지털 자산은 향후 온라인 시

장으로의 확장이나 대형 플랫폼과의 협상에서 우위를 점할 수 있는 등의 더 큰 효과도 기대할 수 있다.

　디지털 자산은 다른 소상공인과는 차별화된 마케팅 활동과 비용 절감을 통한 수익 개선에도 도움이 된다. 우리 매장과 연결된 고객 숫자는 온라인 제품의 판매량을 예측할 수 있는 데이터가 되고 중요한 마케팅 재원이 된다. 많은 로컬 소상공인이 진행하는 키워드 광고는 모두 입찰**Bidding** 방식이다. 동일한 키워드를 놓고 여러 사업자가 경쟁하면서 비용이 올라가는 구조다.

　상품이 유명해지거나 경쟁이 치열해질수록 광고 단가가 상승하여 비용 부담이 커진다. 그러나 내 친구에게 보내는 메시지는 경쟁하지 않는다. 메시지 비용은 메시지 유형에 따라 다르지만 통상 9~40원 수준으로 부담이 크지 않다. 상황에 맞춰 보낼 대상을 늘리거나 줄이면 된다. 또한 조금 더 노력하면 고객별로 다른 메시지를 보낼 수 있다. 처음 방문한 고객에게는 1,000원 할인, 열 번 온 단골에게는 1만 원 할인 메시지를 각각 보낼 수 있다.

　이처럼 고객을 분류해 메시지를 보내는 활동은 온라인의 공개된 판매가에 영향을 주지 않기 때문에 보다 세분된 메시지 발송으로 고객과의 친밀한 관계를 형성할 수 있다. 가령 열 번 이상 방문한 고객에게만 50% 할인권을 메시지로 보내면 고객은 '제품이 원래 50% 할인된 가격에 판매되는구나.'라고 생각하는 것이 아니라 '단골인 나에게만 주는 특별한 혜택이구나.'라고 인식하게 돼서 특별하게 관리받는다고 느끼게 하면서도 제품의 본 판매가에 영향을 주지 않는다. 물론 메시지에 '고객님은 저희 매장을 열 번 이상 방문하신 특별한 분입니다.'라고 명확하게 전달돼야 하는 것은 필수다. 특히 고객 행동에 따른 차등 혜택의 부여는 고객 행동에 대한 보상으로 받아들여지기 때문에 실제 혜택의 사용률이 높다.

'서울 3대 족발'로 알려진 양재동에 있는 영동족발은 이런 고객 행동 데이터를 메시지 마케팅으로 잘 활용한 사례다. 영동족발은 10분 이상 기다린 고객에게는 1,000원을, 20분은 2,000원, 30분은 3,000원 할인권을 발급하는 형태로 최대 5,000원까지 메시지로 고객들에게 할인권을 전달했다. 한 테이블당 4만 원은 기본으로 나오는 곳이니 사실 혜택이 크다고 볼 수 없는 금액인데도 1,000원 할인권의 사용률이 8%에 달했다. 일반적으로 온라인에서 배포되는 쿠폰의 사용률이 2% 이하임을 고려하면 매우 높은 사용률이라 할 수 있다.

또 하나 재미있는 현상은 2,000원, 3,000원 할인권도 사용률이 1,000원 할인권과 큰 차이가 없었다는 점이다. 고객이 할인 혜택이 커서 반응했다고 보기보다는 '기다림'이라는 본인의 행동에 대한 보상으로 받아들이고 자연스레 사용한 것으로 보인다. 물론 가장 높은 5,000원 할인권은 훨씬 높은 33%의 사용률을 보였다. 오래 기다린 고객이 매장에 대해 좋지 않은 기억을 갖게 하지 않고 재방문을 끌어냈다는 점에서 의미가 크다.

이렇게 고객 행동에 대한 보상으로 제공되는 할인은 메시지로 전달될 때 상시로 노출되는 할인 혜택과 엄연히 다르게 인식된다. 매장주 입장에서도 상시 할인이 아니라 필요 시점에 활용할 수 있는 프로모션 수단이 된다. '기다림'이라는 행동이 '카카오톡 친구'라는 관계에서 발생된 혜택이기 때문에 사용률도 높고 할인에 따른 부정적인 효과도 줄일 수 있다.

고객에게 메시지를 보낼 수만 있다면 메시지로 마케팅을 하는 것이 사업자에게는 무조건 유리하다. 이러한 메시지 마케팅을 하기 위해서는 단순히 문자 발송으로 그치는 게 아니라 친구, 팔로잉과 같은 연결된 관계가 돼야 한다. 그러기 위해서 대형 브랜드와 플랫폼 모두가 노력하고 있다. 실제로 친구 맺기를 위한 마케팅비를 집행하는 광고주가 계속 늘어나고 있다.

이런 상황에서 로컬 소상공인은 디지털 자산이 될 수 있는 수많은 고객을 매일 오프라인에서 만나고 있다. 이렇게 좋은 기회를 그냥 날려 보낼 것이 아니라 적극적으로 디지털 자산화하는 것이 필요하다. 디지털 자산화는 어렵지 않다. 이미 시장에 많이 선보이고 있는 디지털 전환 서비스를 사용하고 오프라인에서 좋은 서비스를 충실하게 제공하는 것이면 충분하다. 이러한 활동이 꾸준히 쌓이면 좋은 자산이 될 것이다. 디지털 자산은 매장이 어려울 때는 고객이 올 수 있게 하는 힘이 되고 온라인으로 확장할 때는 좋은 무기가 될 것이다.

플랫폼에 이용당하지 말고 적극적으로 이용해야 한다

대형 플랫폼들도 로컬 소상공인의 온라인 확장을 돕는 추세다. 다만 그 방향성이 다소 다르다. 네이버나 배달의민족은 플랫폼 영향력을 강화하는 움직임이 강하다. 네이버는 검색이 가장 큰 장점이기 때문에 사용자들이 로컬 매장을 발견하는 것을 강조하고 있다. 많은 사용자가 네이버와 네이버지도에서 장소를 검색하고 있다. 이 검색에 많이 노출되는 것이 로컬 소상공인 입장에서는 중요하다.

검색 시 어떤 결과가 우선 노출되는지 정확한 로직은 알 수 없다. 네이버는 검색 결과가 조작되는 것을 막기 위해 알고리즘을 공개하지 않는다. 가중치를 알 수는 없으나 블로그 리뷰와 영수증 리뷰가 많은 매장이 더 상위에 노출된다는 것은 짐작할 수 있다. 네이버도 검색 품질을 위해서 리뷰에 대한 노출을 강조하고 있으며 사용자에게 많은 리뷰를 작성하도록 유도하고 있다. 이것 외에도 네이버는 '우리동네 판'을 통해서 로컬의 다양한 정보를 노출하기 위해 노력하고 있다. 다만 아쉽게도 사용자가 설정해야만 노출되는 지면이다 보니 노출되는 숫자는 높지 않다.

네이버는 검색 데이터베이스를 쌓는 구조이기 때문에 로컬 소상공인 입장에서는 계속 관리해야 하는 번거로움과 함께 디지털 자산을 구축하지 못한다는 점에서 아쉬움이 있다. 그럼에도 로컬 소상공인 입장에서 네이버는 가장 많은 사용자에게 발견될 수 있는 서비스인 만큼 노출 순위를 높이려면 블로그 리뷰와 영수증 리뷰를 관리할 필요가 있다.

배달의민족은 배달 시장에서 구축한 높은 시장점유율을 바탕으로 B마트를 통해 음식이 아닌 상품도 배달하면서 이커머스 점유율과 함께 배달 자체에 대한 점유율도 높이고 있다. 또한 서빙 로봇, 포장 용기 등 음식 외적인 부분에 대한 다양한 부가 상품을 통해서 외식사업자들이 배달의민족을 쓸 수밖에 없는 환경을 조성하고 있다. 배달의민족이 쿠팡이츠, 요기요 등과 치열한 경쟁을 펼치는 동안 로컬 소상공인은 이를 역으로 이용하는 것도 전략이 될 수 있다.

다만 이곳에서의 리뷰나 판매 데이터 역시 자산이라 볼 수 없기 때문에 로컬 소상공인 입장에서는 계속해서 거래 플랫폼인 배달의민족에서 만든 고객을 별도의 소셜네트워크서비스 등으로 유도해야 한다. 네이버의 쇼핑 플랫폼인 네이버스토어를 이용하는 많은 판매자가 거래는 네이버에서 진행하지만 문의 사항 등은 카카오톡에서 소통하는 등의 방식으로 거래 플랫폼과 고객 대화 플랫폼을 이원화하는 노력을 하고 있다.

2023년 8월에 서울 송파구에서 시범 운영에 들어간 '배민우리동네'도 주목할 필요가 있다. 음식점 외에 미용실이나 운동시설 등 다양한 업종의 소상공인이 할인쿠폰 등을 활용해 가게를 홍보할 수 있는 서비스다. 이 서비스는 배민 사용자가 매장을 발견할 수 있도록 유도함으로써 헬스장 등의 전단지 수요를 대체할 것으로 보인다. 매장을 알리는 것에 목적을 둔다면 활용할 수 있는 서비스라 하겠다.

카카오톡은 상대적으로 로컬 소상공인을 위한 노출이 적은 편이다. 네이버와 동일하게 지도 서비스를 제공하고 있지만 사용자 행태가 검색이 아니라 대화이다 보니 로컬 매장을 발견하기보다는 대화 상대가 있는 현재 위치를 공유하는 형태가 더 자연스럽다. 다만 카카오는 2023년 하반기 기업설명회에서 카카오톡의 첫 번째 탭인 친구 탭에서 로컬 서비스 '동네 소식'을 신규로 개설한다고 밝힌 바 있다. 아직 구체적인 모습을 제시하지는 않았으나 카카오의 가장 큰 약점으로 볼 수 있는 로컬 매장 노출 서비스가 될 것으로 보인다. 카카오톡 채널 혹은 카카오맵에 매장 소식을 올리면 해당 내용이 카카오톡 첫 번째 탭인 친구 탭에 노출될 것이다. 이는 카카오톡의 높은 사용량을 고려할 때 상당한 효과가 있을 것으로 기대한다.

카카오톡 메시지는 앞서 언급한 것처럼 매우 강력한 마케팅 수단이다. 검색 광고처럼 입찰로 가격이 상승하는 것도 아니고 일반 배너 광고처럼 비싸거나 타깃팅이 어려운 것도 아니다. 그러나 친구를 맺은 대상에게만 전달이 가능하다는 단점이 있다. 이 때문에 로컬 소상공인 입장에서는 계속해서 친구를 늘리기 위한 활동을 해야 한다. 새로 개편될 서비스는 친구가 아니어도 매장을 노출하는 것이기 때문에 기존 카카오톡에서 부족했던 노출을 해결할 수 있을 것으로 보인다.

지금 시대는 로컬 소상공인에게 매우 어려운 시대다. 약 3년의 코로나19는 기존 장사 방식을 바꾸길 강요했다. 아무도 오지 못하는 상황을 극복하기 위해 배달 서비스를 시작해야만 했다. 또 몇 년을 함께 고생했던 매장의 서빙 직원을 떠나보내기도 했다. 임대료를 내야 했고 인건비를 줄여야 했던 로컬 소상공인의 지난 3년여는 고통의 시간이었다. 그리고 팬데믹이 종식되고 엔데믹이라는 지금 시점에서는 영업시간을 늘리고 싶어도 종업원이 부족해서 늘릴 수 없고 배달 시장은 경쟁이 치열해져서 수익성이 낮아졌다. 원상회복이 될 거라 예상했지만 이제는 디지털화라는 또 다른 세상을 직면하게 됐다.

이러한 디지털 전환 시대의 소상공인은 예전처럼 그저 매장에서 장사만 잘한다고 살아남을 수 없다. 시대의 흐름에 따라가지 못하고 문을 닫은 매장에는 새로운 매장들이 들어서고 있다. 이런 매장은 다양한 디지털 운영 도구와 화려한 마케팅으로 무장하고 인스타에 올리기 좋은 '인스타그래머블'한 메뉴를 내세우고 있다. 이러한 매장도 장점이 있겠으나 적어도 지역에서 짧게는 몇 년에서 길게는 몇십 년을 사랑받아온 매장이 디지털에 적응하지 못했다는 이유로 사라지는 것은 매우 안타깝다. 변화된 시대의 흐름 속에 예전 방식만을 고수하여 살아남는 것은 쉽지 않은 일이다. 지금이라도 디지털 자산을 구축하고 새로운 형태로 고객과 소통하는 것을 학습하고 적용해야 한다.

다행스럽게도 지금은 특정 플랫폼이 독점하는 것이 아니라 치열하게 경쟁하는 시대다. 네이버와 카카오가 경쟁하고 배달의민족, 쿠팡이츠, 요기요가 경쟁하면서 교육과 비용 지원 등 다양한 프로그램을 운영하고 있다. 카카오는 '소신상인' 지원 프로그램을 운영하고 네이버는 '꽃'이라는 프로젝트를 운영하고 있다. 배달의민족은 배민아카데미를 오프라인으로 운영하고 있다. 이런 교육과 지원 프로그램에 적극적으로 참여할 필요가 있다. 그리고 플랫폼을 적극적으로 활용해야 한다.

단순히 플랫폼에 입점하는 것은 결국 플랫폼에 종속되는 것이다. 온라인으로 고객과 연결되기 위해서 적극적으로 노력해야 한다. 디지털 서비스를 활용해서 오프라인에서 만난 방문 고객 한 명 한 명을 온라인으로 연결하도록 해야 한다. 그것이 로컬 소상공인이 디지털 자산을 만드는 방법이고 플랫폼을 상대로 우위를 점할 수 있는 길이며 온라인으로 쉽게 사업을 확장할 수 있는 방법이다.

　매장에 방문한 고객 한 명 한 명에게 메시지를 발송하고 친구가 되는 것 그리고 이 친구들을 또 방문하게 만들고 온라인으로 구매하게 만드는 것은 플랫폼에 데이터베이스를 쌓는 것이 아니라 온라인에서 고객과 직접 연결되는 것이다. 이것이 디지털 전환 시대에 로컬 소상공인이 취해야 할 커머스 전략이다.

11장

600만 자영업자의
디지털 전환을 위해 필요한
정부 정책

김현성

광주경제진흥상생일자리재단 대표이사

디지털을 사회 혁신의 관점에서 보는 디지털 사회혁신가다. 중소기업유통센터 소상공인 디지털본부장과 서울시 디지털 보좌관으로 재직했다. '디지털 경제는 로컬 소상공인을 위해서 무엇을 할 수 있을까?'라는 화두로 '디지노믹스 **Diginomics(Digital+Economics)**' 시대에 대한민국이 글로벌 기준 국가로 자리매김하는 데 로컬 디지털 상공인들과 함께 기여하고자 노력하고 있다.

goodmorninghope@gmail.com

　신이 중심이었던 중세 시대에 흑사병이 창궐하며 인간이 중심인 시대가 열렸다. 감염병은 역설적으로 인류 문명의 가장 찬란한 씨앗으로 평가받는 르네상스를 낳았다. 유럽 인구가 25% 감소하면서 농노의 임금이 급격히 상승했고 그 여파로 중세의 봉건제가 무너졌다. 비용 감소를 위한 대체재를 물색하면서 근대 산업의 시작인 산업혁명으로 이어졌다. 산업혁명은 영국을 해가 지지 않는 제국으로 만들었고 영국은 여러 나라가 따를 수밖에 없는 표준을 창조했다. 그리니치 표준시는 세계의 표준시가 됐고 두 마리 말이 끄는 마차의 폭 1,435밀리미터가 세계 대부분 나라에서 부설한 철도의 표준궤가 됐다. 그렇게 해서 영국은 대영제국으로 군립했다.

　1918년 시작된 스페인독감으로 인해 전 세계에서 약 5,000만 명이 사망했다. 공교롭게 제1차 세계대전까지 맞물리면서 세계 경제는 급격한 인플레이션이 발생했고 국가 간 거래가 국제 무역 축소와 보호 무역 강화로 전환되면서 대공황에 이르렀다. 공급이 수요를 창출한다는 믿음이 깨지고 수요를 만들기 위한 마케팅과 광고, 홍보가 시장경제의 주요한 영역으로 자리 잡게 됐다. 또한 인구 감소로 인해 위축된 소비를 인위적으로 부양해 억눌려 있던 소비 욕구를 자극했다. '뉴딜 플랜' 같은 국가 주도 총수요 정책이 수립되고 집행됐다. 거시경제학이 등장하고 새로운 사회경제 질서의 기초가 다져졌다. '해가 지지 않는 대영제국'은 지고 대공황을 극복한 미국이 그 자리를 차지했다. 모든 영역에서 미국이 글로벌 기준이 됐다.

코로나19로 인한 시대 변화의 위기와 기회

코로나19 팬데믹이 가한 고통은 흑사병이나 스페인독감보다 더 깊고 넓다. 국가 간 연대와 연합이 만든 세계화는 코로나바이러스가 퍼지는 고속도로 역할을 했다. 각 나라가 공항과 항구를 걸어 잠그면서 글로벌 공급망이 끊어졌고 상품의 이동이 제한됐다. 서로의 시장으로 작용하던 경제적 순환이 더뎌지면서 정치, 사회, 문화의 위기로 이어졌다.

팬데믹은 우리 국민이 가지고 있었던 서양에 대한 환상을 깼다. 영국 경제지 「이코노미스트」 한국 특파원이었던 다니엘 튜더는 〈서양 우월주의가 무너지고 있다〉는 칼럼을 통해 '2020년 세상은 더 두려운 곳이 됐다. 하지만 이 어려운 시기는 의도치 않게 우리에게 좀 더 평등한 동서양의 관계를 생각해볼 기회를 주고 있다.'라고 썼다. 서구 선진국이 우리가 동경해왔던 것만큼 이성적이고 합리적이지 않다는 것을 보고 듣고 경험한 사건이었다.

이제 우리 문명은 팬데믹 이전BC, Before Corona과 이후로AD, After Disease로 나뉘었다. 눈에 보이지 않는 바이러스로 인해 우리가 상식이라고 믿어왔던 규칙들이 모조리 부정되고 재배치되고 있다. 그토록 공고했던 '서양 선진국'이란 개념에 금이 가기 시작했다. 이것은 분명 엄청난 기회이자 문명 대전환의 신호탄이다.

변화는 시작됐다. 새롭게 열릴 디지털 문명을 받아들이는 것은 이제 이 시대를 살아가는 모든 사람에게 피할 수 없는 숙명이다. 이제 새로운 질서의 형성기인 디지털 대전환 과정에 올라타 새로운 질서를 앞장서서 만들어가야 한다. 이 기회를 놓치지 않기 위해 우리에겐 새로운 혁명이 필요하다.

소니가 출시한 베타맥스 비디오카세트는 JVC가 내놓은 VHS 방식과 비교해 화질에서 앞섰지만 표준 경쟁에서 밀렸다. VHS 방식이 표준이 됐고 결국 베타맥스는 쇠퇴했다. 넷스케이프와 인터넷 익스플로러의 웹브라우저 기술 표준 경쟁도 마찬가지다. 초기에는 넷스케이프가 치고 나갔으나 마이크로소프트가 인터넷 익스플로러를 무료로 배포하면서 표준을 장악했다. 최근에는 5G에 이어 6G 표준을 놓고서 미국과 중국이 치열한 각축전을 벌이고 있다.

유럽의 노키아는 2세대 통신 규격인 GSM(세계 무선 통신 시스템) 아래에서 80%의 점유율을 차지했다. 그러나 3.5세대에 이르러 WCDMA(광대역 코드 분할 다중 접속)이 표준이 됨으로써 유럽보다는 한국과 일본의 점유율이 높아지게 됐다. 새로운 표준은 이렇게 경쟁의 판도를 바꾸고 이전과는 완전히 다른 질서를 형성한다. 싸움의 장이 바뀌면 승패가 뒤바뀔 수 있다는 것이다. 표준이 된다는 것은 단순한 선택의 문제를 넘어 세상의 주류와 중심이 어디인지를 나타내는 중요한 지표다.

우리는 이미 봉준호 감독과 BTS로 대표되는 K컬처, K뷰티, K푸드 등 많은 영역에서 세계를 이끌고 있다. 지금까지는 서구 문명에 주눅 들고 그들이 만든 표준을 따라가는 데 급급했다면 이제는 자부심을 품고 새로운 표준을 만들어가야 한다. 이제 우리는 진정한 자유와 자율, 무한한 상상과 창조, 전혀 새로운 실험과 도전을 통해 시대의 획을 긋는 개념과 사상을, 일찍이 목격하지 못한 발견과 발명을 일궈내야 한다. 무엇보다도 우리는 판 자체를 새롭게 짜야 한다. 이미 짜인 판 안에서 전술적 사고를 할 것이 아니라 새로운 판을 짜는 전략적 사고로 나아가야 한다. 과거 문명의 끝자락에서 우리는 새로운 문명을 향한 판갈이를, 새로운 탈바꿈을 해나가야 한다.

우리는 세계의 기준이 될 수 있다. 우리는 새로운 문법을 쓸 수 있다. 표준은 기준이며 기준은 생각이다. 또한 기준은 방향이고 개념이며 전환이다. 기준은 정체가 아니라 전진이며 현상 유지가 아니라 혁신이다. 껍데기를 깨는 아픔이며 새로움을 맞는 고통이다. 새로운 판을 짜고 새로운 패러다임으로 전환하는 일이다. 이제 우리가 내딛는 새로운 걸음으로 새로운 시대의 이정표를 세워야 한다. 고난의 산업화와 민주화를 넘어 기준화의 시대로 나아가야 한다.

공급 창출이 아니라 수요 창출

공급을 늘리는 뉴딜과 수요를 늘리는 바이 아메리카는 다르다

글로벌 복합 위기를 극복할 해법이 '디지털 전환'을 통한 공급 혁
신이라고 이야기하는 사람들이 있다. 그러나 나는 이러한 진단과
처방에 동의하기 힘들다. 지금의 복합 위기 극복을 위해선 정부가
총수요 창출자로서의 역할을 고민해야 할 때라고 생각하기 때문이
다. 아울러 과거 산업에서 정부가 선도적 역할을 수행했던 관점으
로 지금의 디지털 경제를 바라보는 것 같아 아쉽다. 공급이 수요를
창출한다는 산업화 시대의 프레임으로 디지털 경제 시대를 이끌 수
는 없다. 다른 결과를 원하면서 같은 방법을 반복하는 어리석은 짓
이다.

가장 아쉬운 부분은 국가 경제에서 정부의 역할이 공급과 생산

중심 프레임에 갇혀 있다는 것이다. 입으로는 디지털 대전환과 디지털 경제로의 변화를 이야기하면서 실천과 행동은 여전히 대기업을 중심으로 한 낙수 효과 경제에 머물러 있는 것은 아닌지 안타까울 따름이다. 흘러간 물로 물레방아를 돌릴 순 없다.

경제의 속도가 바뀌었다. 과거 정부는 불확실성으로 인해서 민간이 투자하기 어려운 영역의 연구개발을 선도했다. 그리고 그 결과를 민간과 공유하면서 산업을 이끌었다. 라디오가 대중음악의 시대를 이끌었던 것처럼 인터넷과 모바일 등 디지털 기술은 대중 기술의 시대를 열었다. 기술의 대중화는 생산, 유통, 소비의 변화 속도를 올렸다. 특히 고객이 빠르게 변화하며 생산자가 다양해졌다. 정부 주도의 연구개발로는 이러한 변화의 속도를 따라가기 힘들었고 대기업을 중심으로 한 민간 차원의 연구개발이 속도감 있게 진행되고 있다.

이제 정부는 생산의 영역이 아니라 소비의 영역에 기여하면서 총수요를 만들어내는 역할을 해야 한다. 미국의 바이든 대통령은 후보 시절 '바이 아메리카Buy America'를 통해서 공공영역이 700조 원 수준의 수요를 창출하겠다고 공약했다. 그리고 취임 이후 2021년 1월 25일에 바이 아메리카 정책을 강화하는 '메이드 인 아메리카Made in America' 행정명령에 서명했다. 이 행정명령은 바이든 대통령이 당선되기 이전에 발표한 '바이 아메리칸 플랜Buy American Plan'의 후속 조치로 지금까지의 바이 아메리카 관련 조치 중 가장 강력한 이행 조치다.

"정부가 마케팅 유통까지 해줘야 해요?"

"스마트 공장 지어줬으면 판매는 알아서 해야 하는 거 아닌가요?"

매년 열리는 국정감사장에서 나오는 단골 질문들이다. 디지털 경제 시대라 이야기하면서 행동은 여전히 과거의 산업적 인식에서 벗어나지 못하고 있다. 복지와 방역에 필요한 제품을 대기업의 밀키트 상품이 아니라 지역 자영업자의 식품을 상품화하여 납품할 수 있도록 지원하여 수요를 창출하는 것이 대중 기술 시대에 공공의 수요를 창출하는 방식이다. 총수요 창출이야말로 디지털 경제 시대에 정부가 할 수 있는 가장 확실한 디지털 상공인 경제 백신이다.

소상공인의 디지털 전환으로 분수 효과를 창출해야 한다

디지털 경제로의 전환이 과거 경제가 갖고 있던 문제점을 답습하는 것이라면 그것은 진정한 탈바꿈이 아닐 것이다. 새로운 대전환은 낙수가 아니라 분수가 돼야 한다. 아랫목만 데워지는 온돌이 아니라 윗목까지 데워지는 보일러가 돼야 한다. 지금 디지털 전환 과정에서 정부가 힘써야 할 목표는 '600만 소상공인의 디지털 전환'이다. 필요성에 대한 마음은 커졌지만 현실적으로 여력이 없는 소상공인을 디지털 상공인으로 전환하여 연착륙시키는 것이야말로 중요한 국가적 과제가 돼야 한다. 정부는 현상 유지에 초점을 맞춘 손실 보상과 함께 성장의 관점에서 디지털 경제로의 신속한 전환을 지원해 디지털 상공인으로 자리 잡을 수 있도록 적극적으로 나서야 한다. 디지털 상공인에 대한 지원이야말로 디지털을 공급이 아니라 수요의 관점에서 보는 관점의 전환의 시작일 것이다.

기업은 정부 규제보다 고객 규제에 민감하다. 고객의 변화에 맞쳐서 레고블록처럼 변화한다. 그러나 정부는 변화의 속도를 따라가기 어렵다. 정부는 변화 속 현상만 좇을 수 없고 변화 속에서 심판의 역할을 해야 한다. 기업에 변화는 생존의 문제다. 그러므로 기업과 정부가 국가 경제에서 맡은 서로 다른 역할을 존중하면서 성장하고 진화해야 한다. 정부는 동네 축구 하듯이 공을 좇아가서는 안 된다. 경기장을 만들고 성장을 위한 룰을 만들어야 한다. 각자 포지션에 맞는 역할이 있듯이 국가 경제에서도 정부의 포지션을 잘 잡아야 한다. 디지털 경제 시대의 팀코리아에서 정부의 포지션은 공급 혁신이 아니라 수요 창출과 소비 혁신을 이끄는 것이어야 한다. 그래야 일자리도 민생 경제도 지킬 수 있다. 디지털 전환된 소상공인의 경쟁력과 영향력 확대를 위해 계속해서 고민해야 할 것이다.

디지털 소상공인 시대를 위한 하이 파이브 정책을 말한다

"우리는 지금 위험 요소를 감수하지 않는 자본주의를 가지고 있다. 위험은 고스란히 일하는 사람들에게 떠넘겨진다. 19세기 초 사회적 권리가 없던 노동자들처럼 그때의 게임 규칙으로 돌아가고 있다. 지난 두 세기에 걸쳐 산업과 사회를 문명화했던 그 과정을 다시 시작해야 한다."

경제학자 다니엘 코엔이 코로나19 막바지에 우리 시대를 디지털 자본주의라 규정하며 한 조언이다.

정책은 대상자에게 실질적 혜택과 안정적 인프라를 제시하면서 참여를 끌어내야 한다. 새로운 비즈니스 모델이 도입된다고 해도 격변하는 디지털 기술 앞에선 기존 모델이 레거시 시스템으로 전락

하기에 다양한 주체 간 협력 체계를 구축하여 꾸준하면서도 견고한 디지털 역량을 쌓아야 한다. 정부는 디지털 환경에 주저하거나 변화에 무뎌지지 않도록 끊임없이 도전과 참여를 불어넣는 조정자 역할을 해야 할 것이다.

이제부터라도 협회와 단체, 플랫폼 관계자, 소상공인 등 이해관계자 그룹과 관련된 이들에게 묻고 또 물어서 더 깊고 넓은 답을 찾기 위해 노력해야 한다. 과거에는 기업의 가치사슬 속에서 단방향으로 가치가 창출됐다면 디지털 전환 시대에는 서비스와 운영의 연결, 소상공인과 소상공인 간 연결 등 다양한 주체 간 상호작용을 바탕으로 가치가 창출되고 있다.

소상공인 디지털 전환 정책이 지원받을 때만 반짝 좋은 사업이 아니라 지속할 수 있는 사업이 돼야 한다. 라이브 커머스의 성과는 라이브 커머스를 몇 회 했느냐가 아니라 지원받은 소상공인이 라이브 커머스를 지속하고 있느냐가 돼야 한다. 입점 지원 사업은 몇 개의 소상공인이 플랫폼에 입점했느냐가 아니라 입점 후 계속해서 활동하고 성장하고 있느냐가 돼야 한다.

이처럼 소상공인의 디지털 전환은 소상공인의 이해관계를 뛰어넘는 국가 경제의 경쟁력을 키우는 일이다. 그럼에도 여전히 국정감사장에서 몇몇 의원들은 "왜 정부가 마케팅과 유통 판로에 돈을 써야 하나요?"라는 철 지난 질문을 하고 있다. 낙수 효과 경제 시대의 망령이 여전히 남아 있는 것이다. 여전히 정부가 산업을 선도하면서 공급 혁신의 주체가 돼야 한다고 생각하는 것이다. 스마트 공장을 지어주고 산업클러스터를 만드는 일을 정부의 일로 생각하고 있다. 정부의 역할도 디지털 전환을 통한 디지털 경제 시대에 맞게 바뀌어야 한다. 생산과 공급에서의 역할 못지않게 소비와 수요의 관점에서 균형감 있게 수행돼야 한다. 과거 우리가 기준으로 삼았던 선진국들이 어떻게 하고 있는지 보고 배워야 바뀐 패러다임에 적응할 수 있다. 그렇게 금과옥조처럼 이야기했던 디지털 전환 시대에 미국, 일본, 유럽 정부는 공급 확대가 아니라 수요 창출에 적극적으로 역할을 찾고 있다. 미국의 '바이 아메리카'나 우리 기업을 괴롭히는 새로운 무역 장벽인 'IRA' 입법이 그 좋은 예다.

대기업과 중소기업은 변화의 바람을 빠르게 읽고 거기에 맞춰 가고 있다. 맞춤형 소비에 맞춰 풀필먼트센터를 구축하고 하이퍼로컬 Hyper-local 기술을 활용한 스마트 오더 시스템 등을 도입해 고객 편익을 높이고 있다. 아울러 플랫폼의 우월적 지위를 이용해 소상공인의 창의적인 제품을 자체 브랜드PB로 상품으로 이익을 극대화하고 있다. 이에 반해 많은 소상공인이 디지털 전환의 필요성을 인지하면서도 여러 가지 이유로 인해 진입을 주저하거나 포기하는 것이 현실이다. 소상공인시장진흥공단의 2020년 소상공인 디지털 전환 현황에 관한 실태조사에서는 웹사이트, 소셜네트워크서비스, 앱, 전용 플랫폼 등 디지털 기술을 활용하고 있는 소상공인은 15.4% 수준에 불과했다. 활용 중인 기술은 대부분 온라인 쇼핑몰(20.3%)이었으며 스마트오더(5.1%), 무인 결제 및 주문형 키오스크(1.3%)가 작은 비중을 차지했다.

이런 '디지털 격차'가 국가 경제의 장래를 어둡게 하고 있다. 정부는 소상공인의 디지털 격차 해소를 중요한 국정과제로 삼고 능동적이고 선제적으로 임해야 한다. 디지털 경제 안에서 소상공인의 영향력과 점유율이 불공정하게 침해되지 않도록 심판의 역할을 제대로 해나가야 한다.

디지털 전환과 관련된 소상공인 지원정책의 패러다임이 바뀌어야 한다. 기존 패러다임이 분절적·파편적 지원과 보편적 역량에 기초한 뿌려주기식 지원이었다면 이제는 사업 간 연계 강화를 통한 전 주기적 지원과 디지털 전환 단계 맞춤형 지원이 강구돼야 한다. 정부 주도, 수도권 중심, 특정 업종에 편중됐던 것에서 벗어나 민간과의 상생협력에 기초하고 비수도권 지역으로 확대하며 비즈니스 모델과 연계한 정책의 외연성 확장으로 업종을 다양화할 필요가 있다. 소상공인 디지털 전환에서 공공의 역할이 시장의 n분의 1 플레이어여서는 안 된다. 디지털 커머스 시장에서 소상공인 제품의 판매가 늘어나고 소상공인이 디지털 시장에 진입하는 골목길을 고속도로로 확장하는 것이 돼야 한다.

소상공인의 디지털 전환이라는 중차대한 현안 해결을 위해서 징비의 마음으로 정부에 5가지 '하이파이브 제언'을 하고자 한다.

• 하이파이브 1. 정책 수요자인 소상공인 중심성을 높여 자생력을 키운다

'소상공인 없는 소상공인 사업'이란 비판적 목소리를 외면해서는 안 된다. 문제도 답도 소상공인이 주도적으로 풀어갈 수 있도록 해야 한다. 교육과 강좌에서 전문 강사의 역할도 중요하지만 직접 현장에서 뛰는 소상공인이 강사가 된다면 몰입도가 다를 것이다. 정

부는 소상공인이 묻고 소상공인이 답할 수 있는 커뮤니티 조성자로서 역할을 하면 될 것이다.

소상공인의 이야기가 소상공인을 움직일 수 있다. 성공한 소상공인의 이야기는 어떤 콘텐츠보다 전달력과 공감력이 클 것이다. 공공에서 아무리 일을 열심히 한다 해도 지원할 수 있는 소상공인의 숫자는 전체 소상공인의 1% 남짓이다. 정부 지원으로 디지털 전환된 소상공인이 앵커 효과와 플래그십 효과를 내야 한다. 지원받은 소상공인이 그 과정을 기록하게 해 지원받지 못한 소상공인에게 경험을 제공해야 한다고 생각한다.

라이브 커머스는 웹이나 앱 등을 통해 실시간 동영상으로 상품을 소개하고 판매하는 새로운 유통방식이다. 하지만 여전히 일부 소상공인은 홈쇼핑의 모바일 버전 정도로 인식하고 있다. 비용이 많이 들거나 엄청난 기술을 필요로 하는 것으로 여긴다는 얘기다. 명망가나 인플루언서를 활용해서 스튜디오에서 진행하는 라이브 커머스는 소상공인의 조건과 맞지 않다. 소상공인을 관객으로 만들 뿐이다. 소상공인이 직접 자신의 가게에서 스마트폰으로 진행하는 라이브 커머스야말로 소상공인에게 디지털 전환을 해볼만 하다고 마음먹게 할 것이다. 소상공인과 눈높이를 맞춰야 한다. 소상공인을 주눅 들게 하는 것이 아니라 디지털 전환이 만만해지게 해야 한다.

기존 정책 체계에서 소외된 업종과 지역으로 외연을 확장해야 한다. 특정 업종만 지원하기보다는 온라인 적합 품목을 발굴하면서 해당 제품의 상품화 컨설팅과 새로운 비즈니스 모델 발굴을 위한 컨설팅을 시도해야 한다. 이는 식료품과 화장품 품목에 편중된 현상을 완화하면서 역량을 갖춘 오프라인 소상공인이 온라인으로 진출할 수 있도록 도울 것이다. 더불어 비수도권으로 지원 영역을 넓혀 코디네이터·전담 셀러를 육성하고 디지털 커머스 관련 기관과 인력의 비수도권화를 추진할 필요가 있다.

지역 보부상 셀러와의 연계, 지자체몰 사업과의 연계는 지역 소상공인의 디지털 전환을 촉진해 균형 있는 발전을 도모할 수 있다. 이를 위해서 교육, 코디네이터와 전담 셀러 육성, 디지털 커머스 관련 기관과 인력의 비수도권화 추진이 기본 전제가 된다. 다만 이런 접근에서는 몇 가지 요인을 주의해야 한다. 또한 성공적인 외연 확장을 위해 성공적인 비즈니스 모델에 기반한 정부 사업을 제시할 수 있는지도 중요한 요인이다. 끝으로 기존 사업과의 중복성과 차별성이 존재하는지를 자세히 검토해서 효율적으로 예산이 집행되도록 해야 한다.

이러한 접근은 결국 디지털 전환 단계 맞춤형 지원과 우수 소상공인 발굴을 통해 정책 수요에 대한 선제적 대응을 가능하게 할 것이다. 코로나19 이후 비대면 경제의 확산으로 가속되고 있는 디지털 전환 조류에 소상공인이 성공적으로 탑승케 하여 실효적으로 대응할 수 있는 기반은 이렇게 마련할 수 있다. 한마디로 자생력 강화다.

• 하이파이브 2. 민간 플랫폼과의 상생협력으로 연계 협력을 높여야 한다

2023년 신한은행이 '땡겨요'라는 배달 플랫폼을 개시해 화제를

모았다. 수수료를 낮추고 소상공인의 디지털 전환을 돕는 신한은행만의 ESG 활동이다. 얼마 전 은행의 앱을 통해 부가 사업이 가능하게 됐을 때 은행이 ESG 차원에서 사회 문제 해결을 위해서 활용한다면 좋겠다는 생각을 한 적이 있었다. 그것을 보여주는 좋은 사례가 아닌가 싶다. 사실 신한은행이 땡겨요 앱을 통해서 당장 이익을 보기는 어려울 것이다. 하지만 그 과정에서 신한은행의 브랜드 파워에 미치는 긍정적 영향은 그 손실을 상쇄하고 남는다. 사과 속 씨앗은 셀 수 있지만 씨앗 속 사과는 셀 수 없다는 말이 있다. 땡겨요 앱처럼 선한 마음으로 세상에 뿌린 씨앗들이 더 많은 열매를 맺게 된다면 디지털 상공인 시대는 소상공인에게 드리워진 그늘이 걷힐 것이다.

소상공인의 디지털 전환의 목표는 디지털 경제 안에서 소상공인의 점유율과 영향력을 키워가는 것이다. 민간 플랫폼과 경쟁하는 새로운 플레이어를 키우는 것이 아니다. 소상공인만을 위한 커머스 플랫폼을 만들겠다고 시작한 '가치삽시다'나 공공 주도의 간편결제 '제로페이'를 반면교사로 삼아야 한다. 가치삽시다 플랫폼이 소상공인에게 온라인 소비 트렌드와 시장 동향 등의 정보를 분석하여 제공하는 '온라인 시장 정보 서비스' 플랫폼으로 전환된 과정은 많은 시사점을 준다.

공공은 플랫폼이 소상공인을 공정하게 대할 수 있도록 가능한 수단을 활용해서 생태계의 리더십을 조성해가야 한다. 소상공인을 차별하지 않게 하기 위한 합리적 수수료, 해당 플랫폼의 원활한 이용을 위한 교육 지원, 소비자 정보 분석 데이터 제공, 입점 시 홍보 지원, 마케팅 알고리즘 등 플랫폼이 납득할 수 있는 상생 지수를 개발해야 한다. 이를 통해서 사회적 소비를 지향하는 소비자에게 영향을 미치고 민간 플랫폼이 소상공인 제품에 대해 프라임 타임 노출, 민간 주도 기획전, 라이브 커머스와 메타버스 활용 등을 적극적으로 지원하도록 유도할 수 있다.

정부는 민간 부분의 디지털 사업자와 경쟁이 불가능하거나 불필요한 분야에서는 협력에 기초해 민간 부분을 적극적으로 활용하면 된다. 더불어 고객 정보와 공급자 정보를 상호 공유하고 분석하며 온라인 판로 소상공인의 지역적 불균형을 고려해 지역 소상공인과 소비자 간 연계를 추진한다. 상생협력 차원에서 신규 사업은 민간 플랫폼과 협업 프로그램을 구상할 수 있다. 해당 플랫폼의 원활한 이용을 위해 추가 교육을 지원, 고객 정보 분석 데이터 제공, 홍보 지원 등을 기획할 수 있다. 상대적으로 규모 있는 온라인 판매를 확보할 목적으로 와디즈 같은 플랫폼 연계 클라우드 소싱도 가능하다. 이런 과정에서 민간 플랫폼과 직접 협상하여 수수료 등 각종 불공정 거래 가능성을 완화하는 것은 기본적인 전제이며 민간 플랫폼의 사업 참여 유인을 확대할 필요가 있다.

또한 공공 영역에서 우후죽순으로 만들어진 공영 플랫폼 간 협력적 네트워크를 통해서 상호 연계와 협력을 강화해야 한다. 경기도주식회사가 공공 배달앱 간 협력체를 만든 것처럼 상생협력을 위한 대한민국 공공 디지털 커머스 플랫폼 협의체가 필요하다. 아울러 디지털 경제에서 공정한 상행위를 위한 법과 제도를 만드는 것 또한 공공이 할 수 있는 일이다.

• 하이파이브 3. 사업 간 연계와 대상별·업종별 맞춤형 지원이
  돼야 한다

소상공인 정책의 어려움은 카테고리가 다양하고 전체 규모가 크
다는 것이다. 수많은 소상공인이 디지털 전환을 보는 입장은 다종
다양하다. 이제 막 디지털 경제에 진입한 이와 디지털 전환을 통해
서 스케일업이 필요한 이에게 같은 지원을 할 수는 없다. 디지털 전
환의 단계에 맞는 지원이어야 하고 업종에 맞는 지원이어야 한다.
이를 위해서 디지털 경제 관련 실태조사를 독립적으로 계속 실시해
야 한다.

현상에 대한 데이터를 기반으로 한 디지털 전환 정책을 세워야
함에도 책상에서 과거 산업화 시대의 지원을 포장지만 바꿔서 정
책화하는 것으로는 현장의 이해와 요구를 반영하기 어렵다. 현재의
지원정책이 무조건 잘못됐다는 것은 아니다. 다만 소상공인이 주도
적으로 전 주기적 필요에 맞춰 설계해서 활용할 수 있도록 하는 턴
키 방식으로 지원하는 것도 선택형으로 넣었으면 한다.

전 주기적 지원은 입점 전부터 입점 단계와 입점 후 안정적인 디
지털 매출 실현까지 디지털 커머스와 관련한 모든 과정에 걸친 지
원을 강화하는 것이다. 예를 들어 입점 전에는 디지털 첫걸음 기업
을 대상으로 시장 정보를 제공하고 실습 중심의 교육을 진행하며
제품의 상품화(컨설팅, 코디네이팅)와 제품 브랜딩을 지원할 수 있다.
특히 디지털 첫걸음 기업은 디지털 격차가 발생하는 대표적인 시장
실패 영역이다. 판로 개척 의지를 지닌 소상공인이라면 보편적으로
지원하여 전도유망한 오프라인 소상공인을 발굴해야 한다. 이러닝

중심의 디지털 입점 교육에 그치지 말고 실습 중심으로 온라인 역량 강화 사업을 추진하는 것도 중요하다.

이어 입점 단계에서는 입점 절차와 계약을 포함하여 웹페이지 상세 제작 교육, 테스트베드, 디지털에 적합한 비즈니스 모델 발굴 컨설팅, 상품 노출과 홍보를 위한 디지털 플랫폼 입점 지원 사업, 디지털 커머스 관련 교육, 사후관리 진단 등을 진행할 수 있다. 기획전 중심의 디지털 입점 지원 사업에서 벗어나 소상공인이 원하는 플랫폼을 선택하고 이에 맞춰 지원하는 것이 바람직하다.

입점 후 단계에는 사후관리 진단을 통해 성과 창출이 미진한 기업을 대상으로 역량 강화를 위한 재교육, 컨설팅, 시장 실패 이슈 해결 등에 초점을 맞춰 정책 성과를 제고한다. 입점 후에는 라이브 커머스와 메타버스 활용, TV 홈쇼핑 연계 등을 통해 우수한 온라인 소상공인에 대한 홍보를 지원하고 해외 쇼핑몰 입점 지원 사업이나 고도화 사업, O2O 연계형 스마트 플래그십 스토어 입점 사업, 구독경제를 통한 풀필먼트 사업을 연계할 수 있다.

우수한 온라인 소상공인은 거기서 멈추지 말고 디지털 전환 내부화Internalization까지 추구해 디지털 전환 조류에 성공적으로 편입할 수 있도록 유도한다. 사후관리 진단을 통해 판명된 우수한 소상공인은 다양한 방식의 홍보 마케팅과 판로 확장을 지원하는 한편 공공 플랫폼을 기점으로 구독경제 지원 사업이나 일터 혁신, 제조공정 스마트화 연계 지원 사업, 민간 플랫폼 협력화·고도화 사업으로 기존 사업의 디지털 전환과 신규 사업 개척을 할 수 있도록 돕는다.

소상공인을 대상으로 한 데이터와 함께 플랫폼에서 생성되는 데이터를 비식별화해서 디지털 전환을 생각하는 소상공인이 기본적인 디지털 소양만 갖추면 활용할 수 있는 '디지털 마켓 상권 분석 플랫폼(가칭)'을 만들어야 한다. 이 플랫폼의 실효성을 높이는 것은 각 기관의 숙명적인 과제라 생각하는데 프랜차이즈 대기업과 달리 혼자 모든 것을 결정해야 하는 자영업 준비자에겐 힘이 될 것이다. 소상공인이 디지털 상공인으로 전환되는 과정에서 어떤 마켓에 입점하는 것이 도움이 되는지 그리고 그 마켓에 어떻게 입점을 할 수 있는지 네비게이터 역할을 할 것이다. 소상공인은 생산자이자 애그리게이터까지 혼자 수행해야 하기에 소상공인이 일인 다역의 역할을 쉽게 할 수 있게 돕는 것이 정부의 역할이다. 디지털 상공인에겐 비서가 필요한데 정부가 그 코파일럿이 돼야 한다. 이처럼 디지털에 상점을 차리고 디지털 시장에서 상공업을 하려고 하는 국민의 판단에 도움을 주는 디지털 마켓 상권 분석 플랫폼을 만들어야 한다.

• 하이파이브 4. 찾아가는 현장형 지원 사업이 돼야 한다

정부는 그동안 인공지능, 구독경제, 풀필먼트 산업과 소상공인을 연계하는 방안을 찾고 적합한 소상공인 상품을 상시 발굴하는 '문화복합형 마케팅 전용 매장(소담상회)'과 '디지털 커머스 전문기관(소담스퀘어)'을 전국에 거점화하고 네트워킹화했다. 또한 최신 유통 트렌드를 디지털 소상공인에게 반영하기 위해 노력하고 있다. 그러나 민간과의 격차는 여전하다.

소상공인의 44%는 1인 사업자다. 정부가 거점을 정하여 지원 사업을 진행해도 참여하기가 쉽지 않다. 이런 맹점을 민간이 파고들어

서 소상공인을 유혹한다. 얼마를 주면 상세페이지와 디지털 마케팅과 유통을 해주겠다는 것이다. 공공의 소상공인 지원 사업도 현장형이 돼야 한다. 지원받고자 하는 대상의 라이프 사이클에 맞춰야 한다. 특히 소상공인은 일인 다역을 하기에 더욱 그렇다. 공공의 소상공인 지원 사업의 현장성을 끌어올리고 민간 업자들의 디지털 전환 사업의 신뢰도를 높이기 위해 민간 전문인력의 자격 관리를 철저히 해야 한다.

실제로 현장에서는 소상공인의 초기 디지털 플랫폼 진입에 허들을 치우고 플랫폼 메커니즘이나 마케팅 노하우 등을 조언하고 가이드하는 디지털 유통설계사가 필요하다. 따라서 이커머스와 소상공인을 이어주는 전문인력인 '디지털 유통설계사(가칭)' 같은 국가 자격증을 만들어서 서비스의 질을 관리해야 한다. 이런 사업은 일자리 창출에도 기여할 수 있다. 공공의 교육사업과 연계하고 장기적으로는 글로벌 버전을 만든다면 소상공인의 수출경쟁력을 높이는 것도 가능하다. 디지털 경제가 만들어낸 창직創職이다.

중소기업유통센터가 주관하고 「김미경TV」가 진행하는 '디지털 튜터' 사업은 좋은 준거가 될 것이다. 이 사업은 찾아가는 현장 라이브 커머스 사업과 지역 거점형 디지털 커머스 전문 기관의 장점을 조합한 사업이다. 디지털 튜터를 양성해서 배달의민족 입점 업체들의 디지털 전환을 일대일로 도운 결과 의미 있는 실적을 만들었다. 아울러서 주요 시장의 디지털 전환을 돕고 있다. 전문인력 양성과 함께 거점형 디지털 전환 전문기관이 아니라 이동성과 현장성이 높은 공간 구축이 필요하다. 컨테이너에 코인형 스튜디오와 일대일 튜터링이 가능한 공간 등을 갖춰서 정기적으로 이동하면서 현장에 존재한다면 디지털 전환의 필요성에 대한 경각심도 높이고 긍정적인 인식을 만드는 데 기여할 것이다.

• 하이파이브 5. 다양한 자원과의 연결을 강화해야 한다

디지털 경제로 전환하는 시대에 정부는 환경조성자 또는 환경주도자로서 역할을 할 수 있다. 급속도로 변화하는 디지털 전환 조류에 상대적으로 기민하게 대응할 수 있는 민간 부분과 정부가 협력 파트너로서 만난다면 정부의 역할은 환경조성자여야 한다. 또한 디지털 전환에 상대적 열위에 있는 지역 소상공인의 협력에 기초해 디지털 전환 과정에서 지역 간 불균형 완화에 나선다면 정부는 환경주도자로서 활약하게 된다. 양면 시장의 성격을 갖는 디지털 생태계에서 디지털 사업자와 입점 업체 간에 상생협력을 꾀한다면 정부는 환경조성자와 환경주도자의 정체성을 모두 갖는다. 이처럼 정부는 상황과 요점에 따라 상생협력에서 다양한 포지셔닝을 취할 수 있다.

공공기관은 인플루언서를 메이커스Makers인 소상공인과 연결해 유통 효율성을 높이는 전략을 수립해야 한다. 인플루언서는 디지털 경제 시대에 생산, 소비, 유통에서 주도적인 역할을 하는 핵심 플레이어다. 디지털 소상공인이 성장하기 위해서는 이들과 네트워킹하고 이들의 영향력을 활용할 방법을 만드는 것이 중요하다. 메이커스와 인플루언서의 자연스러운 만남을 추진하는 역할이 공공의 중요한 미션이다.

인플루언서는 디지털 커머스에서 디지털 소상공인에게 부족한 마케팅과 브랜딩 경쟁력을 높여주는 중요한 연결고리가 될 수 있다. 브랜딩은 시간이 필요한 문제이기 때문에 소상공인 제품을 사는 소셜슈머가 될 수 있도록 고객의 사회적 인식을 높이는 소셜 방식의 캠페인을 인플루언서 그룹과 구상할 수도 있다. 인플루언서가 자신의 영상을 1분만 할애해 소상공인 제품의 구매를 독려하거나 협력적인 가치 소비를 위해 같은 값이면 소상공인 제품을 구매하는 소셜슈머가 되자는 식으로 캠페인을 펼치는 것이다. 이런 방식은 고객이 소상공인 제품을 소비하는 문화를 만들어 시장을 넓히는 장점이 있다. 결국 디지털 커머스에서는 신뢰할 수 있느냐가 중요하기 때문에 고객 신뢰를 만들어갈 수 있다는 점에서 이 같은 시도는 의미가 크다. 장기적으로 고객을 안심시키기 위해서 디지털 소상공인의 제품과 관련한 공제회 같은 것을 만들어서 피해 보상을 해주는 시스템도 구상할 수 있다.

군 급식의 부실 문제가 대두됐을 때 지역 골목식당의 음식을 밀키트로 만들어 제공하자는 의견이 있었다. 또한 코로나19 격리 패키지, 독거노인·저소득층·미혼모 등 취약 계층의 끼니 지원을 위한 정기배송 지원과 같이 우리 주변의 공적 수요처는 꽤 많다. 꼭 대기업이 아니어도 하이퍼로컬로 지역의 경계를 공정하게 관리할 수 있으니 적극적으로 지역의 공적 수요에 지역 제품을 활용하는 노력이 필요하다. 구독경제 전문가인 전호겸 교수는 "정부 및 공공 부문에서 소상공인·자영업자·스타트업의 양질의 제품과 서비스를 발굴해 디지털 전환을 지원해야 합니다."라고 주장하며 "정부 또는 공공기관이 품질과 서비스에 대해 보증을 해준다면 고객 입장에서는 믿고 구독할 수 있을 것입니다."라고 대안을 주문했다.

공공은 민간의 속도를 따라갈 수 없다. 그렇기에 민간의 우수한 자원과 협력하고 연대해야 한다. 생성형 인공지능이 유행하면 소상공인 전용의 인공지능 플랫폼을 만들자는 것이 그동안의 방식이었다면 앞으로는 인공지능 해커톤을 열어서 인공지능 스타트업이 소상공인의 문제 해결을 위해서 더 많이 기여할 수 있도록 프로모터 역할을 해야 할 것이다. 공공이 시작과 끝을 주도하는 것이 아니라 공공이 잘하는 역할을 하면 된다. 조직과 재정 운영의 경직성을 인정하면서 민간 자원이 가진 창의적 발상을 어떻게 연결할 것인지를 생각해야 한다. 생태계를 만들고 그 생태계를 통한 연대와 협력의 마중물이 되겠다는 생각으로 각 주체를 네트워킹한다면 분명 전과는 다른 결과가 만들어질 것이다.

지산D소로 디지털 소상공인 육성

커뮤니티 비즈니스의 재해석이 필요하다

지역사회가 직면한 문제를 지역 주민이 주체가 돼 지역의 잠재 자원을 활용하여 그 문제를 공공적으로 해결하는 지역사회 혁신 흐름이 유행처럼 이야기됐다. 이런 일련의 활동을 '커뮤니티 비즈니스'라 불렀으며 마을 만들기와 지역 경영을 이야기하는 이들이 빼놓지 않고 이야기했다. 문제는 이 같은 지역의 자원을 어떻게 활용해 새로운 가치를 창출하느냐, 지역이 봉착한 문제를 어떻게 스스로 해결해가느냐 하는 것이다.

커뮤니티 비즈니스의 핵심 캠페인이 '지산지소地産地消'였다. "지역에서 생산된 제품을 지역에서 소비하자."라는 운동이다. 지역의 상품은 글로벌 비즈니스 상품의 표준화에 의한 대량 생산·대량 소비 시스템에 의해 만들어지는 것이 아니다. 커뮤니티 단위에서 지역의 다양한 자원을 가지고 만들어지는 것이다. 지역에 토대를 둔 커뮤니티 비즈니스의 활성화는 지역의 조화롭고 지속가능한 발전을 추구한다. 그 정신은 여전히 유효하다. 그렇지만 디지털 전환을 통해 디지털 상공인 시대에 맞게 재구성할 필요가 있다. 특히 글로벌 비즈니스와의 차별적 지점을 강조하면서 공간성을 따지는 것은 디지털 경제 시대에는 맞지 않은 전제다. 디지털 상공인 시대에 지산지소 운동을 재해석해 본다.

지역에서 생산하고 지역에서 소비하자

과거 지산지소는 생산자와 고객이 지역 내에서 매칭됐다. 디지털 전환 시대에는 지역의 고객뿐만 아니라 플랫폼을 통해 전국은 물론 글로벌한 고객과 만날 수 있다. 하이퍼로컬 기술을 활용한 당근(전 당근마켓)을 상상하면 된다. 하이퍼로컬 플랫폼이 소비자의 위치에 따라 지역 소상공인을 노출하고 추천하며 다양한 행사와 이벤트를 진행한다면 지역 소상공인에겐 큰 기회가 될 것이다. 지역 내 생산자가 전국을 넘어 글로벌 고객과 만나는 것이다. 위치 기반 서비스는 다양한 상상력을 만들 것이다. 카카오 선물하기를 지역적으로 커스터마이징한다면 골목상권 미용 서비스 매출도, 지역 빵집의 매출도 늘어날 것이다.

다만 이런 과정에서 가장 소외될 수 있는 소상공인이 요식업을 중심으로 한 자영업자다. 소상공인 디지털 전환이 플랫폼을 중심으로 한 커머스로 이해되다 보니 요식업을 중심으로 한 소상공인은 상대적으로 디지털 격차를 경험하게 된다. 그렇지만 조금만 상상력을 발휘하면 새로운 기회를 창출할 수 있다. 예를 들어 코로나19 때의 상황을 떠올려보자. 코로나바이러스 확진자가 격리되면 10만 원 상당의 격리 패키지가 배달됐다. 패키지에는 격리 기간 동안 활용할 각종 밀키트 상품이 담겨 있었다. 대부분이 대기업 제품이다. 밀키트와 짧은 시간에 간편하게 조리하여 먹을 수 있는 가정식 대체식품HMR, Home Meal Replacement 기술이 대중 기술이 된 상황에서 격리 패키지를 대기업 제품으로만 만들 이유가 없다. 지역 골목상권의 음식을 간편식화해서 전달하면 된다. 아울러 지역의 복지 사업으로 진행하는 각종 끼니를 지역 상품으로 한다면 지역 골목상권을 살리고 어르신 끼니의 질도 높일 수 있을 것이다. 이렇게 한번 개발된 밀키트와 가정식 대체식품HMR을 다양한 커머스 플랫폼에 입점해서 판매할 수 있도록 지원하면 된다. 여기에 더 보태면 군부대가 있는 곳은 장병 급식의 질 개선을 위해서 지역 맛집 밀키트를 활용하는 것도 고려해볼 만한 지역 협력사업이 될 것이다.

지역에서 생산하고 지구에서 소비하자

과거 지산지소는 글로벌과 지역을 구분했다. 글로벌 비즈니스의 틈새시장 공략 개념으로 마을 비즈니스를 포지셔닝했다. 하지만 디지털 경제 시대의 비즈니스는 공간과 시간을 초월한다. 아마존에서 경북 영주대장간의 낫과 호미가 팔린다. 진도 갓김치와 전라도 김치가 타오바오에서 팔린다. 국경과 지역적 경계는 더 이상 비즈니스의 장애요인이 되지 못한다.

지역의 비즈니스도 지구적 상상력을 갖고 진행해야 한다. 각 지역이 디지털 무역인을 양성해서 지역 상품의 세계화를 위해 노력해야 한다. 아마존은 아마존 파크를 전 세계적으로 만들어서 지역 상품의 디지털 무역을 돕고 있다. 국내에도 아마존 파크를 유치해서 거점 공간화할 수 있을 것이다. 소상공인을 위한 디지털 무역의 거점 공간을 플랫폼과 지자체가 협력해 만들어도 좋다. 디지털 상공인을 위한 글로벌 비즈니스 센터는 언젠가는 만들어야 할 공간이다. 정부와 지자체가 시범적으로 운영하면서 디지털 상공인의 무역 시대를 준비하길 기대한다.

　글로벌 비즈니스 센터는 지역의 다문화 가족과 새로운 협력적 모델을 만들 수 있다. 이는 지역의 다문화 가족에 대한 새로운 접근으로 다문화 가족을 복지와 시혜의 대상이 아니라 보다 생산적인 산업의 기여자이자 공동체 일원으로 인식하게 할 것이다. 동남아에서 온 다문화인은 현지 국가에서는 엘리트층이다. 이들은 이중언어를 구사한다. 이들이야말로 디지털 무역인으로서 핵심 인재들이다. 다문화인에게는 지역사회에 기여했다는 자부심을 안겨줄 것이며 지역 상품은 지역 내 소비를 넘어서 글로벌 상품이 돼 소상공인의 글로벌화에 기여할 수 있다. 결국 1차 산업 위주의 지역 상품을 보다 다원화하고 내수를 넘어 새로운 수요를 창출하는 것이야말로 지역 경제를 활성화하는 핵심 변수가 될 것이다. 디지털 경제로의 전환은 기존에 지역이 갖고 있는 자원을 재정의하게 될 것이다.

지역에서 생산하고 디지털에서 소비하자

디지털 전환은 경제 주체들의 역할에도 큰 영향을 미친다. 그렇기에 정부는 스스로 유통과 판로 개척이 어려운 소상공인을 위한 정책을 과감하게 펼쳐야 한다. 판로 개척을 위한 유통과 마케팅 정책은 디지털 커머스 플랫폼 입점은 물론이고 브랜드 마케팅 지원까지 종합적이고 융합적으로 이루어져야 한다. 오프라인 유통 중심의 지원으로는 디지털 시장으로 변화된 환경 속에서 소상공인이 살아남기 어렵다. 이런 변화된 환경을 선제적으로 대응할 수 있는 디지털 상공인을 위한 커머스 전문기관인 '디지털 상공인 커머스 진흥원(가칭)'을 만들어서 디지털 상공인의 시대를 준비해야 한다. 정부는 이곳을 통해서 디지털 커머스 환경의 변화에 반응하는 수준의 정책에서 벗어나서 디지털 상공인의 위상과 협상력을 대변하는 리더십을 보여야 한다.

디지털 상공인이 자존감을 느끼고 정글 같은 디지털 커머스 시장에서 경쟁할 수 있는 지도자 역할이 필요하다. 오프라인 자영업자를 위해서 상권 분석 플랫폼이 있듯이 디지털 커머스 시장의 상권 분석 플랫폼이 있어야 한다. 옵션 형식으로 조건값을 입력하면 디지털 상공인의 조건에 맞는 플랫폼들이 추천되고 어떤 준비를 해야 하는지가 결괏값으로 나와야 한다. 정책적으로 선택받지 못한 디지털 상공인이 스스로 문제를 해결할 수 있는 인공지능 플랫폼도 필요하다. 또한 이런 것을 할 수 없는 디지털 상공인을 위해서 '디지털 유통설계사(가칭)' 국가 자격증 제도를 시행하여 필요할 때 신뢰할 수 있는 전문가로부터 조력을 받을 수 있도록 해야 한다.

아울러 지자체, 공공기관, 정부가 준비하고 있는 디지털 상공인 관련 정책들을 각 소상공인의 조건에 맞춰서 맞춤형으로 전달할 수 있는 시스템 또한 필요하다. 민간 사업자가 이런 정보를 갖고 비즈니스로 활용할 수 있도록 모든 정보는 API로 공개해서 필요한 디지털 상공인에게 전달할 수 있도록 해야 한다. 소상공인의 디지털 전환을 돕겠다는 다양한 스타트업과의 연계 협력 또한 보다 속도를 내야 할 것이다.

대기업보다 무서운 플랫폼의 독점화

양면 시장성을 갖는 플랫폼이 고객 이해 관점을 명분으로 심판과 선수를 겸하고 있다. 데이터 독점을 기반으로 자체 브랜드**PB** 상품을 만들어 다른 입점 업체보다 우대하는 행위, 입점 업체가 경쟁 플랫폼과 거래하는 것을 막는 배타조건부거래, 알고리즘 조작을 통한 차별적 노출, 문어발식 인수합병으로 인한 경제력 집중 등 심판이 선수 역할을 하며 시장을 교란하고 있다. 이런 문제를 바로잡고 시장의 공정성과 회복력을 강화하기 위해서 새로운 디지털 시장에서 고객의 이해 못지않게 생산자를 위한 공정한 유통 환경을 만들어가는 것이 필요하다.

사실 국내에서 거대 플랫폼에 대한 규제가 필요하다는 공감대는 계속 커져 왔으며 국회 역시 이에 대한 문제를 인식하고 있었다. 대표적인 사례로 인앱결제의 강제를 막는 '전기통신사업법 시행령 개정안'이 우리 국회에서 통과됐다. 일명 '구글 갑질 방지법'이다. 앱마켓 사업자가 특정 결제 수단을 앱 개발사에 강제하는 행위, 앱 심사를 부당하게 지연하는 행위, 모바일 콘텐츠를 부당하게 삭제하는 행위 등을 금지하는 내용을 골자로 한다. 이는 독점적 앱마켓 사업자를 규제하는 세계 첫 사례다. 이 개정안은 세계가 플랫폼 반독점 규제를 위한 다양한 대책을 강구하고 있는 흐름에서 중요한 사례로 영향을 미칠 것이다.

플랫폼 독점화에 대해 전 세계가 규제에 나서다

혁신의 개념을 창조적 파괴라 했던 슘페터와 그 후예들은 혁신으로 형성되는 자연독점으로 인한 초과이익이 혁신을 유인하므로 독점을 혁신을 유인하는 필요악으로 생각했다. 반면 미국의 경제학자 케네스 애로는 경쟁에서 도태되지 않으려는 동기로 인해 경쟁이 혁신을 촉진한다고 주장한다. 일반적으로 시장 지배력을 확보한 독과점 기업은 어느 시점부터 기존 상품이나 서비스를 더 이상 혁신하지 못하여 새로운 혁신에 잠식될 가능성이 있다. 이를 소위 '혁신가의 딜레마'라고 한다.

2012년 파산한 카메라 필름 시장의 독보적 1위였던 코닥은 1975년 디지털카메라를 개발했다. 세계 최초로 디지털카메라를 출시한 일본 소니보다 6년 앞선 개발이다. 하지만 만들기만 하고 시장에 내놓지 않았다. 괜히 필름 매출만 깎아 먹을 것을 우려했기 때문이다. 과거와 같이 혁신이 점진적으로 일어나는 시장에서는 독점 기업이 혁신의 유인이 될 수 있었지만 현재와 같은 수많은 혁신이 급속하게 이루어지는 동태적 시장에서는 독점이 혁신을 가로막는 진입장벽이 될 수 있다.

미국 공정경쟁법학회의 철학은 새로운 혁신을 위해서 혁신으로 인해 형성되는 자연독점을 깨뜨려야 한다는 것이다. 1970년대 미국의 전기통신사인 AT&T를 둘러싼 논쟁이 시작됐고 1982년에 역사적인 법원 판결이 나왔다. 당시 AT&T는 전국의 전기통신 서비스를 독점하고 있었다. 미국 공정거래위원회의 반독점 소송 제기로 법원은 AT&T를 지역별로 20여 개의 회사로 분할하도록 판결했다. 그 결과 인터넷 서비스 같은 창조적 파괴의 혁신적인 통신 서비스가 등장할 수 있었다. 1980년 PC의 운영체제를 독점하고 있던 마이크로소프트가 인터넷 익스플로러 끼워 팔기를 통해 웹브라우저마저 독점하려 하자 공정거래위원회가 반독점 제소로 막아 인터넷 서비스 기반의 구글 같은 검색엔진과 애플 iOS 같은 모바일 운영체제가 새로이 등장할 수 있었다. 이제 미국의 반독점 행정을 담당하고 있는 법무부 독점국과 공정거래위원회는 새로운 혁신이 등장하기 위해서는 디지털 플랫폼 시장을 장악하고 있는 GAFA(구글·애플·페이스북·아마존)의 독점을 깨야 한다는 사명감에서 이들을 상대로 반독점 소송을 제기하고 있다.

앞에서 말했듯 슘페터 학파 같은 전통적 경제학자들은 안드로이드 같은 기술 혁신은 구글 등 기술 혁신에 노력한 기업에 자연독점의 지위를 부여하고 이러한 지위를 이용한 독과점 초과이익의 향유가 기술 혁신을 유인하는 역할을 한다고 봤다. 이러한 독과점 초과

이익의 혁신을 유인하는 역할에 주목해 각국의 공정경쟁 관련 기구에서 독점 규제에 신중해야 한다는 주장을 펴왔다. 하지만 혁신을 통해 형성된 독점을 바로 깨뜨리지 않으면 새로운 혁신을 저해하게 된다는 교훈을 구글의 갑질에 대한 공정거래위원회의 시장지배적 남용 행위 처분에서 얻을 수 있다.

2019년부터 유럽과 미국에서 독과점 플랫폼에 대한 실태조사와 독과점 규제 입법 논의가 활발했다. 이 시기 우리나라는 독과점 플랫폼에 대한 실태조사도 독과점 플랫폼에 대한 규제 입법 시도도 없었다. 유럽연합EU의 '온라인 중개서비스 투명성, 공정성 제고를 위한 규칙'과 같이 일반적인 플랫폼과 사업적 이용자(입점 업체) 사이의 공정한 거래를 규율하는 상대적으로 소프트한 입법인 '온라인 중개서비스 공정화에 관한 법률'을 둘러싸고 혁신기업의 아이콘인 플랫폼 기업을 규제하는 것은 문재인 정부의 혁신성장이라는 국정 기조와 배치된다는 논쟁이 발생해 독과점 플랫폼의 시장 지배력 남용의 문제에 관해서는 논의가 발전하지 못했다.

이 시기 문재인 정부는 혁신성장의 추진 방식을 혁신을 가로막는 규제의 혁파에 두면서 독과점 시장 지배력을 구축한 빅테크를 규제해야 한다는 점에 대해 딜레마에 빠진 모습을 보였다. 한국은 유럽과 달리 네이버, 카카오, 쿠팡 등의 토종 빅테크를 육성해 GAFA의 압도적 지배력을 피할 수 있었던 유일한 나라라는 점을 강조했다. 독과점 플랫폼 규제 입법이 자칫 토종 빅테크의 성장을 가로막는 것이 아닌가 경계한 것이다. 하지만 이미 시장에서 독과점 지위를 구축한 빅테크들은 시장 지배력을 유지, 확대하기 위해 새로운 혁신

기업의 성장을 막고 잠재적 시장 경쟁자로 부각될 수 있는 벤처·스타트업의 인수합병 등을 통해 경쟁을 피해 가고 있다. 혁신을 통해 성장한 혁신기업이 독점적 초과이익을 향유하고 진입장벽을 쌓아 경쟁을 저해할 때 이러한 혁신으로 형성된 자연독점을 깨뜨리는 것이야말로 지속적 혁신을 보호하는 정책이라는 점을 살피지 못했다.

거대 플랫폼의 공정거래를 위해 최근 각국은 자율규제보다는 새로운 규칙을 만들어서 시장을 보호하는 추세다. 유럽연합은 거대 플랫폼의 불공정거래행위를 강력하게 규율하는 '디지털 시장법Digital Market Act'과 '디지털 서비스법Digital Service Act'을 시행할 예정이다. 거대한 플랫폼이 자사의 이해와 관련된 내용을 우선 보여주거나 그런 것을 담은 앱 등을 설치하게 하는 것 등을 불공정행위로 보고 미국 하원은 GAFA를 정조준한 급진적이고 강도 높은 사전적·사후적 규제인 '플랫폼 반독점법 패키지'를 발의했다. 중국도 시진핑 국가 주석의 '공동부유론'을 앞세워 빅테크를 강력히 규제하고 있다.

그간 플랫폼 규제에 효율성과 고객 후생과 이해 관점에서 미온적이던 미국도 바이든 정부 출범 후 전향적으로 바뀌었다. 연방거래위원회 위원장인 리나 칸은 "기존의 반독점 규제법(공정거래법)이나 제도가 21세기 인터넷 산업의 공정 경쟁 저해 행태와 독과점 피해를 충분히 견제하지 못한다."라면서 "고객에게 값싼 제품을 제공한다는 이유로 아마존 같은 기업을 규제하지 않는다면 결국은 플랫폼 기업이 시장을 독점할 것이다."라고 비판했다. 소품종 대량생산 시절 소수 생산자가 담합하여 고객 이익을 해할 때 정부가 개입할 수 있는 상황과는 다른 양태가 벌어지고 있다.

디지털 경제는 다양화된 고객의 욕구를 맞춘 다수의 생산자가 존재한다. 개인의 취향이 존중되는 소비의 시대다. 이런 상황에서 소비자에게 이익 못지않게 다수 생산자의 권리 또한 소중하게 다뤄져야 한다. 플랫폼 기업의 독점 문제는 고객 이익을 해치는 것에 있지 않다. 다수 생산자의 창의성과 혁신성을 데이터 독점으로 통제하는 것에 있다. 금산분리로 은행과 기업의 결합을 제한했던 것처럼 강력한 플랫폼 사업자가 제조업을 병행하면 안 된다는 것이다. 최근 쿠팡에서 내놓은 자체 브랜드PB 상품은 중소기업의 이익을 침해할 소지가 크다. 플랫폼은 중개에 충실해야 한다. 그리고 다수 생산자와 고객 간 상생의 경제를 만들기 위해 노력해야 한다.

아울러 플랫폼과 소상공인 간 협상력 불균형을 바로잡는 차원에서 소상공인에게 집단적 협상권을 부여해야 한다. 특정 소상공인이 함께 플랫폼에 협상을 요구하면 의무적으로 협상에 응하게 하는 것에 관한 법과 제도를 제정할 필요가 있다. 또한 플랫폼의 데이터를 비식별화해서 공공 목적으로 쓸 수 있도록 하는 고민도 필요하다. 서울시와 소상공인진흥공단의 경우 오프라인 자영업 창업자를 위한 상권 분석 서비스를 제공한다. 이제는 디지털 마켓에 입점하기 위한 상권 분석 서비스도 플랫폼의 데이터를 제공받아서 공공이 서비스할 필요가 있다. 덧붙여 자발적 차원에서 플랫폼 간 상생 지수를 개발하고 대외적으로 공표해서 소상공인 친화적 플랫폼에 대한 정부의 차등적 지원을 이끌 필요가 있다. 아울러 플랫폼 경제 안에서 다뤄지는 지자체와 공공기관의 플랫폼은 서로 노하우 교류를 위한 협력적 공간을 만들어내야 한다.

미국의 연방거래위원회를 비롯해 주요 국가의 디지털 경제 관리
감독 기관들은 플랫폼의 공정성과 포용성, 사회적 후생과 이해, 거
시적 효과를 변화의 원칙으로 삼고 있다. 아마존이 제작한 제품은
아마존에서 팔 수 없다. 플랫폼 사업자가 제조업을 겸업하는 것은
거래상 지위를 남용하는 행위라는 것이다. 과거 불공정거래행위 담
합, 독점, 반경쟁적 기업 결합 등 시장에서의 경쟁을 저해하는 행위
를 금지하는 것을 중심으로 했던 것에서 디지털 경제 시대에 맞춘
관점이 반영된 것이다.

공정한 세상을 위한 우리 정부의 역할은 무엇일까

디지털 플랫폼의 규율은 참여자들 간의 경쟁을 공정하게 운영하
고 공정하다는 평판을 유지하는 것이 무엇보다 중요하다. 이러한
접근이 필요하다는 것은 이미 여러 사례를 통해 밝혀졌다.

카카오택시의 참여자들이 카카오택시 앱을 불법적으로 조작하는
매크로를 이용해 수익을 올린 것이 대표적인 사례다. 택시 기사들
은 카카오가 아니라 다른 업체가 개발한 매크로를 10여만 원에 구
입해 카카오택시 앱을 조작해 수익이 나는 장거리 손님들만 골라
태움으로써 수익을 올렸다. 플랫폼 기업에는 플랫폼 내에서 참여자
간에 공정한 경쟁이 이뤄지도록 감시하고 기술적인 보완책을 마련
할 새로운 책무가 생겼다.

인터넷과 모바일이 마음에 안 든다고 쓰지 않을 수 없는 것처럼
소상공인에게 디지털 전환은 피할 수 없는 현상이니 더 힘들고 어
렵게 느껴진다. 위기는 기회라는 말로 위안을 삼지만 눈앞의 현실

은 녹록하지 않다. 디지털 경제는 거대 플랫폼의 출현과 글로벌 경제의 성장을 가져왔다. 플랫폼의 가치는 플랫폼 사용자 간의 직·간접적인 네트워크 효과로 결정된다. 소비자는 낮은 이용료로 다양한 서비스와 함께 맞춤형 상품을 제공받는 게 가능해진다. 공급자는 다양하게 유치된 입점 업체들로 인해 네트워크를 강화할 수 있다.

소상공인은 브랜드 인지도의 열세 속에 끊임없이 신규 판로 개척의 부담을 느끼기도 하지만 동시에 디지털 플랫폼을 활용해 적은 마케팅 비용으로 폭넓은 소비자층의 수요에 대응할 기회를 만들 수도 있다. 하지만 플랫폼의 강력한 직간접적인 네트워크 효과는 고객 고착화와 쏠림 현상을 일으켜 높은 시장 지배력에 기초해 신규 시장 경쟁자에 대한 진입장벽으로 작동할 가능성이 있다. 플랫폼 가입과 활용의 낮은 전환 비용Switching Cost으로 인해 한 개의 입점 업체가 다수의 온라인 플랫폼 이용이 가능하다는 멀티호밍적Multi-homing 성격에도 불구하고 강력한 네트워크 효과로 인한 높은 전환 비용이 생길 수 있다. 또 고객과 입점 업체 등 플랫폼 이용자로부터 생성된 빅데이터는 플랫폼의 네트워크 효과를 강화해 승자독식 환경을 조성했다. 이로 인해 플랫폼이 중개자 역할에서 시장 통제적 역할로 변모할 위험과 비대칭적 가격 설정에 따른 불공정거래를 할 소지가 존재하게 됐다.

그래서 정부의 역할이 필요하다. 질문을 바꾸는 것에서 시작해야 한다. 제조업 몰락의 상징인 '말뫼의 눈물'을 미래 산업 육성을 통해 '말뫼의 기적'으로 바꾼 스웨덴은 "어떤 기술이 더 첨단인가?"가 아니라 "어떤 기술이 우리 사회 문제를 해결할 수 있을 것인가?"를 창업 기업에 묻는다. 정부의 질문이이 바뀌면 기업도 바뀐다. 과거 기업은 사회적 가치 실현과 경제적 이윤 추구를 함께하기 어려운 가치로 봤다. 그래서 기업은 사회적 책임CSR 활동을 별도로 하면서 사회에 기여했다. 또한 사회적 가치를 실현하는 사회적 기업은 이윤 창출이 어려워 매번 지속 가능성에 대한 고민이 컸다.

그러나 최근 디지털 사회 혁신을 실현하는 창업 기업들의 등장은 이런 규칙을 보기 좋게 깨뜨리고 있다. 이 과정에서 새로운 성장 동력이 생기고 일자리도 생긴다. 정부와 지자체가 사회를 혁신하기 위해서는 기업적 문제 해결 방식과의 접목이 불가결하다. 열린 혁신의 자세로 좋은 질문을 세상에 던진다면 문제를 해결하는 것은 물론 새로운 성장을 위한 동력을 만들 수 있다.

5부

크로스보더 커머스 시대의
미래 비즈니스 모델

12장

커머스를 넘어서는
글로벌 비즈니스 모델

은종성

(주)비즈웹코리아 대표·이러닝 클래스 인터뷰어 대표

비즈니스 모델, 마케팅, 트렌드, 커머스를 주제로 기업과 기관에서 3,000여 회의 강의와 500여 개 기업을 컨설팅한 현장 전문가다. (주)비즈웹코리아와 이러닝 클래스 인터뷰어 대표로 있다. 경영학 박사로서 주요 도서로는 『커머스의 미래, 로컬』『비즈니스 모델 사용설명서』『마케팅의 정석』『취향과 경험을 판매합니다』등 18권의 서적을 출간했다.

ceo@bizwebkorea.com

'연결성'은 비즈니스에서 가장 주목해야 할 키워드 중 하나다. 스마트폰을 통해 사람과 사람이 연결되고(SNS) 온라인과 오프라인이 연결되고(O2O) 기계와 기계가 연결됐다(IoT). 인간을 둘러싼 다양한 환경이 연결되면서 시간과 공간이라는 장벽을 넘어서 새로운 기회와 가치가 만들어지기 시작한 것이다. 그로 인해 연결에 대한 사람들의 욕구가 커지고 기술이 발전하면서 연결 비용은 점점 감소하고 있다.

모든 것이 연결되는 시대에는 방대한 양의 정보와 지식이 생산되고 교환됨에 따라 수많은 기회가 만들어질 수 있다. 아직은 가야할 길이 멀지만 그 미래가 서서히 실현되고 있다. 하나의 예로 삼성전자가 출시한 '비스포크 큐커'는 스마트폰 앱 '스마트싱스Smart

Things'와 연결됨으로써 제조의 서비스화, 플랫폼, 개인화, 구독 등의 다양한 비즈니스 모델로 확장될 수 있음을 보여준다. 비스포크 큐커는 에어프라이어, 직화 그릴, 토스터, 전자레인지 기능을 올인원All-in-one 형태로 이용할 수 있는 주방가전이면서 서비스이기도 하고 플랫폼이기도 하다.

고객이 큐커 전용 식품관에서 밀키트나 가정간편식을 구매해 제품 뒷면의 QR코드를 스마트폰으로 촬영하면 요릿값 정보가 자동으로 세팅돼 맛있는 요리를 할 수 있다. 이렇게 사람들이 큐커를 통해 다양한 요리를 즐기게 된다면 삼성전자는 사용자 패턴에 맞는 다양한 식품을 제안할 수 있다. 예를 들어 집에 거주하는 시간이 많은 사람에게는 간편식을 추천하고 다이어트식을 많이 찾는 사람에게는 다이어트에 도움이 될 수 있는 다른 식품을 추천할 수 있다. 고객이 자신의 생활 패턴에 맞춰 주문할 수도 있고 삼성전자가 개인의 생활 패턴에 맞게 식품을 제안할 수도 있는 것이다.

삼성전자는 큐커를 판매한 이후에 고객에게 개인화된 식품을 추천하고 식품 회사들과 신상품을 개발하는 등 새로운 수익 모델을 만들어갈 수 있다. 축적된 데이터에서 의미 있는 정보를 찾아내면 제품은 새로운 가치를 갖는다. 기존에는 가전제품을 판매한 이후에는 애프터서비스를 통해서만 고객을 만났다. 그러나 이제는 가전제품을 더욱 잘 활용하는 방법을 제시하며 고객과의 연결이 더욱 빈번해졌고 이를 통해 커머스 같은 새로운 비즈니스 모델도 생겨났다.

커머스의 미래는 하드웨어와 소프트웨어, 오프라인과 온라인, 기계와 기계가 연결되면서 데이터를 바탕으로 최적화된 고객 경험을

주방가전 큐커와 스마트폰이 연동되는 커머스

(출처: 큐커 식품관)

제공하는 곳으로 향할 것이다. 그렇기에 이번 장에서는 디지털을
중심으로 변화되는 비즈니스 환경을 살펴보고 커머스의 다양한 미
래 비즈니스 모델 방향을 제안해보고자 한다.

수직과 수평 확장을 위한 비즈니스 모델 전략

PB 전략과 D2C 전략을 수직 통합해야 한다

비즈니스 모델의 가장 기본적인 흐름은 수직적 통합이다. 대표적인 예로 쿠팡이 오픈마켓에서 로켓배송으로 택배 산업을 통합한 후 자회사를 통해 자체 브랜드PB 상품을 제조하는 것을 수직적 통합이라고 한다. 수직적 통합은 지난 반세기 동안 기업들이 채택한 방식으로 원자재→제조→판매→애프터서비스 같은 가치사슬을 통합하는 것이다.

커머스 기업이 수직적 통합으로 나아가는 이유는 수익성과 고객 경험 측면 때문이다. 유통의 힘으로 판매할 수 있다는 자신감이 생기면 제조하지 않을 이유가 없다. 이것을 자체 브랜드PB 상품이라고 부른다. 그리고 최적화된 고객 경험을 제공하기 위해서는 상품이 배송되는 과정까지 통제할 필요가 있다. 그러기 위해 등장한 대표적인 서비스가 아마존이 판매자에게 제공하는 풀필먼트 서비스다. 아마존을 통해 상품을 판매하는 사업자에게 풀필먼트 서비스를 사용하도록 하면 상품의 입고, 포장, 배송 등 상거래 과정의 품질을 통제할 수 있다. 이러한 것들이 아마존의 고객 경험을 높여주는 것이다.

수직적 통합은 유통 기업의 제조업화뿐만 아니라 반대 방향도 가능하게 한다. 즉 브랜드와 제조 기업이 직접 유통까지 관여하는 D2C로도 확대할 수 있다. D2C는 직접 유통방식의 하나로 온라인으로 상품을 구매하는 사람들이 증가하면서 일반화되고 있다. 미국 면도기 업체 달러셰이브클럽을 벤치마킹한 와이즐리가 대표적이다. 와이즐리는 중간 유통 과정을 생략해 면도기 가격의 거품을 걸어냈다. 적당한 품질의 면도기를 합리적인 가격에 D2C 방식으로 판매하면서 면도기 시장에서 변화를 만들어내고 있다.

물론 D2C 방식은 한계점도 있다. D2C 방식으로 고객 정보를 확보해서 고객 경험을 개선한다는 것은 기업 관점의 시각일 뿐이다. 사람들은 자신에게 편리한 것을 취사선택한다. 그래서 D2C 방식으로 구매하기도 하고 오프라인에서 구매하기도 하고 쿠팡이나 네이버 같은 서비스를 이용해 구매하기도 한다. 그렇기에 D2C 방식이 커버할 수 있는 소비에는 한계가 있다. 모든 브랜드가 자사의 온라인 웹사이트와 쇼핑몰을 갖춘 상황에서 그저 중간 과정을 제거해 온라인에서만 구매할 수 있게 하는 것은 고객에게 그다지 멋진 쇼핑 경험이 되지 못한다. 이런 이유로 D2C 방식으로 성장했던 와비

파커와 글로시에 등이 오프라인으로 확장을 시도하고 있다.

수직적 통합 다음은 스케일업을 위한 수평적 통합이다

수직적 통합을 끝낸 기업은 수평적 통합으로 확장한다. 수직적 통합이 기업의 경쟁력과 통제력 강화 등을 목적으로 외부 공급업체나 유통업체 등을 흡수하는 것이라면 수평적 통합은 기업이 해당 시점에서 규모와 범위의 시너지 효과를 창출하기 위한 것이다.

비즈니스 모델 확장의 방향성

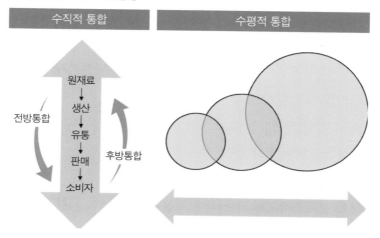

수평적 통합을 시도하고 있는 기업으로 한국야쿠르트를 들 수 있다. 한국야쿠르트는 프레시 매니저**FM, Fresh Manager**와 신선함을 유지할 수 있는 코코**coco**를 활용해 다양한 상품을 판매하고 있다. '프레딧(Fredit: Fresh(신선한)와 Credit(믿음)의 합성어로 믿을 수 있는 신선함을 의미함)'이라는 서비스를 통해 경쟁 기업의 상품을 판매, 배송하기도 하고 신한카드와 협약하여 카드 배송도 시행하고 있다.

한국 야쿠르트 전동카트 코코와 판매상품들

배달의민족도 치킨집과 고객을 중계하는 것을 넘어서 'B마트'라는 서비스로 자체 브랜드PB 상품을 판매하면서 수평적 통합을 하고 있다. B마트는 1~2인 가구를 타깃으로 소포장된 상품을 주로 판매한다. 네쪽식빵, 반반만두, 0.7공깃밥 등 소량으로 기획된 상품들이 있다. 시중에서 판매되는 햇반 같은 상품이 1인 가구에서 양이 많아 종종 남기는 경우가 있다는 것에 착안하여 양을 조금 줄인 아이디어 상품을 내놓고 있다.

수평적 통합을 가장 잘하는 곳은 편의점이다. 편의점은 유통업의 본질 중 하나인 '상품 제안력'을 바탕으로 1인 가구를 중심 고객

배달의민족 B마트

(출처: B마트 인스타그램)

으로 삼은 덕분에 대형마트를 넘어서는 유통 채널로 올라섰다. 곰
표밀맥주, 원소주, 연세우유크림빵 등 다른 곳에는 없는 것들을 끊
임없이 제안하는 한편 무인 택배 서비스 확대, 각종 금융 서비스 제
공, 가정간편식 라인업 강화 등 1인 가구를 놓고 수평으로 확장하
는 전략을 취하고 있다.

제조와 유통의 무경계화 시대에서 살아남아야 한다

수직적 통합과 수평적 통합을 통해 유통은 제조를 통합하는 중이
고 제조는 유통을 통합하는 중이다. 이것이 가능해진 이유는 비즈
니스의 많은 부분이 디지털로 전환되고 있기 때문이다. 비즈니스가
디지털로 전환된다는 것은 고객에 관한 다양한 정보를 측정할 수
있다는 의미이기도 하다. 제조가 유통을 거치지 않고 직접 판매할
수 있게 되면 고객이 원하는 상품을 더욱 빠른 속도로 출시할 수 있
다. 유통 또한 판매 데이터를 기반으로 가능성 있는 상품을 제조하
게 되면 더 많은 수익을 창출할 수 있다. 제조든 유통이든 고객 경
험을 최적화하기 위해 통합을 진행하고 있다.

이를 실증적으로 보여주고 있는 곳이 바로 중국의 알리바바다. 대부분의 기업이 고객 경험을 중시한다고 주장하지만 실제로 온라인과 오프라인을 관통하는 고객의 인사이트를 체계적으로 축적해서 제품 개발과 서비스에 반영하는 기업은 많지 않다. 알리바바는 미디어, 상거래, 물류, 모바일 결제 및 금융 등 주요 사업 영역에서 상품과 고객에 관한 모든 데이터를 실시간으로 수집해 분석한다.

허마센셩의 주문 및 배송 프로세스

허마센셩
온·오프라인
매장에서 쇼핑

허마센셩 앱
내에서
알리페이로 결제

매장 내 자동차 운송
시스템으로 접수
10분 안에 출고

주문 후 3킬로미터
이내 거리
30분 내 수령

알리바바는 오프라인 유통업체를 공격적으로 인수해서 유통망을 확보한 뒤 온라인 플랫폼과 연결해 혁신적인 서비스를 만들어냈다. 여기에 전자상거래와 물류 서비스를 통해 확보한 데이터를 바탕으로 새로운 상품과 서비스를 내놓고 있다. 대표적으로 알리바바가 운영하는 신선식품 취급점인 허마센셩盒马鲜生은 2023년 6월 기준으로 300개 이상의 오프라인 매장을 구축한 후 데이터를 기반으로 공급망을 관리하고 있다. 매장에서 3킬로미터 이내의 가정에는 주문 30분 안에 제품을 배달하고 있으며 데이터에 기반한 비즈니스 덕분에 제로 수준의 결품률과 5% 미만의 폐기율을 기록하고 있다고 한다. 주문 관리, 배송 관리, 공급망 관리 등에서 탁월한 역량을 축적했기 때문에 이런 성과를 낼 수 있는 것이다.

플랫폼 사업자가 네트워크 선점으로 독점화에 나서다

업종의 경계가 사라지고 있는 커머스에 가장 큰 영향을 미치고 있는 것은 단연 플랫폼이다. 플랫폼은 참여자들끼리 연결함으로써 가치를 창출하는데 주로 사용자와 공급자를 중개하는 방식을 활용한다. 산업의 특성에 따라 차이는 있으나 플랫폼은 일반적으로 콘텐츠를 기반으로 팬덤을 만든 후 중개수수료, 판매(커머스), 광고 등으로 수익 모델을 만들어간다. 그 과정에서 이해관계자를 관리하면서 제품과 서비스의 품질을 고도화하는 방식으로 성장한다.

가치사슬 모델과 플랫폼 모델의 특징

	기존의 가치사슬 모델	새로운 플랫폼 모델
성장 엔진	• 자원 통제 • 부동산 등 유형자산, 지적재산권 등 무형자산 소유 또는 독점을 통한 규모의 경제	• 자원 조정 • 커뮤니티와 그 구성원이 소유하고 기여하는 자원, 즉 생산자와 고객으로 엮인 네트워크가 중요한 자산
운영 방식	• 내부 프로세스 최적화 • 구매, 판매, 서비스에 이르기까지 생산활동을 아우르는 전체 사슬을 최적화함으로써 가치 창출	• 외부 상호작용 촉진 • 외부생산자와 고객 간 상호작용을 촉진함으로써 가치 창출
가치 창출	• 고객가치 확대 • 선형 프로세스(가치사슬)의 맨 끝에서 구매 고객의 평생가치 극대화 추구	• 생태계 가치 극대화 • 순환적이고 반복적인 피드백 기반 프로세스를 통해 점차 확대돼가는 생태계의 전체 가치 극대화 추구

이런 플랫폼들에 우리는 하루 24시간 노출되어 있다. 아침에 눈을 뜬 후 출근하고 일하고 밥 먹고 약속을 잡는 모든 순간에 네이버, 카카오, 쿠팡, 구글, 유튜브, 인스타그램 등을 이용한다. 심지어 이런 플랫폼들은 개인의 수면 기록을 측정하고 저장하기도 한다. 플랫폼을 떠나서는 살 수 없는 세상이 됐다고 해도 과언이 아니다.

우리가 편의를 위해 플랫폼을 이용하는 동안 모든 데이터는 플랫폼으로 집중된다. 그리고 서비스 제공을 위해 축적하는 이 같은 개인의 데이터는 향후 비즈니스로 확장될 때 큰 힘을 발휘한다.

예를 들어 쿠팡에서는 거의 모든 브랜드의 운동화가 판매되고 있다. 쿠팡의 데이터 분석팀은 현재 사람들이 어떤 브랜드의 어떤 디자인을 선호하는지 알아내는 게 가능하다는 뜻이다. 나이키와 아디다스 같은 제조 기업이 대규모 시장조사를 통해 이해하는 정보와는 차원이 다르다. 이렇게 고객 행동 정보를 확보한 플랫폼은 이를 무기로 제조회사와의 협상력을 높이면서 영향력을 확대하고 있다.

이러한 플랫폼 비즈니스는 그 특성상 독점적이다. 예를 들어 카카오톡 외에 다양한 대안이 있음에도 사람들은 카카오톡만을 사용하고 문서 작성은 여전히 마이크로소프트의 오피스 제품을 주로 사용한다. 이는 어떤 상품에 대한 수요가 형성되면 그것이 다른 사람들의 선택에 큰 영향을 미치는 네트워크 효과 때문이다. 카카오톡을 500명이 쓸 때보다 500만 명이 쓸 때 더 많은 사람과 소통할 수 있다. 카카오톡을 이용함으로써 얻을 수 있는 효용이 커진다. 이처럼 이용자가 늘수록 네트워크 효과는 더욱 강력해지기에 플랫폼은 독점을 지향할 수밖에 없다.

플랫폼이 독점적인 지위를 확보하게 되면 수익 모델을 변경해 영향력을 확대하기 시작한다. 예를 들어 아마존은 제품을 매입해 창고에 보관한 후 고객에게 빠른 시간에 배송하면서 수익을 낼 뿐만 아니라 판매자를 위한 서비스를 제공해 돈을 벌고 있다. 풀필먼트 서비스가 대표적이다. 아마존은 판매자가 상품을 아마존이 지정한 창고에 배송해 놓으면 이후의 모든 과정을 대행한다. 기업으로서는 단순한 물류 대행을 넘어 고객 서비스와 반품까지 아마존이 대행하니 더없이 편리하지만 고객과 만나는 접점은 점점 축소될 수밖에 없다. 결국 아마존은 플랫폼에 참여하는 판매자와 구매자를 모두 장악하면서 수직적, 수평적 통합으로 영향력을 더 확대하게 된다. 이처럼 플랫폼 비즈니스 모델의 성장 방식은 네트워크 효과다. 그리고 네트워크 효과를 위해서는 독점으로 향할 수밖에 없다.

브랜드 애그리게이터 비즈니스 모델은 강점을 더욱 강하게 한다

산업의 성숙화, 경쟁 범위의 확대, 짧아지는 제품수명주기 등의 환경에서 기업이 살아남으려면 차별화가 필요하다. 차별화에 대해서는 다양한 방법론이 제시되지만 가장 기본은 선택과 집중이다. 기업은 시간과 돈, 인력 등 가용할 수 있는 자원에 한계가 있기 때문에 모든 시장을 공략할 수 없다. 전략의 효율성 관점이나 고객 메시지의 명확성 관점에서 선택과 집중은 가장 기본이 돼야 한다.

선택과 집중은 강점 강화와 연관성이 깊다. 기업이 가장 잘할 수 있고 경쟁자가 잘할 수 없는 하나의 영역에 집중하는 것이다. 맛집이라고 소문난 곳은 그 가게만의 특별한 메뉴가 한 가지는 있다. 반면 장사가 안 되는 곳은 특별히 잘하는 것 없이 메뉴가 수십 가지에 이른다. 기업도 이와 별반 다르지 않다. 한 가지에 집중해야 성공 확률이 높아지고 고객의 신뢰를 받을 수 있다. 경쟁의 측면에서 보면 경쟁 전략의 가장 중요한 명제인 자신의 장점을 강화하고 단점을 최소화해야 한다는 법칙이 바로 선택과 집중의 법칙이다.

대형마트가 신선식품에 집중하는 것은 이커머스가 갖기 어려운 오프라인만의 강점을 활용하기 위함이다. 이커머스가 가전제품, 패션, 생활용품 등 비식품 카테고리를 중심으로 시장을 가져간 데 이어 식품 쪽으로 보폭을 넓히기 시작하면 큰 위협이 될 수밖에 없다. 품질 차이가 없는 공산품이나 가공식품은 이커머스가 유리하지만 직접 눈으로 보고 구매하는 경험은 오프라인이 유리하다. 이에 대형마트는 신선식품 중심으로 특화한 리뉴얼 매장을 확대하고 있다. 체험성을 강조한 새로운 브랜드로 활로를 모색하는 것이다.

강점 강화 측면에서 브랜드 애그리게이터Aggregator 비즈니스 모델이 증가하고 있다. 애그리게이터란 아마존 같은 마켓플레이스 플랫폼에 입점해 있는 유망 브랜드를 찾아 인수하거나 투자하는 회사를 말한다. 브랜드 애그리게이터 모델은 피앤지P&G가 스위스의 샴푸 브랜드 팬틴, 한국의 쌍용제지, 독일의 웰라 그룹을 인수해 성장한 후 질레트, 오랄비, 브라운 등을 인수하면서 시장에서 독점적 지위에 올라선 것과 유사한 형태다. 성장성이 높은 다수의 중소형 브랜드를 인수해 수요를 촉진하고 규모의 경제를 만들어서 수익률을 극대화하는 방식이다.

브랜드 애그리게이터 비즈니스 모델은 2018년 미국 기업 스라시오Thrasio가 아마존 입점 브랜드 100여 곳을 인수한 지 2년 만에 유니콘으로 등극하면서 전 세계에서 크게 인기를 얻기 시작했다. 이후 미국과 유럽을 필두로 국내에서도 수십 개의 브랜드 애그리게이터가 등장했다.

해외 주요 애그리게이터

그러나 브랜드 애그리게이터는 강점 강화의 가장 기본적인 원칙인 '최소량의 법칙'을 달성하지 못하고 있다. 디지털 마케팅이나 미디어 커머스 방식으로 사람들의 관심을 끌기는 했지만 구매에 결정적인 영향을 미치는 품질 등에서 고객의 선택을 받기 위한 최소한의 기준치를 충족하지 못하는 경우가 많다. 매출을 높이기 위해 광고를 하고 디자인을 개선하고 애프터서비스망을 확대해도 품질이 뒷받침되지 않으면 아무 소용이 없다. 물통에 구멍이 나 있으면 물은 구멍이 뚫린 곳 이상으로 채울 수 없다. 강점을 강화하기 위해 꼭 필요한 사항을 희생해서는 안 된다.

구매 결정 요인 중 하나가 희생된다면 제품의 수준은 가장 부족한 부분에 의해 결정된다. 최소한의 수준이 충족돼야 차이점을 제시할 수 있다. 따라서 구매의 필요조건인 최소량의 수위를 골고루 맞추되 구매의 충분조건인 무엇을 강화해야 할 것인지를 고민하는 것이 강점 집중의 기본 개념이다.

2

라이프스타일로 침투하는
커머스 비즈니스 모델

비즈니스 모델이 이러한 변화를 밟아온 상황에서 커머스 기업들은 어떤 비즈니스 모델을 택하고 있을까? 우선 라이프스타일의 제안이다. 라이프스타일이란 사람들이 살아가는 방식, 즉 개인이 가진 저마다의 독특한 삶의 양식을 말하는 것으로 취향, 사물, 공간을 투영한다. 왜 기업이 고객의 라이프스타일에 관심을 가질까? 개개인의 라이프 사이클이 다양하게 분화되면서 더 이상 전 국민이 사랑하는 베스트셀러가 탄생하기 어렵기 때문이다.

오프라인 커머스가 유통이 아니라 매체로 변신하다
앞으로 기업은 기존과는 다른 방법으로 고객에게 접근해야 한다. 고객 개개인의 특성을 파악하고 고객의 행동과 경험과 니즈를 잘게

쪼개서 세분화해 접근해야 한다. 고객은 마케팅으로 그럴듯하게 포장된 의미 없는 과장을 거부하고 있다. 고객 삶의 관점을 깊이 있게 이해함으로써 전체적인 모습과 맥락에 따른 취향을 존중하고 경험을 제공하는 것이 중요해지고 있다.

고객은 기업이 '나'를 알아보는지, 나에게 관심을 가지고 반응하는지 등을 살피고 있다. 기업은 브랜드 이미지를 각인하는 것은 물론이고 고객의 라이프스타일의 변화까지도 끌어내야 한다. 과거 기업이 경쟁 상품 대비 더 좋은 특징을 중심으로 한 고유판매제안**USP, Unique Selling Point**을 말했다면 이제는 고객이 브랜드를 사용하는 장면을 그릴 수 있도록 해야 한다. 그래서 기업은 고객에게 브랜드를 사랑하는 사람으로서 자신만의 개성을 살릴 수 있다는 이미지를 심어주어야 한다.

예를 들어 뉴욕의 편집 매장인 스토리**Story**는 오프라인 공간을 마치 잡지를 구독하는 것처럼 경험할 수 있다. 잡지가 매월 특정 콘셉트로 구성되는 것처럼 스토리는 1~2개월 간격으로 매장의 주제를 정해서 인테리어와 상품을 변경한다. 이때 상품에 담긴 스토리를 발굴해서 고객의 흥미를 유발할 수 있도록 하는 것이 특징이다.

스토리는 스스로를 유통이 아니라 매체로 정의하고 있다. 이에 따라 수익 모델은 상품 판매 수수료가 아니라 입점 업체들로부터 받는 편집 비용**Editing Fee**이다. 올림픽처럼 메인 스폰서도 운영하고 있다. 인텔, 타깃, GE, 리바이스, 펩시, 아메리칸익스프레스 등의 글로벌 기업들이 후원하고 있다. 이는 잡지가 콘텐츠 중간중간에 광고를 게재해 수익을 내는 방식과 유사하다.

기업은 제품을 판매할 목적도 있지만 브랜딩 관점으로 접근하는 경우가 더 많다. 지금 당장 판매되는 것은 아니지만 미디어가 끌어모은 사람들의 관심을 바탕으로 브랜드의 포지셔닝을 강화해가는 것이다.

고객을 묶어두는 구독형 커머스가 떠오른다

라이프스타일 제안은 구독 모델로 확장되고 있다. 구독 모델은 디지털 콘텐츠 같은 무형의 상품에서 많이 찾아볼 수 있지만 최근에는 식료품, 화장품, 패션, 가구, 가전제품, 자동차, 오프라인 공간 등으로 확대되고 있다. 기업이 구독으로 전략적 방향성을 바꾼 것은 유통 영역에서 플랫폼의 영향력이 커졌고 시장에서 고객 데이터의 역할이 점점 더 중요해졌기 때문이다. 그리고 고객과 직접 만날 수 있는 여건이 형성됐기 때문이기도 하다.

구독 모델은 서비스의 유형, 상품군, 제공 방식에 따라 멤버십형, 정기배송형, 렌털형 등 다양한 형태를 보이고 있고 물리적 상품과 디지털 상품으로 구분할 수도 있다. 유형의 제품을 구매하는 커머스 관점에서 구독 모델은 정기배송형과 멤버십형을 활용하고 있다. 정기배송형은 휴지, 샴푸, 면도기, 양말 등의 생필품이나 고객별 취향에 따른 커피, 와인, 취미용품 등의 품목을 주기적으로 배송받는 것이다. 최근에는 큐레이션이 접목돼 다양한 고객 니즈를 충족하는 형태로 진화하고 있다.

그런데 자주 사용하지 않아 재고가 쌓이거나 집 근처의 편의점에서 언제든지 손쉽게 구입할 수 있거나 혹은 잦은 할인판매로 가격

매월 큐레이션으로 선택된 전통주와 안주를 담은 술담화의 '담화박스'

(출처: 술담화)

변동이 있는 상품은 정기배송과 결이 맞지 않는다. 지난주에 받은 우유를 미처 마시지 못한 상태에서 새 우유가 배송됐다면 또는 집에 있는 시간이 많지 않아 이전에 배송받은 상품을 버린 경험이 있다면 정기배송을 해지할 가능성이 크다. 더욱이 쿠팡이나 마켓컬리에서 멤버십 비용을 지불하면 필요할 때 빨리 받아볼 수 있는 대체재가 존재한다.

유형의 상품 중 정기배송과 결이 맞는 것은 재고의 부담이 없거나 배송의 가치가 크거나 기존 유통으로 구매하기가 어렵거나 쇼핑 자체의 즐거움이 큰 것들이다. 예를 들어 전통주를 배송하는 술담화는 한 달에 3병 정도의 전통주를 배송한다. 한 달에 3병이면 충분히 소화할 수 있는 양으로 재고 부담이 없다. 그리고 전국에 있는 2,000여 종의 전통주 중 큐레이션과 스토리를 통해서 배송하기 때문에 배송의 가치가 있을 뿐만 아니라 기존 유통 채널에서 구매하기 어려움, 쇼핑의 즐거움 등의 가치가 있다. 다만 전통주 구독 서비스를 이용하는 사람이 제한적이기 때문에 시장 규모가 크지 않아 폭발적 성장을 하기에는 한계가 있다.

　유형의 상품이 정기배송으로 판매되기 위해서는 오프라인 물류 망이 필요하다. 제주 삼다수가 쿠팡에서 판매를 중단하고 삼다수 앱을 통해 직접 판매할 수 있었던 것은 판매 판권을 가지고 있는 광동제약의 오프라인 물류망이 있었기 때문이다. 제주개발공사는 꾸준히 증가하는 온라인 판매에 대응하기 위해 1,500억 원을 투입해 친환경 팩토리를 구축하는 한편 내륙 수요에 대응하기 위해 자체적인 물류거점을 건립하고 있다.

　여기에 더해 플랫폼 기업들은 멤버십형으로 구독을 강화하고 있다. 플랫폼 구독 모델의 특징은 자주 사는 상품을 더 저렴하면서도 편리하게 제공받는 것이다. 유형의 상품은 대부분 구독에 적합하지 않음에도 쿠팡과 네이버에서 구독이 작동하는 이유는 누군가 대신 해줬으면 하는 단순 반복적인 일이거나 추가 할인 등이 제공되기 때문이다. 쿠팡은 세 가지 상품을 정기구매하면 무료배송에 추가할인까지 제공한다. 무엇보다도 동일한 상품을 반복적으로 구매하는, 생활에 꼭 필요하지만 신경 쓰고 싶지 않은 일에서 해방시켜 준다.

엔터테인먼트 커머스는 상품이 아니라 즐거움을 판매한다

　커머스는 쇼핑과 엔터테인먼트가 결합해 몰입도 높은 경험을 제공하는 형태로 전환되고 있다. 예를 들어 뉴욕과 LA 등에 있는 신개념 리테일 숍 쇼필즈Showfields는 쇼룸의 미래를 보여준다. 쇼필즈 매장을 경험하려면 사전에 티켓을 예약해야 한다. 30분 단위로 일정 고객을 모아 입장시킨 후 매장 내에서 공연하듯 상품을 소개한다.

쇼필즈 쇼룸에서의 공연 소재는 브랜드다. 배우들은 브랜드 쇼룸을 넘나들며 공연하고 고객들은 쇼룸의 상품과 공연을 즐긴다. 배우와 고객이 상품을 시연해보면서 함께 호흡한다. 공연의 흐름이 끊기지 않도록 매장 내에서는 상품을 판매하지 않으므로 공연이 끝난 후 마지막 코너인 '더 랩'에서 구매를 할 수 있다. 놀이공원에서 온종일 신나게 놀다가 집에 돌아가는 길에 기념품을 구입하는 장면이 연상된다.

쇼필즈는 제품의 진열과 판매가 아니라 사용하는 환경과 경험에 초점을 둔다. 예를 들어 내추럴 커피 스크럽 제품으로 유명한 프랭크 보디Frank Body 쇼필즈 쇼룸에서는 브랜드에서 사용하는 커피 원두를 직접 갈아보게 하는 등 여러모로 제품을 경험해보도록 하고 있다.

쇼필즈는 제품 판매가 아니라 환경과 경험에 초점을 두고 있기에 수익 모델은 판매 수수료가 아니라 단기 임대료 형태의 구독료에서 발생한다. 쇼필즈 매장에서 판매되는 상품값 전부는 브랜드가 가져간다. 대신 쇼필즈는 쇼룸의 위치에 따라 브랜드로부터 구독료를 받는다. 사람들이 많이 방문하는 장소는 금액을 높게 책정하고 티켓이 있어야만 입장 가능한 장소는 조금 낮은 수준의 금액을 책정한다. 임대료가 유동 인구가 많은 대로변은 비싸고 이면도로 쪽은 저렴한 것과 같다.

더 나아가 오프라인은 상품을 전시해 놓고 파는 곳이라는 상식을 뒤집는 형태의 매장들도 생겨나고 있다. 전자기기를 파는 '베타b8ta'

가 대표적이다. 다른 매장에서 볼 수 없는 혁신적인 제품과 서비스를 제공함으로써 고객이 과거 오프라인 유통에서 경험하지 못했던 새로운 경험을 즐기도록 고객 경험에 집중한다는 점에서는 다른 체험형 쇼룸과 같다. 하지만 베타의 진가는 제품 판매로 돈을 벌지 않는 것에서 드러난다. 매장 내에서 판매된 금액은 전부 브랜드와 기업이 가져가는 대신 오프라인 매장의 진열 공간에 대한 비용을 받는다. 이것이 일반적인 임대료와 다른 점은 공간에 대한 비용이 아니라 공간을 방문한 고객의 행동 데이터에 대한 비용이라는 점이다.

베타는 매장 천장에 15~24대의 카메라를 설치해 놓고 고객의 움직임을 찍는다. 성별과 연령대 같은 인구통계학적 정보뿐만 아니라 어떤 제품 앞에서 주로 발걸음을 멈추는지, 어떤 제품을 사용할 때 어떤 반응을 보이는지 분석해서 제공한다. 제조 회사는 이를 통해 고객이 어떤 사람들인지, 사용 평가는 어떤지 등의 인사이트를 얻게 된다. 제조 회사로서는 수집된 디지털 데이터뿐만 아니라 직원과 고객의 대화를 통해 얻은 제품에 대한 피드백도 받기 때문에 제품 개선에 큰 도움이 된다. 이 때문에 제품 판매가 아니라 고객 행동 데이터를 판매하는 것으로 오프라인 유통의 미래상을 제시했다는 평가를 받고 있다.

물론 베타를 찾은 고객들도 즐거워한다. 다른 곳에서는 살 수 없는 신제품을 가장 먼저 만날 수 있기 때문이다. 또 제품을 사용해본 후 구매하지 않아도 되므로 부담도 없다. 이처럼 온라인의 가격경쟁력에 밀려 사양 산업으로 접어들 수밖에 없을 것만 같던 오프라인 매장이 새롭게 변신하고 있다. 오프라인은 온라인의 강점을 흡수하면서 온라인이 할 수 없는 일들에 집중하고 있다.

오프라인 비즈니스가 가격 경쟁이 아니라 체험 경쟁을 하다

쇼핑과 엔터테인먼트의 결합에서 알 수 있듯이 오프라인에서 판매 영역은 줄어들고 있다. 하이마트에서 제품을 확인한 후 네이버에서 최저가를 검색하거나 오프라인 서점에서 책의 내용을 확인한 후 온라인으로 구매하는 것은 더 이상 낯선 일이 아니다. 오프라인에서 실물을 확인했기 때문에 구매 실패에 대한 부담을 덜 수 있고 온라인에서 구매했기 때문에 돈도 절약할 수 있다. 여기에 온라인 사이트에서 제공하는 쿠폰이나 적립 등을 사용하면 혜택은 더 커지게 마련이다. 당장 필요한 것이 아니라면 하루나 이틀 기다리는 것은 큰 문제가 되지 않으므로 이런 일은 갈수록 증가하고 있다.

이 지점에서 오프라인 기업은 딜레마에 빠질 수밖에 없다. 고객에게 중요한 것은 자신이 원하는 제품을 원하는 시간에 원하는 장소에서 원하는 방식으로 구매하는 것이지 온라인인지 오프라인인지가 아니다. 결국 기업은 온라인과 오프라인의 통합 경험을 제공하는 방식으로 나아갈 수밖에 없다.

여러 번의 시행착오 끝에 베스트바이는 자신만의 길을 찾아냈다. 오프라인을 단순히 상품의 판매 장소가 아니라 고객과의 접점이자 서비스를 제공하는 공간으로 발상을 전환했다. 백화점에 입점한 개별 브랜드가 각자 개성을 살려 매장을 꾸민 것처럼 베스트바이 오프라인 매장을 쇼케이스 장소처럼 꾸미는 것이다. 이를 위해 삼성, 애플, 마이크로소프트 같은 대형 업체들과 계약을 체결하고 베스트

베스트바이에 설치된 삼성 체험존

(출처: CBS Interactive)

바이 매장 내에서 자체 브랜드존을 선보일 수 있도록 했다.

기존과 같이 진열대 하나에 여러 회사 제품을 전시하는 것이 아니라 각 업체만의 키오스크를 설치하고 매장 방문 고객들이 각각의 브랜드 쇼케이스 장소에 온 것 같은 느낌이 들도록 했다. 예를 들어 베스트바이 매장에 입점한 애플존에는 애플스토어에 있는 미니멀한 디자인의 원목 테이블이 놓여 있어 마치 애플스토어를 방문한 느낌이 나도록 했다.

전자제품 제조 회사는 새로운 상품이 출시되면 온오프라인에서 다양한 프로모션을 진행해야 한다. 그런데 미국 전역에 오프라인 매장을 확보하려면 비용이 커질 수밖에 없다. 또 매장을 직접 운영하게 되면 여러 가지 고정비가 든다. 이에 베스트바이는 오프라인 매장을 경험하고 체험할 수 있는 공간으로 임대하고 그에 대한 수수료를 받는 형식으로 비즈니스 모델을 개편했다. 그 덕분에 삼성과 애플 등은 오프라인 운영에 대한 비용 부담을 해소할 수 있게 됐다. 고객은 베스트바이에서 다양한 제조 회사의 제품을 비교하고 체험한다. 베스트바이는 이를 통해 수익 모델을 만들 수 있다. 모두가 승자인 게임인 것이다.

오프라인과 온라인이 통합되는 옴니채널 전략도 중요하다. 세포라Sephora는 증강현실 서비스인 세포라 버추얼 아티스트로 매장에서의 디지털 경험을 통합했다. 고객은 이 서비스를 활용해 가상으로 메이크업 제품을 체험한다. 또 세포라 앱에서는 개인의 선호도와 피부 유형에 따라 개인화된 제품을 추천한다. 고객은 앱으로 매장을 예약하거나 이벤트에 참석할 수 있다. 이처럼 오프라인 매장은 온라인 채널과 통합해 운영해야 원활한 쇼핑 경험을 제공할 수 있다.

하이퍼로컬 앱의 리커머스가 명품 매장을 위협하다

지역 밀착 서비스인 하이퍼로컬 비즈니스도 성장하고 있다. 하이퍼로컬은 '아주 좁은 범위의 특정 지역에 맞춘'이라는 의미를 지닌다. 당근, 네이버 주문, 카카오페이 QR코드 주문 등이 대표적인 서비스다. 슬리퍼를 신고 편하게 이용할 수 있는 가까운 권역인 '슬세권' 트렌드와 함께 중고 거래인 '리커머스Recommerce'의 활성화가 성장 배경이다.

하이퍼로컬의 대표 주자인 당근은 지역 기반의 중고 거래 플랫폼으로 출발하여 구인·구직, 부동산 직거래, 청소, 동호회 등 생활에 필요한 다양한 서비스로 확장되고 있다. 이러한 흐름을 읽고 네이버도 네이버 카페에 '이웃 서비스'를 추가하며 지역 기반 서비스를 강화하고 있다.

그러나 하이퍼로컬 서비스는 수익 모델을 찾기가 쉽지 않다. 당근의 경우 지역 광고로 수익이 발생하긴 하지만 의미 있는 수준이라고 보기 어렵다. 발생한 수익을 새로운 광고주 유입과 관리를 위한 비용으로 지출하기 때문이다. 무엇보다 높은 광고비를 지불할 수 있는 대기업을 끌어들이기가 쉽지 않다. 지역 기반 서비스인 당근에서 대기업 광고를 받게 되면 서비스의 정체성이 흔들리기 때문이다. 결국 당근이 따낼 수 있는 광고 시장은 네이버가 진행하는 플레이스 광고(지도 광고) 정도의 규모일 것이다.

당근은 의미 있는 수익 모델을 만들기 위해 자회사 당근페이를 설립했다. 당근페이는 신용카드사와 직접 계약하기 어려운 사람들의 결제 업무를 대신하는 전자결제대행사다. 사람들이 당근에서 중고 물품을 거래하고 구인·구직 활동을 하고 심부름과 청소 서비스를 의뢰하는 과정에서 당근페이를 사용하면 중간에서 수수료를 받는 형태의 수익 모델이다.

중고 거래는 하이퍼로컬 서비스를 중심으로 확대되고 있으나 네이버는 포시마크Poshmark를 인수하여 많은 사람의 뭇매를 맞았다. 왜 네이버는 해외 기업인 패션 중고 거래 플랫폼 포시마크를 인수했을까? 명품 중고 거래 산업의 성장률, 타 사업(웹툰, 검색, 쇼핑 등)과의 시너지 효과, 글로벌 진출 등 여러 이유를 들어 설명하고 있지만 시장에서는 기대보다는 우려가 더 컸고 주가가 큰 폭으로 하락했다.

그러나 커머스 산업을 구조적으로 본다면 괜찮은 결정일 수 있다. 산업 구조 관점에서 명품 산업을 들여다보면 키맨은 공급자인 명품 브랜드다. 국내에서 머스트잇, 트렌비, 발란 등이 온라인 중심의 명품 커머스 산업을 만들어가고 있지만 협상력이 없다. 만약 머스트잇이 구찌 브랜드를 판매해 큰돈을 번다면 구찌는 머스트잇에 더 많은 걸 요구할 것이다. 이때 머스트잇이 구찌의 요구사항을 수용하지 않으면 어떻게 될까? 공급을 중단할 수도 있다. 물론 명품 브랜드들은 총판에 해당하는 부티크와 리테일러를 통해 유통하기 때문에 직접적으로 관여하기 쉽지 않지만 충분히 영향력을 행사할 수 있다. 명품 브랜드는 그냥 만들어진 게 아니기 때문이다.

그렇다고 유통으로 성장한 머스트잇, 트렌비, 발란 등이 명품 브랜드를 만들어내기도 어렵다. 하나의 브랜드가 만들어지기까지는 오랜 시간이 걸릴 뿐만 아니라 제조에 대한 노하우가 필요하기 때문이다. 명품 시장의 질서를 만드는 건 브랜드지 유통 플랫폼이 아니다.

오프라인도 마찬가지다. 현대백화점은 목동점에 루이뷔통을 입점시키기 위해 인테리어 비용을 전액 지원했다. 거기다 최저 수수료를 제시했다고 알려져 있다. 40%가 넘는 수수료를 요구하면서도 실적이 없으면 바로 매장을 빼야 하는 다른 브랜드들과 비교할 때 형평성 면에서 큰 차이를 드러낸다. 현대백화점이 루이뷔통과 협상을 했다기보다 극진히 모셔 왔다는 표현이 맞을 것이다.

이와 달리 중고 거래 시장에는 다양한 상품군의 확보, 제품 탐색, 정품 확인, 편리한 결제 등 구매 여정에서 해결해야 할 여러 가지 어려움이 존재한다. 네이버가 인수한 포시마크를 중심으로 여러 기업이 시장에서 경쟁하고 있지만 아직은 지배적인 사업자가 없는 상태다. 결국 네이버의 주장처럼 기술력을 바탕으로 명품 산업의 밸류체인을 변화시킬 수 있다. 강력한 가격 통제력을 갖고 있는 명품 브랜드들과는 직접적으로 부딪치지 않으면서 새로운 비즈니스 모델 구현이 가능해 보인다. 이를 통해 오래 숙원사업인 영어권 시장에서 성과를 내는 것도 기대해볼 만하다.

또 고객이 구매한 명품을 중고로 재판매할 때 가격결정권은 소유자에게 있다. 머스트잇, 트렌비, 발란 등과 같이 신제품을 유통했을 경우 얻을 수 있는 이익보다 중고 물품을 고객 간 거래c2c 방식으로 연결했을 때 이익이 더 크다는 것을 알 수 있다. 산업의 성장세가 높은 것도 특징이다.

3

우리에게 맞는 시장 포지셔닝

외부 환경을 극복하는 커머스 비즈니스 모델을 찾다

기업의 비즈니스 모델은 기본적으로 정치, 경제, 사회, 기술적 요인에 영향을 받을 수밖에 없다. 이러한 외부 환경은 기업이 컨트롤할 수 없으나 비즈니스에 반드시 영향을 미친다. 어떤 영향을 미치는지 하나씩 살펴보자.

첫 번째, 정치적 요인은 시장의 규칙을 만든다. 러시아와 우크라이나의 전쟁, 미국과 중국의 패권 경쟁 등이 정치적 요인에 해당한다. 러시아와 우크라이나의 전쟁으로 원유와 곡물 가격이 상승했고 미국과 중국의 패권 경쟁으로 탈세계화가 가속하고 글로벌 공급망에 변화가 일어났다. 미국은 중국을 견제하기 위해서 반도체 같은 첨단 기술을 자국 중심으로 재편하고 있다. 중국은 이에 맞서 주도

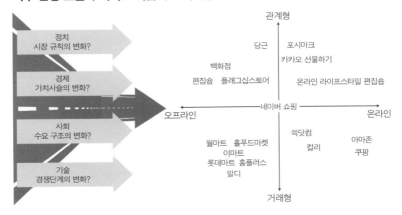

외부 환경 요인과 커머스 기업의 포지셔닝

권을 확보하기 위해 국가적 역량을 총동원하고 있다.

커머스 관점에서 정치적 요인은 유통산업발전법이나 온라인 플랫폼 규제 이슈를 들 수 있다. 쿠팡이 자회사를 통해 자체 브랜드PB 상품을 만들어서 판매하는 것은 고객 관점에서 고물가 시대에 부담을 줄여주는 것이지만 상품 판매 사업자 입장에서 보면 심판이 선수로도 활동하는 것이라서 공정성에 문제가 생길 수 있다. 이러한 문제는 다양한 이해관계자와 합의를 통해 정치적으로 문제를 해결할 수밖에 없다.

두 번째, 경제적 요인은 가치사슬을 변화시킨다. 온라인 쇼핑몰 시장의 성장이 대표적이다. 한국은행이 발표한 「지급결제 동향 보고서」에 따르면 2019년도에 온라인 결제금액이 오프라인 소매점 결제금액을 추월했다. 이후 오프라인 결제금액은 온라인 결제금액을 단 한 번도 넘어서지 못하고 있다.

단순하게 온라인 이용자가 증가한 것이 아니라 온라인에 익숙하지 않은 사람들이 온라인으로 유입됐다는 점에서 의미가 있다. 컬리에 따르면 2021년 10월 기준 50대 이상 고객 비중이 22%에 달하며 매출 신장률도 95%에 이른다. SSG닷컴도 2021년 약 10개월간 5060세대의 매출 신장률이 56%와 61%에 달하며 20~40세대의 매출 신장률 16% 대비 월등한 수치를 보여주고 있다. 코로나19 팬데믹 이후 남성과 중노년층의 비대면 쇼핑이 증가한 것이다. 이처럼 온라인 시장이 커지게 되면 가치사슬이 변화될 수밖에 없다.

세 번째, 사회적 요인은 수요 구조를 변화시킨다. 1인 가구 증가가 대표적이다. 1인 가구가 증가하면서 농촌에서는 과일을 작게 농사짓기 시작했다(1차 산업). 유통 과정에서는 소포장이 증가하고 있고(2차 산업) 소비 과정에서는 상품의 기능적인 특징보다는 스토리와 경험 등을 구매하는 비중이 증가했다(3차 산업). 4인 가구 중심으로 판매하던 대형마트는 시장이 축소되는 반면 1인 가구를 중심으로 다양한 상품을 제안하는 편의점이 꾸준히 성장하고 있다. 산업통상자원부에 따르면 2021년도 CU, GS25, 세븐일레븐 등 편의점 3사의 매출이 사상 처음으로 이마트, 롯데마트, 홈플러스의 매출을 앞질렀다. 1인 가구를 중심으로 다양한 전략을 앞세운 편의점이 오프라인 유통 시장에서 대형마트를 꺾은 것이다.

네 번째, 기술적 요인은 경쟁의 단계를 변화시킨다. 인공지능이 대표적이다. 인공지능이 세상에 나온 지는 70년이 넘는다. 꾸준히 발전하고는 있었지만 일반인이 인공지능을 체감하게 된 것은 비교적 최근의 일이다. 챗GPT 같은 생성형 인공지능을 접한 사람들은 열광했다. 이처럼 많은 사람이 경험하고 가능성을 확인하게 되면 관련 산업에 돈이 몰리게 돼 있다. 그렇게 사람과 돈이 몰리면 그동안 가능성에 머물렀던 산업에 의미 있는 시장이 만들어진다. 기술을 통해 경쟁의 단계가 새로운 양상으로 전개되는 것이다.

테크 전략은 콘텐츠에서 커뮤니티와 커머스로 완성된다

플랫폼 비즈니스는 콘텐츠 → 커뮤니티 → 커머스 순서로 성장한다. 다른 곳에는 없는 유용한 콘텐츠로 사용자를 모으고 커뮤니티를 통해 충성고객을 만든 후 제품과 서비스를 판매하는 방식으로 수익 모델을 추구한다. 물론 중개수수료와 광고로 돈을 벌 수도 있다. 하지만 이는 시장 규모가 커야 가능한 방식이다. 그래서 충분한 시장 규모를 확보하지 못한 기업은 버티컬 플랫폼으로 나아가게 마련이다. 오늘의집, 무신사, 29CM, 지그재그, W컨셉, 오아시스마켓 등이 대표적이다. 온라인 전환이 가속되는 가운데 시장 세분화도 계속 진행될 것이다.

버티컬 커머스 기업이 시장 구조를 역전시키는 방법의 하나가 기술이다. 기술을 통해 더 저렴하게 만들거나 새로운 가치를 제공할 수 있으면 고객의 선택을 받을 수 있다. 예를 들어 스타일링 서비스 기업 스티치픽스는 인공지능으로 고객의 취향을 정교하게 분석해 스타일링한 제품을 보내주는 비즈니스 모델로 나스닥에 상장됐다.

회원 가입 시에 신체 치수, 선호하는 패션 스타일, 라이프스타일, 기피하는 색상, 기피하는 소재 등에 관해 질문한다. 선호 취향을 저장하는 SNS인 핀터레스트의 정보 이용 동의도 받는다. 인공지능이 50여 가지 데이터로 고객의 취향을 분석하고 30조 가지의 경우의 수를 조합하여 아홉 가지의 패션 아이템을 추린다. 그러면 3,000여 명의 사내 스타일리스트가 패션 트렌드와 고객의 거주 지역 등을 고려해 다섯 가지 아이템을 최종 선정해 배송한다. 물론 스티치픽스는 상장 이후 주가가 연일 최저점을 기록하고 있다. 스티치픽스가 맞고 틀리고를 떠나서 기술은 더 많은 것을 더 저렴한 가격에 가능하게 한다. 비즈니스 모델 관점에서 기술은 중요한 고려 요인이 될 수밖에 없다.

커머스의 비즈니스 모델을 이야기할 때 고민되는 지점이 제품-시장 적합성이다. 제품-시장 적합성은 제품이 시장의 요구와 기대에 부응하는 정도를 의미한다. '개인화되고 편리한 쇼핑 경험'이라는 스티치픽스의 비즈니스 가설이 실현 가능한지에 대해 의문을 던지는 사람들이 많다. 스티치픽스는 직접 옷을 제조하지 않아 수익률에 한계가 있는 데다 높은 인플레이션, 수요 감소, 비대해진 재고로 마진과 이익이 떨어지고 있다.

스티치픽스는 시중에 유동성이 풍부했던 시절에는 수익보다 성장률로 투자받고 나스닥에 상장까지 됐다. 하지만 시장 상황이 바뀌고 돈줄이 말라가면서 자체 비즈니스를 통해 수익을 내도록 요구받고 있다. '그때는 맞고 지금은 틀린 것'이기도 하고 비즈니스에서 중요한 '타이밍'의 문제이기도 하다. 결국 앞으로의 비즈니스 모델에서 힘을 얻는 주장은 '돈을 벌고 있느냐?'가 될 것이다.

기술은 거들 뿐이고 결국 고객으로 집중해야 한다

커머스 측면에서 온라인의 영향력이 커졌지만 본질은 변하지 않는다. 빠른 배송, 저렴한 가격, 친절한 서비스 같은 기본적인 것을 갖추지 않고서는 온라인이든 오프라인이든 성과를 낼 수 없다. 오프라인에서 운영했던 경험으로 온라인에 접근하거나 제조 마인드로 온라인을 바라봐서도 안 된다.

사람들은 자신에게 편리한 방식과 익숙한 방식으로 살아가기 때문에 하루아침에 소비 습관이 바뀌지 않는다. 온라인의 성장세가 높기는 하지만 오프라인 중심의 백화점이 여전히 건재한 것은 오프라인을 선호하는 사람들도 많기 때문이다.

거래에서 관계로 전환되는 비즈니스 모델 방식 중 대표적인 것이 D2C와 구독 모델이다. 고객 직접판매 방식인 자사몰을 표방했던 기업들이 한발 뒤로 물러섰다고 해서 그 비즈니스 모델이 끝났다고 말할 수 없다. 커머스 기업 입장에서 자사몰을 하지 않고 기존의 판매 채널에 의존하게 되면 고객 데이터를 얻을 수 없고 브랜드 고유의 세계관을 전달할 수 없게 된다. 결과적으로 차별화된 경험을 제공하지 못하는 기업은 고객의 선택을 받지 못할 것이다. 결국 강한 자극으로 일시적인 입소문이나 바이럴에 의존하기보다는 장기적으로 의미 있는 인게이즈먼트Engagement를 축적하는 방향으로 전환될 것이다.

기술 중심의 사고방식도 위험하다. 디지털 기술을 중심으로 플랫폼의 영향력이 커지고는 있지만 세상을 바꾸는 것은 기술이 아니다. 비즈니스에서 기술은 매우 중요한 요소이지만 그 자체가 세상을 바꾸지는 못한다. 우리가 사용하는 제품과 서비스는 인류 최고의 기술로 만들어진 것이라기보다는 고객이 지불한 가격보다 조금 더 나은 수준으로 만들어진 것들이 대부분이다.

결국 기술이 기술에 머물지 않기 위해서는 고객에게 집중해야 한다. 고객에게 기술을 통해서 새로운 가치를 제공함으로써 고객이 편리함을 경험하게 되면 기존의 것을 버리고 새로운 것을 받아들이게 된다. "우리의 기술은 이렇게나 우수합니다."라고 이야기하기보다는 "우리는 고객에게 새로운 가치를 제공하기 위해서 이런 기술을 확보하고 있습니다."라고 이야기하는 기업이 미래를 가져가게 마련이다.

13장

커머스, 클라우드, 광고를 넘어 인공지능 생태계를 구축한 아마존

이기혁Will Lee

아마존웹서비스 스타트업 에코시스템 동아시아 총괄

현재 아마존웹서비스에서 동아시아 스타트업 생태계 사업 개발, 전략, 투자를
총괄하고 있다. 18년 이상의 IT, 창업, 투자 경력이 있으며 한국, 홍콩, 상하이
에서 활동해왔다. 글로벌 투자사 앤틀러Antler와 테크스타스Techstars의 멘토
와 자문위원으로 있다. 홍익대학교 산업공학과, 상하이 CEIBS에서 MBA를
수료하고 카이스트 미래전략대학원 박사과정에서 조직전략에 관한 연구를 병
행하고 있다.

will.vision@gmail.com

1

아마존의 커머스, 클라우드, 광고

전 세계 수백만 기업이 아마존웹서비스를 이용하다

아마존의 주요 사업 분야는 크게 커머스와 클라우드로 나뉜다. 아마존의 대표적인 사업인 커머스 비즈니스는 전 세계에 약 3억 명의 고객을 확보하고 있으며 그중 64.5%에 해당하는 약 2억 명이 아마존 프라임 구독 서비스를 이용하고 있다. 또 다른 핵심 사업인 클라우드 비즈니스는 수백만의 기업과 파트너사가 아마존웹서비스를 이용하며 상호 협력하고 있다. 재무적 성과로 살펴보자면 전체 매출은 2023년에 5,750억 달러(한화 약 786조 원)를 기록했고, 그중 커머스 비즈니스가 4,710억 달러(한화 약 644조 원), 클라우드 비즈니스가 910억 달러(한화 약 124조 원) 수준이다. 코로나19 이후 전체 매출성장률은 9%에 그쳤지만 클라우드 비즈니스는 29%의 높은 성장률을 기록했다.

아마존의 광고 비즈니스가 유튜브를 추월했다

장기적으로 볼 때 아마존의 성장 가능성은 여전히 크다. 아마존 CEO 앤디 재시**Andy Jassy**는 "아마존의 커머스 매출은 아직 전 세계 도소매업 매출의 1%에 불과하며 도소매업의 85%가 오프라인 매장에서 발생하고 있다. 또한 클라우드 비즈니스의 경우 90% 이상의 IT 지출이 클라우드가 아니라 온프레미스**on-premise**[32]에서 발생하기 때문에 앞으로 몇 년 안에 이 비율이 뒤집힌다면 더 많은 기회가 있을 것이다."[33]라고 밝힌 바 있다. 이는 아마존의 커머스 비즈니스와 클라우드 비즈니스가 미래에 더 크게 성장할 가능성이 있다는 것을 의미한다.

그뿐만 아니라 아마존의 광고 비즈니스는 370억 달러의 매출을 기록하며 20% 이상의 성장률을 보였다. 이는 알파벳의 유튜브 광고 매출 290억 달러를 추월한 수치로 불확실한 거시 환경으로 인해 대부분의 기업이 광고를 집행하기 매우 어려운 상황에서 거둔 의미 있는 기록이다. 이 때문에 미국의 IT 전략 전문가이자 벤처캐피털 A16Z의 전 파트너였던 베네딕트 에반스**Benedict Evans**[34]는 "아마존의 광고 비즈니스는 아마존웹서비스처럼 장기적으로 아마존 사업 전체에서 영업이익률의 50% 이상을 기여할 수 있을 것"이라고 전망하고 있다.

아마존의 광고 비즈니스는 어느 날 갑자기 등장한 것이 아니다. 아마존은 커머스 비즈니스를 통해서 25년 동안 인공지능 영역에 계

아마존과 유튜브의 광고 매출 비교

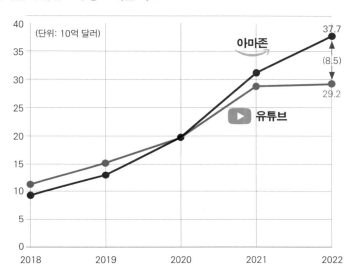

(출처: 트렌드라인, 2023)

속 투자했고 머신러닝을 활용해 고객이 어떤 키워드를 입력하더라
도 원하는 제품의 최적화된 검색 결과를 제공해왔다. 이는 약 2억
명이 구독하는 프라임 멤버십의 확대에도 중요한 역할을 했다. 이러
한 상황에서 제삼자 판매자 매출이 전체 커머스 매출의 60% 이상
으로 확대됨에 따라서 광고주와 브랜드에게 더 많은 고객 클릭을 유
도할 더 나은 연결이 필요했다. 제삼자 판매자는 아마존 광고 비즈
니스를 통해 아마존 프라임 고객에게까지 제품을 판매할 수 있게 됐
고 이는 더 높은 구매 전환율로 이어졌다.

커머스, 클라우드, 광고의 시너지로 플라이휠을 극대화하다
아마존웹서비스는 커머스와 마찬가지로 광고 비즈니스에도 고도

화된 서비스를 제공하고 있다. 아마존의 비즈니스 플라이휠은 커머스, 클라우드, 광고라는 사업 요소들이 상호작용하며 더욱 사업적 시너지를 극대화하고 가속화하고 있다. 예를 들어 아마존웹서비스의 인공지능 추천 엔진은 커머스에서 제삼자 판매자나 브랜드를 위한 광고 비즈니스에도 사용되고, 커머스 비즈니스를 하는 기업 고객과 스타트업에도 활용된다.

아마존웹서비스는 데이터 사이언티스트나 인공지능 전문가를 확보하기 어려운 고객이 인공지능 추천 엔진을 쉽게 사용할 수 있도록 아마존 퍼스널라이즈Amazon Personalize 서비스를 제품화했다. 현재 약 10만 개의 기업이 인공지능과 머신러닝을 이용한 아마존웹서비스의 추천 엔진과 다양한 서비스를 사용하는 것으로 추산한다. 국내에서는 롯데마트, 우아한형제들, 당근마켓, 컬리 등의 기업이 활용하고 있다.

2

글로벌 표준 아마존 물류 시스템의
지속적인 혁신

아마존의 물류센터를 통칭하는 풀필먼트센터는 물류 네트워크 측면에서 전 세계 많은 이커머스 기업의 벤치마킹 대상이 됐다. 특히 고객이 주문하고 결제**Buy Now**하면 바로 배송한다는 것은 물류 네트워크가 뒷받침되지 않으면 불가능한 일이다.

아마존에서 고객까지 전달되는 공급망의 범위는 크게 세 영역으로 나뉜다. 글로벌 운송과 관련한 '인바운드 트랜스포테이션**Inbound Transportation**', 아마존의 풀필먼트센터에서 처리되는 '미들 마일**Middle Mile**', 아마존의 배송센터에서 최종 고객에게 전달되는 '라스트 마일**Last Mile**'이다. 이러한 아마존의 공급망에서 현재와 미래에 이뤄질 다양한 혁신 방안에 대해 자세하게 살펴보고자 한다.

글로벌 소싱을 위한 인바운드 트랜스포테이션을 선보이다

아마존은 전 세계에서 가장 많은 상품을 소싱해서 판매하고 있다. 이를 위한 상품 소싱의 첫 단계가 국경 간 물류다. 국경 간 물류 운송의 속도와 비용을 최적화하여 미국 내에서 이뤄지는 것처럼 간단하고 빠르고 신뢰성 있게 상품을 운송하는 것을 목표로 하고 있다. 이를 위해 기존의 항공 운송에만 머물지 않고 물류 운송 방법을 다변화하고 있다. 우선 대양 횡단 운송을 통해 해상 화물을 늘리고 있으며 탄소배출량을 줄이기 위해 바이오 연료 사용을 늘리고 있다. 또한 2022년부터 북미와 유럽에서 해상 화물과 더불어서 철도 물동량도 항공, 해상, 철도 등 대부분의 국경 간 물류망을 모두 활용하고 있다.

아마존 독일의 아마존 프라임 에어 허브

(출처: 아마존, 2020)

미들 마일은 친환경 운송망으로 전환되다

미들 마일 운송은 아마존의 풀필먼트센터에 화물이 도착하면 시작되어 주문처리센터, 분류센터, 배송스테이션을 순서대로 거친다. 운송은 비행기나 기차로도 하지만 보통은 트럭을 이용한다. 트럭은 장거리 운송 등에서 전기차 충전 인프라를 많이 필요로 하기 때문에 전기차를 활용하기 어려운 점이 있다. 그래서 현재 아마존에서는 재생천연가스RNG를 사용하는 트럭, 배터리로 작동하는 전기 트럭, 수소를 사용하는 트럭을 실험하고 있다. 독일에서는 20대의 전기대형화물차eHGV, electric Heavy Goods Vehicles를 도입했고 영국에서도 5대의 유사한 차량을 추가했다. 앞으로는 다양한 에너지원을 이용한 새로운 운송 수단들이 기존의 대형 화물 운송 수단으로 사용되는 디젤 차량을 대체하며 물류망에서 발생하는 환경오염을 예방할 것이다.

영국 아마존 풀필먼트센터의 전기대형화물차eHGV

(출처: 아마존, 2020)

라스트 마일은 고객의 손까지 무공해 배송을 지향하다
라스트 마일 운송은 고객이 주문한 제품을 우체국이나 배송지에서 받아서 고객의 손에 전달하는 마지막 과정이다. 과거 이 라스트 마일 운송 과정에서 휘발유 차량을 사용했다면 현재는 전기차, 전기 화물 자전거, 도보로 배송 방법을 다양화하고 있다. 미국에서는 2022년 한 해 동안 9,000대 이상의 전기차를 통해서 1억 4,500만 건이 배송됐다. 그중에서 2019년 아마존이 투자한 리비안Rivian에서 만든 전기 배달 밴이 2,600대 이상 활용됐다. 아마존은 2030년까지 전기 배달 밴을 10만 대로 늘릴 예정이며 아마존 유럽은 무공해 배송 차량을 더욱 확대하기 위해 10억 유로 이상을 투자할 계획을 발표했다. 아마존 인도는 2022년 말까지 3,800대의 전기차와 158대의 중거리 전기차를 통해 배송했다.

아마존의 리비안 전기 배달 밴

(출처: 아마존, 2020)

마이크로 모빌리티로 식료품을 배송하다

아마존은 마이크로 모빌리티 솔루션으로 배기가스 배출량을 줄이기 위해 노력하고 있다. 유럽에서는 20여 개 도시에 마이크로 모빌리티 허브를 구축해 도보 또는 전기 자전거로 더 짧은 배송이 가능해졌다. 영국에서는 맨체스터와 런던에 전기 자전거를 통한 배송을 진행했고 프랑스와 이탈리아 전역에도 유사한 허브를 설치해 마이크로 모빌리티 솔루션을 추가할 계획이다. 미국에서는 식료품을 배송하는 마이크로 모빌리티를 계속해서 개선하고 있다. 도보나 전기 자전거를 통한 식료품 배달은 2019년에 시작됐으며 이후 2022년에는 160만 건 이상의 주문(910만 건 이상 패키지)으로 확대됐다. 이는 고객과 더 가까운 곳에 재고를 확보했기 때문에 가능했다. 2023년 이후에는 전기 자전거를 비롯한 차세대 마이크로 모빌리티 장비를 확대할 계획이다.

아마존 영국의 마이크로 모빌리티 허브를 통한 전기 자전거 배송

(출처: 아마존, 2020)

3

세계 최고의 물류 시스템이 또 한 번 진화

아마존은 2023년 기준 200개가 넘는 풀필먼트센터와 2,000개가 넘는 물류거점에서 127만 명의 인력이 12만여 대의 트럭, 밴, 비행기를 통해서 매년 약 100억 개의 제품을 처리하고 있다.

앞서 살핀 인바운드 트랜스포테이션, 미들 마일, 라스트 마일을 비롯한 오프라인 배송에서 친환경 에너지원을 확대하는 전략을 실행함과 더불어 물류 네트워크 전반에 걸쳐 전략, 프로세스, IT 시스템을 고도화했다. 아마존의 물류 전략이 고도화된 것은 코로나19의 영향도 컸다.

커머스 기업을 넘어 미국 최대 운송사업자가 될 것인가

아마존의 매출은 2019년 2,450억 달러에서 2022년에는 4,340

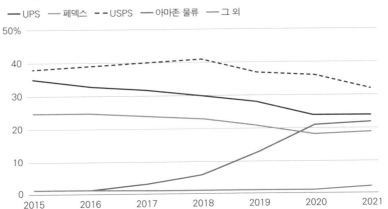

미국 배송 사업자의 시장점유율

── UPS ── 페덱스 ── USPS ── 아마존 물류 ── 그 외

(출처: Pitney Bowes, Parcel Shipping Index 2023)

억 달러로 2배 가까이 늘어났다. 이는 풀필먼트센터를 두 배로 확장해야 한다는 의미이기도 했다. 팬데믹 기간에 급증한 수요를 처리할 수 있도록 지난 25년 동안 구축한 기존의 풀필먼트센터와 물류 네트워크를 최적화하기 위해 물류 처리 전략을 반드시 조정해야만 했다. 아마존은 2021년부터 약 2년 동안 이런 변화의 속도에 맞춰가며 생산성을 높이기 위한 최적화 작업을 진행했다. 풀필먼트센터와 물류 네트워크의 모든 과정을 조사하고 다양한 프로세스와 메커니즘을 개선해 지속적인 생산성 향상과 비용 절감을 목표로 두었다. 이에 따라 기존의 광역 네트워크 모델에서 미국 내 8개의 지역 거점 모델로 변화했다. 앞으로 몇 년 안에 미국 내에서 두 번째로 큰 물류 배송 기업인 USPS와 유사한 규모로 성장할 것으로 전망한다.

아마존의 글로벌 운송 담당 부사장인 애덤 베이커Adam Baker[35]는 아마존의 물류 네트워크 전략이 어떻게 변화했는지에 대해 다음과 같이 설명했다. "과거에는 고객에게 가장 빨리 배송하는 것에 초점을 맞추었다. 하지만 지금은 예외적이고 급작스러운 수요 변동에도 우리의 거점 물류 네트워크를 통해 최대한 많은 물건을 처리하는 것에 중점을 두고 있다."

아마존 물류 네트워크는 규모의 경제로 또 한 번 앞서가다

팬데믹 이전의 모델에서는 빠른 배송을 위해서 계속해서 물류거점을 만들어야 했다. 그 과정에서 더 많은 설비 투자와 함께 더 많은 배송 운송 수단이 투입됐다. 보통 풀필먼트센터와 물류 네트워크는 투자 규모가 크기 때문에 3~5년 정도의 수요를 예측해서 전략을 세우는 것이 일반적이다. 하지만 코로나19와 같이 예상치 못한 대규모 수요 급증 상황에서는 기존의 물류 네트워크 전략만으로는 충분하지 않았다.

미국에는 약 1만 9,000개의 도시가 있다. 그중 인구가 20만 명이 넘는 100개 도시에 하루에 총 1만 개의 제품을 빠르게 배송해야 한다고 가정해보자. 간단히 산술적으로 계산해보면 10개의 풀필먼트센터를 통해서 각각의 풀필먼트센터가 100대의 트럭에 10개씩 제품을 싣고 각각의 도시로 보내면 된다. 이런 배송 작업은 효율적이지 않다. 이전에는 모든 트럭과 밴이 근거리와 원거리를 다 배송해야 했기 때문에 파악하기가 어려웠다. 그런데 100개의 도시를 10여 개의 거점 지역으로 나누고 각 지역을 주로 담당하는 풀필먼트센터가 있다고 가정해보자. 그렇게 하면 배송 지역이 더 적

아마존의 미국 내 8개 거점 지역 물류 네트워크

(출처: 아마존)

어져서 10개의 거점에서 각 10대의 트럭이 100개의 제품을 싣고 100개의 도시로 제품을 배송할 수 있게 된다. 즉 기존의 풀필먼트 센터의 배송 지역과 동선을 코로나19 이후 변화한 환경에 맞춰 거점을 기반으로 재배치하여 배송의 효율성을 올리는 것이다.

이렇게 아마존의 물류 네트워크는 기존의 미국 전체 지역을 커버하는 광역 네트워크 모델에서 8개 거점을 중심으로 하는 지역 네트워크 모델로 변경됐다. 이렇게 변경함으로써 개별 거점 내에서 빠른 배송의 장점을 활용하면서도 풀필먼트센터 관점에서 재고와 물류비용을 대폭 줄여 효율성을 높일 수 있었다. 만약 고객이 '즉시 구매'를 선택한다면 아마존의 적응형 교통 최적화 서비스ATROPS, Amazon's Adaptive TRansportation OPtimization Service 시스템을 통해 8개의 지역거점센터를 활용한 최적의 경로로 제품이 배송된다.

아마존의 리서치 사이언티스트 디렉터인 아미타브 신하Amitabh Sinha 는 그 성과를 이렇게 보고했다. "기존에는 풀필먼트센터 내에서 고객 주문 처리 비율이 62%였지만 거점 네트워크로 전략을 수정하여 76%로 향상됐고 앞으로도 계속 높아질 것이다."

4

스타트업 투자와 파트너십으로
아마존 생태계 구축

아마존의 방향은 지속가능한 발전이다

아마존은 내부에서 지속적인 혁신을 추구하는 동시에 아마존 외부의 스타트업 투자에도 적극적으로 참여하고 있다. 아마존은 여러 투자 분야 중에서도 인공지능 스타트업을 위한 '알렉사 펀드'와 로보틱스와 사물인터넷 분야에 투자하는 '아마존 인더스트리얼 이노베이션 펀드' 그리고 ESG 및 지속가능한 발전을 위한 '기후 서약 펀드Climate Pledge Fund'[36]를 운영하고 있다. 특히 기후 서약 펀드는 아마존의 커머스와 아마존웹서비스의 미래 비즈니스와 긴밀한 연관성이 있다.

기후 서약 펀드는 파리기후서약보다 10년 앞서는 2040년까지 탄소중립을 달성하기 위해 2020년 6월 20억 달러의 자금으로 시

아마존의 공급망 관련 투자와 파트너십 전략

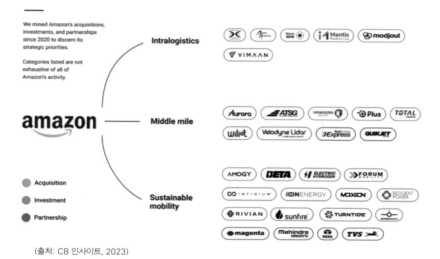

(출처: CB 인사이트, 2023)

작했다. 재생 에너지에 투자하고 아마존의 프로세스 운영 전반에 걸쳐 탄소중립을 위한 솔루션을 확장하고 파트너와 협력을 강화하는 것을 목표로 두고 있다. 이와 관련하여 2022년을 기준으로 아마존은 전력의 90%를 재생 에너지원으로 활용하고 있으며 2025년까지 100%로 끌어올리겠다는 계획이다. 또한 외부 기업들과의 파트너십을 기반으로 아마존과 아마존웹서비스를 통해 36개 국가에서 396개 기업이 2040년까지 탄소 순배출량을 완전히 줄이겠다는 기후 서약을 체결했다.

아마존은 펀드를 통해 투자한 리비안의 전기 배달 밴 2,600대를 포함해 9,000대의 전기 차량을 보유하고 있다. 160만 건의 주문이 마이크로 모빌리티 허브를 통해 전기 자전거로 배송됐다. 미국과 유럽에선 1억 4,000건의 주문이 전기 자동차로 배송됐다. 펀드의 주요 투자처는 기후 솔루션, 쓰레기와 패키징, 제품, 수자원, 인권, 공급망 등으로 상당히 넓은 영역에 걸쳐 있다.

아마존은 그중에서도 물류 네트워크에서 중요한 역할을 차지하는 물류 배송 차량과 로보틱스에 대한 투자와 더불어 인공지능 반도체, 수소와 원자력을 비롯한 대체 에너지원, 미래의 데이터 센터를 포함한 광범위한 영역으로 투자를 확장하고 있다. 이를 위해 2023년에 아시아에서는 최초로 한국의 벤처캐피털, 대기업, 스타트업들을 대상으로 한 파트너십과 투자 기회 확보를 위해서 주요 경영진이 한국을 방문하기도 했다.

플라이휠을 통해 아마존 생태계를 확대하다

아마존은 창립 이래 집착에 가까울 정도로 지켜온 한 가지 원칙이 있다. 바로 고객 집착이다. "모든 제품과 서비스를 고객으로부터 시작하여 거꾸로 생각한다."라는 것이다. 아마존은 온라인 서점에서 음악, 게임, 디바이스, 클라우드 서비스와 광고를 비롯한 다양한 비즈니스로 확대하면서 이러한 고객 집착 사고방식을 회사의 원칙으로 발전시키고자 했다. 아마존의 창업자 제프 베이조스는 이를 위해 '플라이휠 효과'라는 개념을 창안했다.

플라이휠은 간단히 말하면 무거운 회전 바퀴다. 처음에는 움직이기 어렵지만 일단 움직이면 점점 가속되어 결국 자체적으로 회전하며 큰 운동량을 만들어낸다. 자전거를 탈 때 처음 페달을 밟을 때는 힘들지만 일단 돌아가면 쉽게 움직이게 되는 원리와 유사하다. 과연 이 개념이 아마존의 비즈니스에는 어떤 의미가 있을까? 플라이

아마존 커머스의 플라이휠 효과

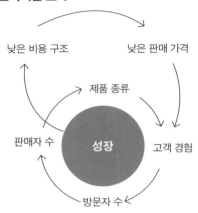

휠 효과는 고객에게 더 다양한 제품을 더 싼 가격에 공급하면 고객의 충성도가 높아져서 더 많은 고객이 유입되고 그로 인해 더 많은 판매자가 유입되어 결국에는 선순환 구조를 이룬다는 것이다.

주목할 점은 아마존의 플라이휠 효과는 단순히 커머스 비즈니스에서만 그치지 않는다는 점이다. 이 선순환 메커니즘은 아마존웹서비스와 아마존 광고 비즈니스 등 모든 비즈니스 분야에서 확인할 수 있다. 사업 분야마다 자체적인 플라이휠이 구성되어 있으며 전반적인 사업 성과를 끌어올리고 있다. 더욱 눈에 띄는 것은 이러한 다양한 플라이휠들이 독립적으로만 동작하지 않는다는 점이다. 이들은 서로 톱니바퀴처럼 맞물려 돌아가며 상호작용을 한다.

예를 들어 아마존웹서비스의 성공은 아마존의 커머스 비즈니스에도 긍정적인 영향을 주었고 그 반대도 마찬가지다. 이러한 상호작용은 아마존이 다양한 사업 분야에서 동시에 성장하고 경쟁력을 유지할 수 있도록 해준다. 이렇게 볼 때 아마존의 플라이휠 효과는

클라우드 트랜스포메이션 플라이휠

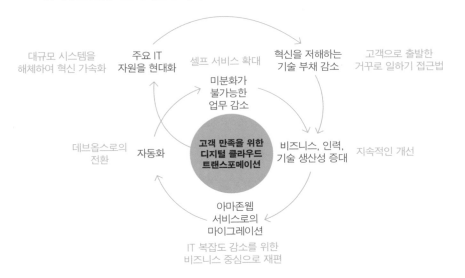

(출처: 아마존)[37]

단순한 선순환 구조를 넘어 회사 전체의 다양한 사업 부문을 견인하는 복합적인 역학 시스템으로 작용한다고 볼 수 있다.

아마존의 이러한 메커니즘에는 이를 뒷받침하는 유연한 조직을 빼놓을 수 없다. 아마존웹서비스의 클라우드 기술을 주도한 CTO인 버너 보겔스Werner Vogels 박사의 설명을 들어보자. "초창기 아마존의 전략은 성장이었다. 아마존은 대규모 시스템에서 시작됐지만 확장을 거치며 더 많은 품목, 더 많은 고객, 더 많은 주문을 수용하게 됐고 해외까지 진출했다. 따라서 초기에는 이런 성장을 지원할 수 있는 백엔드 데이터베이스를 확장하는 데 집중했다. 하지만 2001년에 들어서는 이러한 노력이 한계에 도달했다는 것을 알게 됐다."[38]

다양하고 복잡한 소프트웨어가 하나의 시스템으로 결합되어 있었기 때문에 간단한 기능 하나를 수정하려고 해도 다양한 부서와 협업하고 조율해야 했다. 이를 해결하기 위해서 마이크로 서비스 아키텍처라는, 즉 누구에게도 종속되지 않는 독립적인 형태의 IT 기반을 마련했다. 더불어 고객의 니즈와 수요에 따라서 무수히 만들고 없앨 수 있는 독립된 의사 결정권을 가진 '투 피자 팀Two-pizza Team'이라는 조직 구조를 만들었다. 피자 두 판을 같이 먹을 수 있는 6~10명으로 구성된 이 팀은 그 자체로 의사 결정 권한, 실행, 책임을 모두 담당하는 작은 기능 조직이다. 이 팀들이 16가지의 아마존 리더십 원칙[39] 아래에 제품과 서비스에 맞는 또 다른 각자의 플라이휠을 만들어내고 있다.

전용 CPU 개발로 클라우드 서비스를 혁신하다

2006년에 EC2[40]라는 서비스로 시작한 아마존웹서비스는 2023년 기준 200여 개의 서비스와 3,300여 개의 기능을 제공하면서 전 세계에서 가장 많은 제품과 가장 깊이 있는 서비스를 제공하고 있다. 2006년 초창기 아마존웹서비스는 대부분 대학의 연구실이나 스타트업에서 사용했다. 그 때문에 에어비앤비, 슬랙, 넷플릭스, 그랩, 캔바 같은 스타트업 고객들이 아마존웹서비스와 시작을 함께했고 아마존웹서비스 또한 이들과 함께 더 큰 성장을 이루었다고 볼 수 있다. 그리고 국내의 경우 2022년 기준 24개 유니콘 기업 중에서 22개 기업이 아마존웹서비스와 함께 혁신을 가속하고 있다.

아마존웹서비스는 245개 국가와 지역에서 클라우드 서비스가 가능하다. 글로벌 서비스를 제공하기 위해서 전 세계 32개의 지리적 리전Region 내에 102개의 가용 영역[41]을 운영하고 있으며 앞으로 캐나다, 말레이시아, 뉴질랜드, 태국에 4개의 리전과 12개의 가용 영역을 추가할 계획이다. 국내에는 2016년에 아시아 태평양(서울) 리전을 개설했다. 2023년 기준 서울 리전은 미국 동부(버지니아 북부), 미국 서부(오레곤), 아시아 태평양(도쿄)에 이어 4개 이상의 가용 영역을 가진 네 번째 리전이 됐다. 스타트업에서부터 대기업까지 수만 개의 기업 고객이 사용하고 있다.

클라우드 인프라스트럭처 매직 쿼드란트

(출처: 가트너, 2022)

IT 조사기관인 가트너의 최근 보고서를 보면 2022년 아마존웹서비스는 전 세계 클라우드 컴퓨팅 업계에서 시장점유율 40%로 선두 자리를 차지했고 2023년 2분기에는 아마존 전체 영업이익 77억 달러 중에서 70%를 차지했다. 아마존웹서비스는 이런 글로벌 데이터센터 네트워크의 혁신을 위해서 엔비디아, 인텔, AMD 등 다양한 반도체 기업들로부터 클라우드를 위한 반도체를 공급받고 있다.

아마존웹서비스의 추론형 인공지능 반도체 '인퍼런시아'

(출처: 아마존)

다른 한편으로는 2015년 이스라엘의 반도체 기업 안나푸르나랩을 인수해 독자적으로 반도체 개발에도 나섰다. 2018년에 아마존웹서비스 클라우드 내에서 사용 가능한 중앙처리장치CPU인 그래비톤AWS Graviton,[42] 2019년에는 인공지능 모델 추론을 위한 가속기인 인퍼런시아AWS Inferentia,[43] 2021년에는 인공지능 모델 훈련에 사용되는 가속기인 트레이니엄AWS Trainium[44]을 연달아 출시했다. 이러한 아마존웹서비스 전용 반도체는 기존 중앙처리장치나 그래픽처리장치GPU에 비해 가격경쟁력이 높을 수밖에 없으며 성능 또한 대폭 개선한 것으로 알려졌다. 기업 입장에서는 다양한 선택지에서 요구사항에 맞게 손쉽게 선택하고 실제로 실물을 볼 필요 없이 자사의 컴퓨터 환경에서 즉시 실행할 수 있어 편리하다.

아마존웹서비스에는 많은 기업이 다양한 데이터를 보관하고 있다. 기업 입장에서는 높은 수준의 보안을 유지하면서 그 기반 위에서 다양한 생성형 인공지능을 시도하는 것이 합리적인 대안이라 보는 시각이 확산되고 있다.

생성형 인공지능으로 상생의 문을 열다

아마존 CEO 앤디 재시는 2023년 2분기 실적 발표에서 "(아마존의) 모든 사업부가 현재 여러 가지 생성형 인공지능 전략을 진행하고 있다."라고 설명하면서 "생성형 인공지능은 다양한 비즈니스 운영 방식에서 비용 절감과 생산성 향상에 도움이 될 것이고 아마존이 제공하는 모든 고객 경험의 핵심이 될 것이다."라고 비전을 제시했다.

아마존은 아마존웹서비스를 통해 모든 비즈니스 영역에 생성형 인공지능을 고도화하고 있다. 아마존웹서비스는 생성형 인공지능과 인공지능 서비스를 제공하는 중추 역할을 한다. 아마존은 지난 25년 동안 인공지능과 머신러닝 개발에 막대한 투자를 해왔고 이 기술을 인공지능 스피커인 알렉사, 무인 매장인 아마존고, 아마존의 추천 검색 알고리즘 등 다양한 분야에 적용해왔다. 이러한 고도화에는 아마존웹서비스가 활용됐다. 그 결과 현재 전 세계 10만 개

아마존 생태계

(출처: Benjamin Talin, MoreThanDigital)[45]

이상의 기업 고객이 아마존웹서비스 클라우드에서 제공하는 수십 개의 인공지능 서비스를 사용하고 있다.

또한 아마존웹서비스는 2023년 7월 미국 샌프란시스코에서 '생성형 인공지능 엑셀러레이터' 프로그램을 만들어 미국 내 21개 생성형 인공지능 스타트업을 지원하고 있다. 아마존웹서비스의 생성형 인공지능 모델을 활용할 수 있게 하고 업계 전문가와 투자자들로 구성된 멘토단도 만들어서 혁신이 빠르게 이루어지도록 돕고 있다.

2023년 8월에는 아시아·태평양 지역에서도 '생성형 인공지능 엑셀러레이터' 프로그램을 발표했다. 아시아·태평양의 각 국가에 더욱 최적화된 프로그램으로 해당 국가의 투자자와 전문가 그룹을 통한 현지화 전략을 취하고 있다. 미국의 엑셀벤처스, 국내의 KB인베스트먼트, 새한창업투자 등이 참여하고 있다. 이를 통해 수조 원의 투자가 수반되는 파운데이션 모델 영역은 아마존웹서비스의 생성형 인공지능 플랫폼을 통해서 파트너십 전략을 취함과 동시에 아마존 자체 생성형 인공지능 모델을 제공한다. 이를 기반으로 법률, 의료, 핀테크, 보험 등 각 영역에서 튜닝을 통해 전문성을 갖춘 생성형 인공지능 스타트업들과 파트너십 전략을 취하고 있다. 이는 아마존이 외부 기업과의 상생하기 위한 새로운 생태계를 조성하려는 움직임으로 볼 수 있다.

멈추지 않는 변화 앞에서 어떻게 할 것인가

여러 산업 중 유통, 즉 커머스 산업만큼 급변하는 산업은 손에 꼽을 듯하다. 저자들이 급변하는 커머스 산업을 한 권의 책으로 담고자 했던 것이 2023년 이른 여름이었는데 당시 우리가 담고자 했던 내용은 지금과는 다소 달랐음을 고백한다. 집필 과정 중 우리는 커다란 변화를 맞이하게 됐다. 바로 중국 커머스 기업들의 한국 진출과 무서운 성장세였다. 우리는 집필된 내용의 상당 부분을 다시 써야 했고 결국 2024년 이른 여름이 돼서야 한 권의 책을 내놓을 수 있게 됐다.

완성된 원고를 출판사에 전달하고 출판사의 편집본이 나오는 그 짧은 기간 동안에도 커머스 산업은 변화를 멈추지 않았다. 그 산업의 참여자들 역시 실시간으로 대응하고 성장하고 때로는 퇴조하기도 했다. 그래서 이 책은 완성이 아니라 진행 과정 중에 한 번의 맺음으로 구성된 것임을 독자분들에게 고백하며 양해를 구하고자 한다. 사실 그럴 수밖에 없는 현실적 제약이 있다. 앞서 말한 것처럼 멈추지 않는 변화의 물결 속에 우리가 놓여 있기 때문이다.

우리 저자들은 이 변화의 물결이 어느 순간에 멈추리라고 단언하지 않는다. 다만 그 변화의 물결 속에서 망연자실하여 가만있을 수만은 없기에 실시간으로 분석하고 대안을 모색하려고 노력하고 있다. 저자 모두가 각자의 분야에서 커머스 관련 산업에 종사하며 과거에 이은 현재의 변화가 어떤 미래를 가져올지 예측하고 전망과 대안 수립에 고민하고 있다. 그래서 또 다른 기회가 있다면 독자분들에게 새로운 정보를 전달하고자 노력하겠다는 것을 약속드린다.

이 책이 완성되기까지 총 열세 명의 저자가 함께 마무리했는데 처음 시작과 과정 중에는 더 많은 분이 함께했다. 책이 나오기까지 함께했던 저자들 그리고 과정을 함께했던 분들 모두에게 감사의 인사를 나누고자 한다.

저자의 숫자가 많을수록 책이라는 결과물을 만드는 것은 더 어려웠다. 숱한 변경과 까다로운 요구를 감내하고 졸필의 원고를 더 좋은 책으로 만들어준 클라우드나인 출판사 관계자 여러분께도 감사의 인사를 전한다.

1년 후, 3년 후, 10년 후에는 우리가 다룬 커머스 산업은 지금과는 매우 다를 것이다. 지금 우리 저자들이 분석하고 전망했던 내용들이 독자분들에게 다소나마 도움이 되고 시간이 지나 다시 봤을 때도 공감됐으면 하는 바람이다. 그럴 수 있다면 우리 저자들은 작지만 중요한 역할을 했음에 보람을 느낄 것이고 또 다른 누군가가 새로운 분석과 전망을 할 때 이 책이 밀알과 같은 역할을 할 수 있다면 이 역시 감사할 일일 것이다.

1장

1. 최선을, "생수·콘서트 티켓값 들쭉날쭉? '다이내믹 프라이싱' 뭐길래", 중앙일보, 2023. 9.

2. 옥기원, "쿠팡, 증거 안 남는 구두계약 갑질했나", 한겨레신문, 2022. 8. 16.

3. Macrotrends, https://www.macrotrends.net/stocks/charts/CPNG/coupang/profit-margins

4. Iyengar, S. S., & Lepper, M. R. (2000). When choice is demotivating: Can one desire too much of a good thing? Journal of Personality and Social Psychology, 79(6), 995 – 1006.

5. Miller, G. A. (1956). The magical number seven, plus or minus two: Some limits on our capacity for processing information. Psychological Review, 63(2), 81 – 97.

6. 박미선. 라이브커머스 만족도 1위는 '네이버쇼핑 라이브', 뉴시스, 2022. 8. 12.

7. 박미선. 라이브커머스 만족도 1위는 '네이버쇼핑 라이브', 뉴시스, 2022. 8. 12.

8. Salganik MJ, Dodds PS, Watts DJ. Experimental study of inequality and unpredictability in an artificial cultural market. Science. 2006 Feb 10;311(5762):854-6.

9. Salganik MJ, Watts DJ. Leading the Herd Astray: An Experimental Study of Self-Fulfilling Prophecies in an Artificial Cultural Market. Soc Psychol Q. 2008 Fall;74(4):338.

10 김학용, 『온리원』, 페이퍼버드, 2021.

11. 김학용, 『냉장고를 공짜로 드립니다』, 책들의정원, 2019.

12. 김학용, 『앰비언트 – 포스트스마트폰 시대에 대비하라』, 책들의정원, 2023. 1.

13. 이와 관련하여 아마존은 프로젝트 펄스Project Pulse라 불리는 스마트 냉장고 프로젝트를 진행하고 있다.

14. E-commerce transactions value via voice assistants worldwide in 2021 and 2023, https://www.statista.com/statistics/1256695/ecommerce-voice-assistant-transactions

15. Technavio, Voice Commerce Market by Application and Geography – Forecast and Analysis 2022-2026, 2022. 5.

16. https://www.statista.com/statistics/1233926/voice-shopping-us/

17. Search without Screens: Exploring the Rise of Smart Assistants & Voice Search, 2018.4, https://www.netelixir.com/wp-content/uploads/2018/04/search-without-screens-wp-2018.pdf

18. 구글의 바드Bard는 2024년 2월 '제미나이Gemini'로 이름을 바꾸었다.

19. Josh.ai, https://www.josh.ai/

20. M. Chui, R. Roberts, and L. Yee, "Generative AI is here: How tools like ChatGPT could change your business," McKinsey, 2022.

21. Amazon is using generative A.I. to summarize product review, https://www.cnbc.com/2023/06/12/amazon-is-using-generative-ai-to-summarize-product-reviews.html

22. 중국의 하이얼Haier은 자체 개발한 생성형 인공지능 서비스인 'HomeGPT'가 탑재된 가전제품을 출시하기 시작했다.

23. 통계청, 온라인쇼핑동향조사, https://kostat.go.kr/board.es?mid=a10301120300&bid=241

24. Canalys, Global smartphone market decline softens as shipments drop 10% in Q2 2023, 2023.7.27.

25. 한국인터넷진흥원, 인터넷이용실태조사, https://gsis.kwdi.re.kr/statHtml/statHtml.do?orgId=338&tblId=DT_1IB0609N

26. 연령별 인구 현황, 2023년 6월, https://jumin.mois.go.kr/ageStatMonth.do

27. 이미 퀄컴이나 AMD 등 다양한 칩셋 제조 회사가 에지 서버를 위한 칩셋을 공급하고 있으며 조시 코어Josh Core처럼 이를 활용한 장치도 개발되고 있다.

28. The Top 100 Cross-Border Payment Companies (FXC Intelligece 2023/4/20) https://www.fxcintel.com/research/reports/the-top-100-cross-border-payment-companies#map

29. 토스, 신세계 쓱페이 인수 속도… "IPO 전 몸집 불리기", 조선일보 2024. 1. 25., https://biz.chosun.com/stock/market_trend/2024/01/25/

JYZXR3VXENFJLJA6SCM7DL4M3Q/

30. 적자 누적에 애플페이까지, 겹악재 맞은 카카오페이…증권가는 "주식 팔아라", 조선일보 2023. 2. 10., https://biz.chosun.com/stock/stock_general/2023/02/10/PAMCBBTU75E2BJ4D5APTZJWBL4/

31. MZ 잡아라, 국민카드 애플페이 도입 검토, 서울경제 2024. 3. 8., https://www.sedaily.com/NewsView/2D6K3FSJ3A

32. 온프레미스on-premise는 기업의 서버를 클라우드와 같은 가상의 공간이 아니라 자체적으로 보유하고 있는 서버에 직접 설치하고 운영하는 방식을 말한다.

33. Amazon CEO Andy Jassy, 2023, We have a lot of growth in front of us, CNBC interview (https://www.youtube.com/watch?v=Tgrih3Ngop8)

34. https://www.ben-evans.com/benedictevans/2023/3/6/ways-to-think-about-amazon-advertising

35. Sean O'Neill, 2023, Sizing down to scale up: How Amazon reworked its fulfillment network to meet customer demand, Amazon Science

36. Amazon Sustainability 2022 report, https://sustainability.aboutamazon.com/

37. Developing a business-driven cloud strategy, https://docs.aws.amazon.com/whitepapers/latest/cloud-driven-enterprise-transformation-on-aws/developing-a-business-driven-cloud-strategy.html

38. A Conversation with Werner Vogels, May 2006, ACM QUEUE

39. https://www.amazon.jobs/content/en/our-workplace/leadership-principles

40. 아마존 EC2(Amazon Elastic Compute Cloud)는 클라우드에서 안전하고 크기 조정이 가능한 컴퓨팅 용량을 제공하는 웹 서비스다.

41. 아마존웹서비스 리전에 위치한 가용 영역은 백업 전원 장비, 네트워킹 및 인터넷 연결 기능이 있는 별도 시설을 갖춘 한 개 이상의 개별 데이터센터로 구성된다.

42. 그래비톤은 아마존웹서비스에서 개발한 64비트의 ARM 기반의 CPU다. 기존 CPU 대비 40% 이상의 가격경쟁력과 25%의 연산능력을 가지고 있다.

43. 아마존 EC2에서 딥러닝 추론을 위한 고성능을 최저 비용으로 제공하도록 설계된 반도체다.

44. 트레이니엄은 1,000억 개 이상의 파라미터 모델의 딥러닝 훈련을 위해 아마존웹서비스에서 구축한 목적별 2세대 머신러닝 액셀러레이터다.

45. https://morethandigital.info/en/what-is-a-digital-ecosystem-understanding-the-most-profitable-business-model/

1장

1. Ramesh, N. and D. Delen (2021), "Digital transformation: How to beat the 90% failure rate?", IEEE Engineering Management Review, 49(3), 22-25.

2. Tabrizi, B., E. Lam, K. Girard and V. Irvin (2019), "Digital transformation is not about technology", Harvard Business Review, 13(March); 1-6.

Bloomberg, J. (2018, April 29), "Digitization, digitalization, and digital transformation: Confuse them at your peril", Forbes. https://www.forbes.com/sites/jasonbloomberg/2018/04/29/digitization-digitalization-and-digital-transformation-confuse-them-at-your-peril/

3. https://ko.wikipedia.org/wiki/%EA%B3%BC%ED%95%99

4. 이중학, 스티븐 김, 송지훈, 장다니엘 (2020). HR 애널리틱스 연구 및 실무에서의 베이지안 통계 활용: 퇴임 임원의 데이터를 중심으로, 조직과 인사관리연구, 44(3), 83-104.

5. 이중학, 김지영 (2022). 한국 다국적 기업의 디지털 전환 및 데이터 분석 역량 준비도를 높이기 위한 최고 경영층 인식 연구, 무역연구.

6. McCartney, S., Murphy, C. and McCarthy, J. (2021), "21st century HR: a competency model for the emerging role of HR Analysts", Personnel Review, 50(6), 1495-1513.

7. 이중학, 스티븐 김 (2022). "사람"을 위한 PA 도입의 고민과 준비, 월간인사관리 5월호.

8. 이중학, 김성준, 채충일 (2021). 텍스트 마이닝text-mining을 활용한 COVID -19 시대의 위기

9. 리더십 분석 및 제안: People Analytics 사례. 기업경영연구, 28(6), 15-34.

10. https://www.ciokorea.com/news/268227

11. https://www.globenewswire.com/news-release/2021/10/12/2312765/0/en/New-Study-Discovers-Data-Scientists-Leave-Their-Jobs-After-Less-Than-2-Years.html

5장

1. Bruce, P., Bruce, A., & Gedeck, P. (2020). Practical statistics for data scientists: 50+ essential concepts using R and Python. O'Reilly Media.

2. Colvin, G. (2010). Talent is overrated: What really separates world-class performers from everybody else. Penguin.

3. James, G., Witten, D., Hastie, T., & Tibshirani, R. (2013). An introduction to statistical learning. New York: Springer.

4. Kuhn, M., & Johnson, K. (2013). Applied predictive modeling (Vol. 26, p. 13). New York: Springer.

5. Marr, B. (2012). Key Performance Indicators (KPI): The 75 measures every manager needs to know. Pearson UK.

6. Tuomi, I. (1999, January). Data is more than knowledge: Implications of the reversed knowledge hierarchy for knowledge management and organizational memory. In Proceedings of the 32nd Annual Hawaii International Conference on Systems Sciences. 1999. HICSS-32. Abstracts and CD-ROM of Full Papers (pp. 12-pp). IEEE.

7. Yoon, S. W. (2021). Explosion of people analytics, machine learning, and human resource technologies: Implications and applications for research. Human resource development quarterly, 32(3), 243-250.

8. Yoon, S. W. (2003). In search of meaningful online learning experiences. New directions for adult and continuing education, 2003(100), 19-30.

9. 하워드 가드너 (2008). 미래 마인드: 미래를 성공으로 이끌 다섯 가지 마음 능력. 재인.

10. 조나단 페라, 데이비드 그린 (2022). 피플 애널리틱스: 탁월한 피플 애널리틱스를 위한 9가지 관점. 플랜비디자인.

넥스트 커머스

초판 1쇄 인쇄 2024년 5월 27일
초판 1쇄 발행 2024년 6월 4일

지은이 박종일 조인후 김영준 김학용 길진세 엄지용 이현재
　　　　 최철용 양준균 전상열 김현성 은종성 이기혁Will Lee
펴낸이 안현주

기획 류재운 **편집** 안선영 김재열 **브랜드마케팅** 이승민 **영업** 안현영
디자인 표지 정태성 본문 장덕종

펴낸곳 클라우드나인 **출판등록** 2013년 12월 12일(제2013-101호)
주소 우) 03993 서울시 마포구 월드컵북로 4길 82(동교동) 신흥빌딩 3층
전화 02-332-8939 **팩스** 02-6008-8938
이메일 c9book@naver.com

값 25,000원
ISBN 979-11-92966-76-2 03320